贛文化通典

——地理及行政區劃沿革卷　第三冊

目
錄

▌上篇▌　自然概貌與資源

▍中篇▍　　江西人口與民族

▌下篇▐ 　行政區劃沿革

下篇——

行政區劃沿革

西省級建置變遷

第一節 ▶ 先秦時期江西的政區勾勒

　　據考古資料證實，遠在數十萬年至數萬年前，江西境內就有原始先民在繁衍生息。進入新石器時代後，江西先民活動的地點擴大，遺跡增多，顯示出江西古代文明發展的興旺局面，特別是江西萬年仙人洞的原始居民成功地培育了人工栽培水稻，成為目前世界上最早的栽培稻之一。商周時期，以吳城類型文化、萬年類型文化為代表的大量遺址、墓葬的出土，顯示了江西土著文化與中原文化的交流、融合及疏離，在中國古代文化史上寫下了濃墨重彩的一頁。春秋戰國時期，江西地區先後屬於楚、吳、越、楚的管轄範圍之內，時有「吳頭楚尾」之說。

一、遠古時期江西眾多的文化遺址

舊石器時代

　　在考古學上，把古人類使用打製石器的階段稱為舊石器時代。迄今為止，江西境內發現的舊石器時代遺址共有五處。最早的是樂平市湧山岩洞遺址，發現於 1962 年秋，出土了多種動物化石及幾件經人工打製的石器，經我國古人類學家賈蘭坡鑑定，

距今約 50 萬年，實現了江西省舊石器時代考古零的突破。其次是萍鄉市宣風鎮竹園山洞穴遺址，發現於 1982 年，出土多種動物化石及一件經人工打製的石器，距今約十幾萬年。前兩者應均屬於舊石器時代早期遺址。第三是安義縣潦河北岸三處遺址，包括龍津鎮的章靈崗、鳳凰山和上徐村北崗地，發現於 1988 年 12 月，自 1989 年 5 月開始勘查，共獲得石製品 73 件，其中成品石器刮削器、砍砸器、尖狀器、手斧和石球共 19 件，占 47.5%，屬於舊石器時代晚期，距今約 5 萬年。第四是新余市羅坊鎮打鼓嶺、水西鎮龔家山兩處遺址。1989 年發現，共獲得石製品 49 件，考古學年代與安義潦河北岸遺址相近。其五是萬年縣仙人洞和吊桶環遺址（下層）。該層年代距今約 2 萬年至 1.5 萬年，石器均為打製而成，屬舊石器時代末期或中石器時代。

新石器時代

據 20 世紀 80 年代的文物普查，全省共發現新石器時代遺址數百處，如萬年、新余、靖安、修水、樟樹、廣豐、永豐、九江、武寧、湖口、高安、南昌、進賢、鄱陽、萬載、于都、宜豐、奉新、臨川、景德鎮、萍鄉、南城、廣昌、贛縣等縣市均有此時期的文化遺址，遍及省內各地，其中面貌比較清楚的有 30 餘處。遠古時期生活在江西境內的先民們，創造出了具有地域特色的文化，在中華文明史上寫下了輝煌燦爛的篇章。依據時間，新石器時代可以劃分為早、中、晚三期，江西省內各期的典型遺址分別為：早期為萬年縣仙人洞和吊桶環遺址（上層），中期為新喻市拾年山遺址（一期），晚期為修水縣山背遺址和樟樹市營盤裡、築衛城、樊城堆遺址（下層）。分述如下：

（一）萬年仙人洞和吊桶環遺址

　　仙人洞遺址和吊桶環遺址均在萬年縣大源鄉境內，前者為一石灰岩山洞遺存，後者是位於仙人洞遺址東南八百米處的一個高出周圍盆地約三十米的岩棚遺址，因其形狀像一個吊桶環而得名。仙人洞遺址於二十世紀六〇年代曾進行過兩次發掘，一九九三年九月至一九九五年十一月，中美農業考古隊又先後兩次對仙人洞和吊桶環洞穴遺址進行了考古取樣和發掘，此項考古成果被評為一九九五年和「八五」期間全國十大考古發現之一。

　　二十世紀六十年代發掘仙人洞遺址時，獲得遺物三百餘件，發現燒火堆十二處，人頭骨三個，股骨一段，分屬於成年男女和孩童的四個個體的殘骨，還有大量的動物骨骼。[1]九〇年代兩次發掘仙人洞和吊桶環遺址時，又出土各類石器六二五件，骨器三一八件，穿孔蚌器二十六件，原始陶片五一六件，人骨二十餘片及數以萬計的獸骨殘片。[2]兩處遺址文化堆積均分上下兩層，下層出土以打製為主的石器，上層出土有加砂粗陶片和以磨製為主的石器。發掘時的執行領隊彭適凡指出：「根據仙人洞與吊桶環遺址改採部分標本的碳十四測試數據來看，其上層距今大約九千至一萬四千年，無疑屬於新石器時代早期，其下層距今大約一萬

1　萬年縣地方志編纂委員會：《萬年縣志》卷二八「文化」，方志出版社，2000 年版，第 730 頁。

2　萬年縣地方志編纂委員會：《萬年縣志》卷二八「文化」，方志出版社，2000 年版，第 730 頁。

下篇·行政區劃沿革

五至二萬年，綜合出土遺物分析，顯然屬舊石器晚期或中石器無疑。故此，無論從地層堆積、出土遺物抑或測試的絕對年代看，都有力證明兩洞穴遺址有著舊石器末期到新石器時代早期完整而清晰的地層，這在華南地區已發現的諸多洞穴遺址中都屬典型，這就為探討人類如何從舊石器過渡到新石器以及新石器革命是在何種環境、何種狀態下發生提供了科學的、完整的、綜合性的考古資料，在學術上具有重大意義。」[3]仙人洞為先民的居住生活區，而吊桶環則為狩獵的臨時性營地和屠宰場。這是中國新石器時代早期聚落考古的新收穫。

　　尤其值得注意的是從野生稻到人工栽培水稻的轉變：「吊桶環中層，仙人洞下層為舊石器末期距今一萬五至二萬年，地層植矽石研究表明該時期發現了野生稻植矽石。吊桶環仙人洞上層為新石器時代早期距今八千至一萬四千年，地層植矽石表明不僅發現大量野生稻植矽石，還發現有少量栽培稻植矽石，這是一個突破性發現，它告訴我們兩遺址的先民早在一萬二至一萬四千年前就馴化成功了少量的栽培稻，把水稻栽培的歷史提前幾千年。這是目前世界上最早的栽培稻之一。在新石器早期地層中從早至晚野生稻的比例逐漸減少，栽培稻的比例相應遞增，這清楚地揭示了兩遺址的先民們採集野生稻為主向依賴於栽培稻的這一生存方式轉變過程。兩遺址發現的稻屬植矽石研究與鑑定說明：早在一

3　彭適凡：《江西史前考古的重大突破—談萬年仙人洞與吊桶環發掘的主要收穫》，《農業考古》，1998 年第 1 期。

萬五千年前的舊石器時代末期，野生稻已分佈到了長江流域地
區，並被當地先民作為食物所採集補充自己的食物；栽培稻最早
出現於新石器時代早期在距今九千至一萬四千年之間；以栽培稻
與野生稻並存為特徵的稻穀馴化過程一直持續到七千五百年左
右。此後，栽培稻完全取代野生稻而成了人類食物的主要來源之
一。」[4]

此外，仙人洞出土的陶器是我國也是世界上年代最早的陶器
之一，燒製溫度約在八百度左右。一九六二年在仙人洞出土的陶
片經復原拼接而成的陶罐，在中國歷史博物館收藏陳列，被定為
國家一級文物。

（二）新余市拾年山遺址（一期）

該遺址位於新喻市水北鎮拾年村東，屬贛江中游，是一處山
崗台地類型的遺址。一九八六至一九八九年連續三次發掘，揭露
面積一千兩百平方米，清理出新石器時代墓葬一百二十餘座，房
址九處，陶片堆和石器堆數十處，出土遺物二千一百餘件。依據
地層關係和典型陶器的演變，將遺存分為三期，其第一期文化應
屬於新石器時代中期。

「第一期遺存，石器頗具特色。石製農業、手工業工具有厚
體斧、鏟形器和鑊類器。漁獵器類有矛、鏃、流星、穿孔石器。

4　王炳萬：《從萬年仙人洞、吊桶環遺址看新石器時代早期三大技術創
新》，《農業考古》，2007 年第 1 期。

陶器以紅衣紅陶為特徵，器形簡單，以手製為主，僅見罐、鼎、缽三類，均圓底。炊器僅釜形、罐形兩種鼎，鼎足為單一長舌形。罐作深腹狀，特徵是器體大，直口直腹圓底。罐形器的兩側安耳或鋬手作風盛行，耳多牛鼻式，鋬手多半橢圓或乳突狀，缽類器有深腹小缽。盆類器直口圓底。陶器拍印紋樣豐富，多見幾何圖形，印痕深且規整，為華南史前遺存少見。從出土的文化遺物看，一期文化面貌多樣化的趨向甚為明顯，有學者認為此期的牛鼻式罐耳、半月形鋬手均與馬家濱文化相似，陶器器形和紋樣中的大折角紋、三角填線紋、雙槓加點紋和橫向曲折紋等與湖南境內的大溪文化雷同，顯現出這種文化面貌的多樣性。但是在江西比它早的具有土著性質的萬年仙人洞上層文化，在出土遺物和遺跡中，卻找不到它們之間的共同點，這一方面說明拾年山一期與萬年仙人洞上層文化在時空上相距太遠，另一方面拾年山一期受外來的影響，是多種文化因素的混合體。拾年山一期文化遺存的年代，一般定在距今六千至五千五百年左右。它與第二期遺存之間，似存在著一段間隔，從出土遺物上，亦難看出有直接的承繼關係，故拾年山一期遺存，應屬於另一種新的文化類型。」[5]

　　新余市拾年山遺址的第二、三期文化距今約五千四至四千八百年，為新石器時代晚期文化。

5　鐘禮強：《論贛鄱地區新石器時代晚期文化》，《南方文物》，1997 年第 1 期。

（三）修水縣山背文化遺址

這是贛北地區較為典型的新石器時代晚期遺址，位於修水縣上奉鄉山背村，一九六一年發現，距今約五千年。山背發掘的文物以有段石錛和紅沙陶為主要特徵。「石器磨製精細，粗大厚實，以大型厚重的長條形有段石錛、扁平長方形石斧和半月形帶孔石刀為代表，其中石錛居多，占出土石器百分之三十四點三，其次為石鏃，是當時人重要的生產工具和武器，占出土石器的百分之二十四點二。陶器有加粗沙和泥質紅陶、加細沙和泥質黑陶、黑陶三種，以加薩紅陶最多。尚有極少數薄胎黑陶，厚約〇點一至〇點二公分，幾可與山東龍山文化的蛋殼黑陶媲美。陶器造型多為三足器和圈足器，也有少數圜底器和小凹底器。三足器多數為敞口折唇鼓腹圓底的罐形鼎，鼎腿有側扁、扁平、圓錐、羊角式諸種，以側扁式罐形鼎足最多。 直細長頸，稍捏扁帶底，無腹。圈足器以侈口腰瘦圜底高圈足杯形豆、直唇淺盤、喇叭形高圈足蓋豆、侈口高頸鼓腹圈足壺、直口高頸扁圓腹圈足壺以及侈口矮圈足簋為最普遍，其中杯形豆獨具一格，在江南其他地區尚未發現，圜底器多為侈口圓腹圓底罐，敞口短頸深腹圜底罐。小凹底器，有直口高頸鼓腹罐。這些陶器組成山背文化特有的器物群。陶器為手制，少數器物的口沿或局部有輪修痕跡，表面粗糙或掛有一層紅陶衣，通體磨光。百分之九十的器身唇外或腹部飾一二道凹凸弦紋，極少數器物拍印有方格、編織紋及圓圈等花紋。……山背還發現一座南北長六點五米，東西寬四米的圓角長方形房屋建築，內有石質錛、斧、鏃、刀、鏟、網墜、紡輪

等生產工具一百一十五件，有陶制 、豆、鼎、壺等生活器皿六十八件，還有石球、石蛋等藝術品及草拌泥中夾有穀殼、稻草痕跡。證明原始人在此定居，從事耕作和漁獵、採集等活動。山背遺址具有本身獨有的文化特徵。有別具一格的器物群，又有一定的分佈地域和自身文化發展序列。一九七八年經中國科學院考古研究所鑑定，將修水山背、鄱陽湖及贛江中下游地區的以有段石錛和紅沙陶為主要特徵的新石器時代晚期文化單獨命名為『山背文化』。」**6**

（四）樟樹市（原清江縣）營盤里、築衛城、樊城堆遺址

江西的考古發掘工作，於一九五六年首先在營盤里遺址揭開序幕，樟樹市境內共發現新石器時代文化遺址約二十處。營盤裡、築衛城、樊城堆三處遺址的下層文化性質基本相似。

營盤里遺址位於樟樹鎮東南郊四公里丘陵坡地，地處贛江東岸，一九五六年發掘。據《清江縣志》記載：「遺址時代，據《發掘報告》：『就某些遺物殘部觀察，下層粗砂陶片伴出鼎足，鏤孔豆柄，多弦紋豆柄及某些把手看，都為長江流域新石器時代晚期遺址所常見，故下層為新石器時代末期遺存。就已經復原的某些陶器觀察，有殷商文化，也有戰國器物，下限可能為戰國前後。』出土石器，有斧、錛、刀、鏟、犁、戈、矛、鏃、棒、環、網墜、礪石、石范和刮削器等。銅器有鏃、鉤、殘銅片。遺

---

6 修水縣志編纂委員會：《修水縣志》卷二九「文物」，海天出版社，1991 年版，第 533-534 頁。

跡有灰坑四處、窯址三處、灶坑一處。幾何印紋陶與有段石錛共存是該遺址的主要文化特徵。上文化層出土的石犁、陶屋頂是江西僅見。出土陶紡輪九十二件，網墜一百六十一件，石鏃二百五十七件，以及制陶工具陶拍、窯址等，說明當時社會經濟除農業外，尚有漁獵生產和制陶、紡織手工業。」[7]

築衛城遺址位於樟樹市贛江東岸大橋鄉洪光塘村東土崗上，因有一座具備防禦功能的土城而得名，最早發現於一九四七年，先後於一九七四年、一九七七年進行了兩次科學發掘。築衛城遺址的下層文化距今約四千五百年至四千年，屬新石器時代晚期至末期文化遺存。《清江縣志》記載：「出土的文物、遺跡：石器有斧、錛、刀、鏟、鑿、鏃、礪石等。陶器有陶鼎、鬶、罐、豆、碗、盤、壺、杯、缸、簋、器蓋、陶紡輪、陶網墜等。遺跡有房基柱洞三十餘個，經過焙燒的紅燒土塊，鋪築完整的卵石硬面。社會經濟：出土砍伐器石斧十六件，掘土器石錛十二件，刮削器石刀十八件，標誌當時尚處於『刀耕火種』原始農業階段。網墜、石鏃出土數量較多，漁獵生產仍占一定地位。陶器使用已較廣泛，有生產工具、炊具、盛食器等。制陶工藝有手制、輪制、泥條盤築等。陶紡輪發現三十二件，紡輪中間有圓孔，插上竹（或木）桿，搓動輪桿，利用紡輪旋轉的慣性以紡紗。以上說明，清江境地在距今四千五百年前已出現原始村落，先民們過著

7　清江縣志編纂委員會：《清江縣志》第二十六編，「文物勝蹟」，上海古籍出版社，1989 年版，第 471 頁。

以農業為主，漁獵經濟為輔的定居生活，並已有制陶、紡織手工業，處於父系氏族社會。文化類型與本縣樊城堆遺址相同，裝飾紋樣，有方格紋、網結紋、漩渦紋，屬贛江流域『樊城堆文化』，是江西地區目前印紋陶遺址『核心』地區的著名遺址。」[8]

樊城堆遺址，位於樟樹市贛江東岸劉公廟鄉廟下村東側，為一高出平地一至三米的土墩形台地，一九七七年發現，先後於一九七七年、一九七八年、一九七九年進行了三次發掘。樊城堆文化的下層相當於新石器時代晚期，《清江縣志》記載：「社會經濟：生產工具的型制與築衛城遺址出土的相同。紅燒土上所黏附的稻莖、穀殼較多，說明農業生產已有一定發展。出土石器二百八十三件，網墜一百二十八件，其漁獵生產亦占一定地位。制陶窯址和陶拍、陶墊均有出土，製造方法手制、輪制、泥條盤築均有。品種多樣，型制各異。……制陶業已較發達。上、下文化層均發現刻劃文字和符號。可見字形有戈、刀、叉等十餘個，有的與吳城遺址陶文相同。陶器的裝飾工藝，多係刻劃、壓印、剔刺，亦有彩繪。其紋樣達四十餘種，如粗細繩紋、方格紋、間斷繩紋……樊城堆遺址下文化層的文化內涵，與築衛城遺址下文化層屬同一類型。出土的有棱豆座、弦紋鏤孔黑皮豆等，與贛江中游的永豐縣尹家坪遺址、靖安鄭家坳墓葬、贛江下游的九江神墩遺址下文化層的出土物相同。說明它有一定的分佈範圍，並有一

8　清江縣志編纂委員會：《清江縣志》第二十六編，「文物勝蹟」，上海古籍出版社，1989 年版，第 472 頁。

群具有特色、可區別於其他類型文化的器物。考古界已提出命名為『樊城堆文化』。」**9**

　　山背文化和樊城堆文化作為江西地區新石器時代晚期的代表，在分佈地域上，前者主要在贛西北，而樊城堆文化主要在贛江中游地區；在時代上，山背文化為新石器時代晚期偏早，而後者則為新石器時代晚期，比山背文化稍晚。

二、商周時期江西燦爛的青銅文化

　　商周時期青銅文化時代，江西地區的銅礦開採、冶煉、青銅器的鑄造，在全國都占有重要地位。已經發現的商周文化遺址約二百處，分佈在全省四十餘個市縣之中，經過類比分析，這些青銅文化可以大致分為「萬年類型」和「吳城類型」兩大文化體系。

「萬年類型」文化體系

　　萬年類型文化，主要根據二十世紀六十年代和八〇年代對萬年境內若干遺址的考古收穫，並結合鷹潭角山和贛東北其他遺址的資料，綜合形成的概念，是江西本土一支土著性文化。其分佈範圍，以贛東北地區為中心，然後逐漸向贛江中下游、鄱陽湖西岸地區擴展。此類型文化諸遺址經過發掘的有萬年縣蕭家山、送嫁山、西山等遺址和鷹潭市角山陶窯址，另有萬年齋山遺址進行過試掘調查。

9　清江縣志編纂委員會：《清江縣志》第二十六編，「文物勝蹟」，上海古籍出版社，1989年版，第472-473頁。

蕭家山遺址在萬年縣城陳營鎮西北，考古年代屬商代中期偏早，一九六一至一九六二年主要發掘了三座墓葬。其中一號墓為一土坑豎穴墓，出土隨葬器物十三件，包括甌形器兩件，形器一件，還有帶把鼎、高領蝶形紐罐、敞口圜底杯、鉢形碗及陶紡輪、陶缸殘片等。從該墓出土遺物組合及其形制看，地方色彩濃厚。

齋山遺址位於萬年西部中合鄉廟背村，考古年代屬商代早期，一九八三年由省文物工作隊發掘。在該遺址採集出土了大批石器、陶器殘片，「包括生產工具石斧、石錛、石鑽、石刀、石鏃、陶紡輪、陶刀、陶墊等，生活用器甗、鼎、罐、甕、三足盤、缸、鉢、盂、杯、豆、蓋等。同時，在陶器的頸部內或口沿上、底部等處發現刻劃符號二十六個」。[10]

鷹潭市角山陶窯址位於市郊童家鄉徐家村，是我國迄今為止發現的時間最早的貿易化的專業性陶器生產基地。窯址面積達三萬餘平方米，先後於一九八三、一九八六、二〇〇〇、二〇〇六年進行了四次科學發掘，出土遺物絕大部分是陶器，少量石器。陶器有甌形器、鼎、鬶、觚、爵、甑、罐、杯、甕、三足盤、器蓋、碗、鉢、盂、紡輪、網墜、陶拍、陶墊、陶支座、陶刀等，流行圜底器和三足器，帶把和帶扳作風盛行。陶器中三足盤、甌形器、罐及鉢是大宗，約占出土器物的百分之八十左右。石器主要是鏃和石刀。眾多的刻符和文字是角山陶器的一大特色，絕大

---

10 萬年縣地方志編纂委員會：《萬年縣志》卷二八「文化」，方志出版社，2000 年版，第 731 頁。

部分器物上有指甲或尖狀物刻劃的符號和文字，共有一四八九個之多，可能為計數或標識產品之用，還有少量應是早期的文字。在陶器製作方面，普遍採用泥條盤築與輪製法相結合。除以上遺物外，與燒造技術密切相關的龍窯、半倒焰馬蹄形窯、燒成坑等重要遺跡也已發現。角山陶窯始燒於商代中期，終止於商代晚期，從其器物組合、器形、紋飾等方面看，地方特色顯明，屬於「萬年類型」文化體系。

經過對「萬年類型」諸遺址的考察研究，考古學界認為「萬年類型」商文化的發展序列大體為：蕭家山——角山——（福建）黃土崙[11]（此為萬年類型傳播到福建的產物）。

「吳城類型」文化體系

吳城文化，是指分佈在贛江中下游和鄱陽湖以西的贛北、贛西北、贛中地區的一支青銅文化，主要是根據吳城商代遺址歷次發掘而形成的概念，既帶有濃郁的中原商文化色彩，同時又具有鮮明的地方文化特徵。考古學界把樟樹吳城遺址、瑞昌銅嶺商周礦冶遺址、新幹大洋洲商代大墓稱為吳城文化的三大考古發現。

一九七三年秋，江西省博物館考古隊在樟樹市（時為清江縣）樟樹鎮山前鄉吳城村發現大規模商代遺址，分佈面積約四平方公里，先後已進行過十次考古發掘，揭露面積近五千平方米。清理出灰坑（窯穴）約一百二十個、房基三座、窯床十二座、水井二口、墓葬約二十座、以及路面（長廊）、城牆和祭祀場所

---

11 李國強、傅伯言：《贛文化通典・考古篇》，江西教育出版社，2004 年版，第 66 頁。

等，出土石器、玉器、陶器、原始青瓷、青銅器等器物數千件，發現刻劃在陶器和石范上的文字或符號一百七十多個。文化堆積分三期，第一期相當於二里崗上層一、二期，屬商代中期偏早，第二期相當於殷墟第一、二期，第三期相當於殷墟三、四期。[12] 距今約三千五百年到三千年之間，延續時間達數百年之久。吳城遺址的發現，否定了「商文化不過長江」的論斷，是開啟研究江南古文化的一把「鑰匙」和年代學的「標尺」，結束了江南考古長期存在的文化年代上的紊亂。

長達三十餘年的考古發掘，為我們多方面展示了吳城遺址的基本面貌。遺址的中心區是一座用夯土圍築、具備防洪與軍事防禦功能的城市，城內面積六十一點三萬平方米，為殷商時期贛都地區的一個方國文明中心。[13] 城內劃分為居民生活居住區、祭祀區、制陶（瓷）區、冶銅區、墓葬區，色色分明。出土青銅器的造型、刻文等與湖北盤龍城商代古城出土的青銅器一致，但鑄造時用紅石范而不用陶范，卻是古代贛文化的特色之一。原始瓷器胎體堅硬，胎骨緻密，吸水性差，叩之聲音清脆，燒成溫度達一千五百度至一千二百度，可見江西制瓷已有三千五百年的歷史。一百七十餘個文字或符號，有的與殷墟甲骨文相似，有的卻具有自身特點，至今尚不能釋讀，或許為江西本地的一種古文字。

---

12 參考鄒芙都：《商代考古文化研究的力作——《吳城文化研究》品讀》，《農業考古》，2006 年第 4 期。

13 參考江西省文物考古研究所、江西省樟樹市博物館：《江西樟樹吳城商代遺址西城牆解剖的主要收穫》，《南方文物》，2003 年第 3 期。

一九八八年在瑞昌市夏畈鄉銅嶺村發現商周銅礦採掘和冶煉遺址，面積約四平方公里。江西省文物考古研究所、瑞昌市博物館在一九八八至一九九二年前後共進行四期考古發掘，「揭露出一千八百平方米採礦區和一千兩百平方米冶煉區，共清理出礦井百餘口、巷道十八條和冶煉爐二座；發現有露天採礦和選礦的遺跡，包括採坑、槽坑、選礦場、濾砂池、儲水井、工棚及大量的銅礦石。另外，還出土了種類繁多的生產工具和生活日用品，它們分別用於採掘、搬運、排水、篩選和飲食、照明。根據出土陶器的時代特徵，並結合碳十四測定結果，推定該遺址的時間從商代中期延續至戰國早期，其開採技術具有地方特色，有一整套自成體系的採礦工藝。……採礦區出土的陶質生活器具鬲，是中原殷商時期的典型器物，而罐類器上多裝飾江西地區流行的幾何形印紋，無論是器型、還是紋飾均與吳城文化的同類器相似，富有鮮明的地方特色。彭適凡先生認為，礦山的開採者是當地的土著民族揚越人」[14]。

瑞昌銅嶺遺址是我國目前所見年代最早的一處礦冶遺址，也是迄今世界上最早採用木支護技術採礦的遺址。它北距長江十公里，有內河與長江相通，水路交通運輸便利，與湖北陽新巷下古銅礦遺址、大冶銅綠古銅礦遺址均在同一條成礦帶上。它的發現，解決了吳城青銅文化得以產生、繁榮的物質技術基礎，也為

---

14 彭明瀚：《吳城文化研究三十年的回顧與前瞻》，《殷都學刊》，2005 年第 4 期。

解決商周時期我國銅料的來源問題提供了不可多得的寶貴資料。

一九八九年九月，新幹縣大洋洲鄉農民在程家村旁沙丘取土時發現青銅器，當年十一至十二月，江西省文物考古研究所進行了搶救性發掘，揭示出這座距今三千多年的商代大墓的全貌，「共出土青銅器四百七十五件，玉器七百五十四件，陶器一百三十九件。其中，青銅器包括容器十種四十八件、樂器二種四件、兵器十一種二百三十二件、手工工具七種九十二件和農具十一種五十一件，這是江西也是江南地區出土商代青銅器數量最多、器種最豐富的一次，鑄工精細，特色鮮明，是南方商代青銅器的典型代表。在商代，同一埋藏單位內出土如此之多的銅器、玉器，只有四川廣漢三星堆和殷墟婦好墓可以與之相比」，[15]被譽為「長江中游的青銅王國」。

新幹大洋洲商代大墓，距吳城遺址的直線距離只有二十公里，是吳城文化的有機組成部分，甚至有學者認為吳城遺址是吳城先民的生產生活區，而新幹大墓則是他們的貴族墓地。新幹大墓出土的器物中，在器物造型、紋飾上崇虎作風明顯，如雙尾伏鳥青銅虎、臥虎青銅方鼎、虎耳扁獸足圓鼎等的虎形裝飾帶有鮮明的地方特色。有學者推測大墓的主人可能就是商朝「虎方」的最高統治者或其家族成員。[16]

---

15 彭明翰：《吳城文化研究三十年的回顧與前瞻》，《殷都學刊》，2005 年第 4 期。

16 參考曹正茂、許智范：《江南「青銅王國」揭秘》，《江南文史》第 2輯。

吳城文化的三大考古發現，證實了一支已經湮沒了數千年的古代文明，反映出吳城文化繁榮時期已經具備了強大的經濟、文化實力，在贛江鄱陽湖流域形成了一個高度發達的青銅文明中心，有燦爛的物質文化和出神入化的青銅藝術。

　　萬年類型文化與吳城類型文化，經過長期的相互交錯、相互影響和相互吸收，逐漸融合為一，至西周中晚期以後，吳城類型文化已被萬年類型文化「吞食」，成了典型的越文化。

西周時期的應監與艾監

　　西周時期，江西境內的經濟開發進一步擴大，與中央王朝的關係進一步加強，發現的文化遺址日益增多，目前所發掘的遺址大多都是自新石器時代後期一直延續到此時期，表明了文化上的長期性和延續性。需要特別指出的是一九七六年新幹縣西周列鼎墓的發掘，共出土大型銅鼎五件，其造型和紋飾基本相近，大小依次遞減，形成有規則的序列，顯示出在西周宗法制度下喪葬用鼎的規定。依據西周禮制，是大夫一級的奴隸主貴族的待遇。新幹這座列鼎墓，是西周中期的一座大夫墓，這說明最遲到西周中期，中原西周王朝的政治版圖已經達到了江西境內。

　　一九五八年九月，餘干縣黃金埠鄉出土銅甗一件，內壁有銘文，郭沫若考釋為「雁監作寶尊彝」。雁即應國，郭老考證說：「監，可能是應侯或者應公之名，也可能是中央派往應國的監國者。周代有監國之制……可能以後者為確，即應國之監。」[17] 西

17 郭沫若：《釋應監甗》，《考古學報》，1960 年第 1 期。

周應國地望，文獻記載在河南魯山縣一帶，據李學勤考證，其境已達於江西北部，並在此已設監治理。[18] 而劉正則認為，西周應國的具體位置在今河南平頂山市滍陽鎮，應監和應公、應侯是二而非一。「在西周王朝分封諸侯之時也同時設立了監國者一職……西周自作器銘文的通例一般是在銘文中點出作器者的氏名或職名的。這裡的『應』是氏名，職名是『監』。『應監』只能代表了應氏族出任監國者，不可能是指『監視應公或應侯』的西周王朝下派的官吏。在此基礎上，應監則是西周王朝從應國王室中選出的下派到江西餘干地區的出任監國的應氏嫡系子孫。」[19]一九八一年陝西扶風縣溝原出土一件銅飾件，上有銘文：「艾監，叔趙父，作旅 ，其寶用。」艾是江西修水縣境的古地名。李學勤認為，艾監也與應監一樣，應是西周晚期派駐「艾」地之官。

　　新幹西周列鼎墓的發現和應監、艾監的設置，說明西周時期江西境內部分地區已經納入中央政權的管轄之下，江西與中原地區的政治文化交流進一步加強。

三、春秋戰國時期的江西地區

　　春秋戰國時期，中國南方地區主要存在過三個比較強大的諸侯國：長江中游的楚國和長江下游的吳國、越國。江西地區正處

18 李學勤：《應監甗新解》，《江西歷史文物》，1987 年第 1 期。

19 劉正：《江西所出應國銅器銘文研究》，《南方文物》，2006 年第 2 期。

於這三個諸侯國的交接地帶，楚國與吳國、越國在此爭鋒，國境線在贛江、鄱陽湖兩岸犬牙交錯。春秋時期，贛北地區被稱為「吳頭楚尾」地帶，在史書中還出現了番、艾二縣邑的記載，成為江西最早的縣邑。

楚、吳、越轄地與最早的縣邑

春秋戰國時期，江西地區先是分屬楚、吳、越三國，魯哀公二十二年（前473），越王勾踐滅吳，盡得其地，江西分屬楚、越兩國。唐張守節在《史記》卷四十一《越王勾踐世家》「正義」中說：「戰國時永、郴、衡、岳、鄂、江、洪、饒並是東南境，屬楚也。袁、吉、虔、撫、歙、宣並越嵩境，屬越也。」[20] 其中，江西屬楚的是江、洪、饒三州，屬越的是袁、吉、虔、撫四州。周顯王三十五年（前334）楚威王滅亡越國，至此江西全境屬楚，直到秦始皇二十四年（前223）楚國滅亡。

另外，在春秋中晚期，江北的徐國還曾涉足過江西地區。二〇〇六年十二月，在靖安縣水口鄉李家村發現一座東周大墓，二〇〇七年一月至十月進行了科學發掘。在此墓葬東北約五百米處，一九七九年曾出土三件徐國青銅器，有「徐王義楚」盤等。早在一八八八年，高安縣就曾出土過「古鐘鐸大小九，觶三」，其中有兩件徐王義楚觶。同在贛西北地區，相距不足一百公里的範圍內出土兩批徐國銅器，絕非偶然。在李家村東周墓葬地點十平方公里的盆地內，分佈著大大小小三十多個古代遺址，而李家

---

20 〔西漢〕司馬遷：《史記》卷四一《越王勾踐世家》，中華書局，1959年版。

村村後就是一處由三個遺址連成一片的大型遺址，從採集的碩大石器、大口徑的陶瓷器分析，這裡遺址的聚落等級相當得高。此外在盆地的上下游目前也發現有較大規模的古代遺址。東周墓葬、李家村徐國銅器、李家村原始聚落群等，極有可能反映了二千五百年前徐國貴族曾經在這裡繁衍生息過。延續了一六四九年歷史的強大徐國，在西元前五百一十二年被吳國滅亡後，攜帶大量徐、舒子民，轉輾遷徙，終於在靖安水口盆地立足，並造就了今天這座震驚世界的東周大墓。[21]

在隸屬關係的變化中，江西地區有番、艾二邑見諸記載。《史記》卷四十《楚世家》載：「（楚昭王）十二年（前 504 年），吳復伐楚，取番。楚恐，去郢，北徙都鄀。正義：番，又音婆。《括地誌》云：饒州鄱陽縣，春秋時為楚東境，秦為番縣，屬九江郡，漢為鄱陽縣也。」[22] 又《史記》卷三十一《吳太伯世家》也記載：「（吳王闔閭）十一年（前 504），吳王使太子夫差伐楚，取番。楚恐而去郢徙鄀。」（索引：番音潘，楚邑名。）[23] 吳國奪得楚邑番，使得贛東北地區轉入吳國的轄區。而番邑的轄區四至，據清康熙《鄱陽縣志》載：「南接豫章（今南昌），東接楚東姑蔑（今浙江衢縣），北鵲岸（今安徽鵲頭鎮），東北鳩茲（今蕪湖市東），西南艾（今江西修水），西北灊（今安徽霍

21 徐長青：《江西靖安李洲坳東周墓葬初步認識》，《江南文史》第 2 輯。

22 〔西漢〕司馬遷：《史記》卷四〇《楚世家》，中華書局，1959 年版。

23 〔西漢〕司馬遷：《史記》卷三一《吳太伯世家》，中華書局，1959 年版。

山東北）。」**24** 吳王闔閭後來在與越國的戰爭中受傷而死，夫差為父報仇，於西元前四百九十四年打敗越國，統治區域擴大到鄱陽湖西部。接著夫差北上中原爭霸，兩敗齊國，大會諸侯於黃池（今河南封丘西南），與晉爭做盟主。夫差窮兵黷武的爭霸戰爭，遭到了吳公子慶忌的激烈批評。《左傳》魯哀公二十年（前475）：「吳公子慶忌驟諫吳子（指吳王夫差）曰：『不改，必亡。』弗聽。出居於艾。杜預注曰：艾，吳邑。豫章有艾縣。」**25** 艾在今修水縣境，慶忌因勸諫夫差被拒絕，遷出都城居於艾地，證明贛西北地區亦是吳國的轄區。

春秋「豫章」考

春秋時期，史籍上曾屢次出現「豫章」名稱，但此豫章並非漢代江西的豫章郡。關於此問題，西晉杜預、唐孔穎達、南宋吳曾、清人高士奇、顧祖禹、顧棟高、王謨、胡虔、洪頤煊等人都曾進行過解釋、考證，分析比較透徹的是胡虔、洪頤煊。因豫章問題關係重大，涉及江西行政設置的起始，而且春秋豫章容易被誤認為漢代的豫章郡，在這裡把收入光緒《江西通志》**26** 的（宋）吳曾、（清）胡虔、（清）洪頤煊三人的考證及《江西通志》作者的評論錄入，以解疑惑。

24 轉引自江西省波陽縣志編纂委員會：《波陽縣志》卷一《建置區劃》，江西人民出版社，1989 年版，第 47 頁。

25 〔西晉〕杜預：《春秋左傳集解》，上海人民出版社，1977 年版。

26 〔清〕趙之謙等：《江西通志》卷一《地理沿革表》，光緒七年刻本，中華書局，1967 年版影印本。

宋吳曾《能改齋漫錄》曰：「豫章之名舊矣！在江左者有其地而非郡，在江南者建郡而非春秋之時。吳王闔閭七年，魯定公之二年也。楚囊瓦伐吳師於豫章，冬十月克楚取居巢。又二年，吳將入郢，其謀臣請因唐蔡而西。冬十一月，蔡侯、吳子、唐侯俱舍舟於淮汭，自豫章與楚夾漢。囊瓦濟漢而陣，自小別而至於大別。吳逆擊，敗之，五戰而及郢。嘗觀吳都具區，今平江之吳縣也；楚都郢，今富水也。漢水自歸峽接流而為今漢陽軍，蓋視吳為東；九江自庾嶺兆源，而洪州奠其南，蓋視楚為西。居巢今無為軍也，闔閭之七年，吳人見其舟於豫章，而潛師於巢。以明豫章瀕楚而巢邇於吳，故得而潛師也。小別、大別，今鄂州之山，漢水視之為東者也。九年，吳人舍淮汭而即豫章。杜氏以為：漢東江北地，囊瓦方且濟漢而陣於小大之別，則春秋之豫章為瀕楚，在江夏之間審矣。或者以七年之師因豫章以見舟，則其地必沿流之所，而洪之為洪蓋沿流者也。九年舍舟而即豫章，且堅杜氏之說，因以漢東之地為平陸，惟有沿流平陸之異，故以見舟者，江南豫章也。殊不知吳視楚為西，視江夏為少西，而視洪州則南矣。見舟所以張軍容也，安能遠託大江之南，而不近趨少西之地？然則江南之豫章絕無預乎春秋之時明矣！予江西人，嘗考今之豫章非春秋之豫章，然皆未得其定說，已具於前矣。最後予讀杜預、孔穎達註疏而後知予之寡見也。按：《左氏》昭公十三年：楚師還自徐，吳人敗諸豫章，獲其五師。杜預注曰：定公二年，楚人伐吳師於豫章，吳人見舟於豫章，而潛師於巢以軍楚師於豫章。又柏

舉之役，吳人舍舟於淮汭，而自豫章與楚夾漢，此皆當在江北淮水南，蓋後徙在江南豫章。又《左氏傳》：定公四年，蔡侯、吳子、唐侯伐楚，舍舟於淮汭，自豫章與楚夾漢。杜預曰：豫章，漢東江北地名。孔穎達曰：《漢書·地理志》：豫章，郡名，在江南。此則在江北者土地名云。以上皆經傳與註疏所載，予以杜孔註疏證江南之豫章無與於春秋之豫章審矣。《漢志》雖曰高帝置，但年代闊遠，文字殘闕，無從考見所徙之年月耳。按：宋武帝討劉毅，遣王鎮惡先襲至豫章口，去江陵城二十里。乃知春秋之豫章去江陵甚近，與今洪州全不相干。」

國朝桐城胡虔《識學錄·春秋豫章考》曰：「豫章者，楚地，吳楚搆兵之處，其見於《左氏傳》者凡六：昭公六年、十三年、二十四年、三十一年，定公二年、四年。」《杜氏集解》曰：當在江北淮水南，蓋後徙在江南豫章。又曰：漢東江北地名。孔氏疏曰：《漢書·地理志》：豫章，郡名，在江南。此則在江北者土地名。是雖未能實指其地，然為春秋時豫章之定論矣。吳入春秋百餘年，服屬於楚，以長江之險雖吳楚所共，而楚居上游，據建瓴之勢，吳以舟師仰攻不能勝。楚自壽夢得申公巫臣，知以乘車陸戰，於是吳之用兵舍江南而從淮右北道，而楚為之困。昭四年，楚城鐘離今鳳陽，城巢今巢縣，城州來今壽州，蓋以備吳塞其北來之沖。吳楚之搆兵爭戰者皆在此。及昭二十三年，吳滅州來；二十四年，滅鐘離及巢。三城滅楚淮右之重鎮失而漢東之大隧直轅冥阨，三隘道亦不能守，入郢之勢成矣。自魯成七年至哀

十五年，吳楚三十戰，其由江用舟師者六耳。若楚築三城之後，惟長岸之戰在江之南而已。故吳氏曾以江南之豫章絕無預乎春秋之時者，其說甚善，見《能改齋漫錄》，但以豫章在江夏之間，為江陵之豫章口則誤甚。蓋以漢東淮南江北數百里之地，而欲以區區地名之偶同者當之，宜其多所牴牾矣。此圖經以豫章即德安東四十里之章山，又或引《水經》：江水東經邾城南又東，得豫章口，因豫章岡得名者。皆一隅之見也。高氏士奇以今鳳陽西壽霍光固之境為近淮壖，豫章當在此際，尤足發明杜注，見《春秋地名考略》。然其言有二失，一、疑杜注漢東之誤；一以昭二十四年，豫章之汭為彭蠡，顧氏棟高亦主其說，見《春秋大事表》。彼特以光固之地近淮而遠漢，不得稱漢東，不知楚大隧直轅冥阨三關之塞，在今信陽應山之間，冥阨在河南汝寧府信陽州東南九十里，湖廣德安府應山縣北六十五里，一名平靖關；大隧一名武陽關，在信陽東南一百五十里，西南至應山一百三十里，地名大寨嶺；直轅，一名黃峴關，在信陽南九十里，南至應山亦九十里。杜氏所謂漢東之隘道也。光固在信陽東，壤地相接，故杜復曰漢東，以明豫章之西境。至此正與江北淮南一條相證，非淮南漢東有兩豫章也。柏舉之役，吳舍舟淮汭，自豫章與楚夾漢。杜注云：吳乘舟從淮來，過蔡而舍之。蔡即今汝寧新蔡縣，楚左司馬戌欲以方城外人毀吳所舍舟，聞楚師敗，及息而還。息即今光州息縣。息在蔡西南，然則吳人舍舟遵陸者，在蔡息之間，光州之地乎？高氏乃以息在蔡東，譏杜注之誤，於地形為不審矣。至顧氏以淮汭即

壽州，吳舍舟於此遵陸，亦即在此，是淮汭豫章為一地，左氏不當復言之矣。《左傳》：吳人舍舟於淮汭，而自豫章與楚夾漢，是淮汭、豫章明是兩地，蓋豫章近淮而非淮汭也。又昭二十四年，越大夫胥犴勞楚王於豫章之汭，越公子倉歸王乘舟，顧謂越畏吳，不敢與楚交，陰相聯絡於鄱陽，則以鄱陽為豫章之汭。是亦不然。吳越，敵國也，越豈畏吳者哉？且以當日時勢論之，吳畏越而越不畏吳。昭五年，楚子、越人伐吳；昭二十四年，越又使倉及壽夢帥師從楚伐吳。二十年之間越伐吳者再，而吳不敢一加兵於越報怨者，以吳方抗楚，懼越之議其後也。及昭三十二年，吳始用師於越，而定五年、十四年，越再敗吳，闔閭死焉。此其強弱之勢可見，顧氏之論特夫椒以後情事耳。夫越，既從楚以伐吳矣。帥師何事，而欲使吳不知，陰相聯絡於水際，此可笑之甚者。況鄱陽，古彭蠡，不得稱豫章之汭，夫豫章之境，潁史寨諸河，皆原遠入淮而通舟楫，越蓋由江入淮，由淮而入豫章之河，所謂豫章之汭者，此也。杜注僅曰：汭水不言河水，蓋豫章水川非一，杜知之未審也。近有以江西湖口為豫章者，據《史記‧淮南王傳》正義其解定二年桐叛楚事，謂巢、桐皆江西下流，相距不遠，楚自湖廣出師，下江南必取道江西，不知楚伐吳，非伐桐也；惟楚伐吳師於淮右之豫章，吳偽畏楚而伐其叛國。巢在桐北，伐桐必經巢。吳陰以伐桐之師圍巢，故楚坐視其引軍南向而不之忌，其實吳未嘗伐桐也，使楚師在今湖口，去桐甚近，吳師一不至桐，楚必能逆知其詐，而為之備矣。至定四年柏舉之役，吳舍舟淮

汭，自豫章與楚夾漢者，豫章在光固，漢為漢口，自光州歷信陽、麻城至漢口，攻楚不備，最為神速。使豫章為湖口，是吳自淮汭舍舟陸行將二千里而始至湖口，亦迂遠之甚矣。且於湖口與楚對陣者，夾江非夾漢也，古豈有稱潯陽之九江為漢哉！況吳果由湖口乘舟泝流攻楚，則其班師自順江而下，必不復陸行至淮，而楚司馬戌尚欲毀吳淮汭之舟以斷其歸路，雖下愚亦不出此。要之吳楚所爭者，在淮右決無迂道至湖口之理，此以豫章在江南者，其說無一可通也。或曰：江南有豫章水，春秋時豫章雖廣，要以此水得名。此又不然，豫章之名著自《水經》，漢時惟湖漢水最顯，劉歆所謂湖漢等九水入彭蠡是也，豫章特九水之一耳。《前漢‧地理志》雩都：湖漢水東至彭蠡入江，行千九百八十里，鄱陽、鄱水、余汗、餘水、艾、修水、新淦、淦水、南城、盱水、建城、蜀水、宜春、南水、南、彭水志則並云入湖漢。若豫章水出贛縣，雖亦云北入大江，然不言諸水入此，又不詳其里數，蓋雩都與贛在漢為荒僻之區。豫章、湖漢之孰為支流，尚不能詳，故以豫章併入湖漢，合鄱水等為九水，若上之求春秋之時，是水即名豫章且不可知，而謂淮南江北之地皆以此水得名，不亦謬乎？或曰：漢時豫章既不著，而《史記‧淮南衡山列傳》所謂結九江之浦，絕豫章之口者，豫章不已著於漢乎？正義以豫章為湖口，誤也。秦九江郡，治壽春，今壽州。漢為淮南國，正春秋豫章地也。伍被之言即指此豫章，豈湖口哉！然則應劭《漢官儀》言：漢豫章，以木名郡者，正未可非也。世第知雷次宗以水得名之言為可信，

不知應在雷二百餘年之前，其見聞當得其實，況次宗云似因此水得名，是雷氏亦不敢質言也。夫推驗地形，考論名義，後人必不若古人之審，今反覆諸家之論，推求當日情事形勢，益嘆杜注之不可易。彼酈道元之注水經，裴駰、張守節之注史記，稱引豫章，皆誤也。」

臨海洪頤煊《筠軒文鈔‧春秋豫章考》曰：「春秋時豫章北界徐、桐、舒、巢，東界吳，東南界越，南臨大江，西北界潛、六，其西則楚界也。左氏昭六年傳，楚使薳洩伐徐，吳人救之，令尹子蕩帥師伐吳師於豫章。昭十三年傳，楚師還自徐，吳人敗諸豫章，此豫章近於徐也。《漢書‧地理志》：臨淮郡，徐故國，嬴姓，至春秋徐子章禹為楚所滅。在今鳳陽府鳳陽縣。定二年傳，桐叛楚，吳子使舒鳩氏誘楚人曰：以師臨我，我伐桐為我使之無忌。秋，楚囊瓦伐吳師於豫章，吳人見舟於豫章而潛師於巢。冬十月，吳軍楚師於豫章，敗之，遂圍巢，克之。此桐，杜預註：桐，小國，廬江舒縣有桐鄉，在今安慶府桐城縣。舒，《漢書‧地理志》：廬江郡，舒故國，在今廬州府舒城縣。巢，《漢書‧地理志》：廬江郡居巢。應劭曰：春秋楚人圍巢，巢國也，在今廬州府巢縣。三國皆南近於豫章也。昭二十四年傳，楚子為舟師以略吳疆。越大夫胥犴勞王於豫章之汭，杜預註：汭，水曲。王及圍陽而還。吳人踵楚，而邊人不備，遂滅巢。是時楚舟師沿大江而下。定二年，吳人見舟於豫章，是吳舟師溯大江而上。豫章南臨大江，以南迤與越鄰。故越大夫得勞王於豫章之汭。昭五年傳，楚子以諸侯及東夷伐吳，

越大夫常壽過帥師會楚子於瑣，瑣亦當去豫章不遠也。昭三十一年傳，吳人侵楚伐夷，侵潛、六。杜預註：六國在廬江六縣，潛，楚邑，在廬江六縣西南。皆在今六安州。楚沈尹戌帥師救潛，吳師還，楚師還於南岡而還，吳師圍弦。《漢書·地理志》：江夏郡，軑，故弦子國，在今黃州府蘄水縣。左司馬戌、右司馬稽帥師救弦及豫章，吳師還。是時吳伐楚，一師伐夷侵潛、六，出豫章西北；一師圍弦，出豫章直西。左司馬戌、右司馬稽帥師救弦，吳師已退回豫章。追楚師追及之，而吳師始還云。及豫章，明豫章不與弦近也。若豫章近弦，當為楚腹裡地，不得與吳為界，證以前後經文，俱不合。定四年傳，蔡侯、吳子、唐侯伐楚，舍舟於淮汭。杜預註：吳乘舟從淮來，過蔡而舍之。自豫章，杜預註：豫章，漢江北地名。與楚夾漢，杜預註：漢水出武都，至江夏入江，在今武昌府江夏縣，漢水在弦西。左司馬戌謂子常曰：『子沿漢而與之上下，我悉方城外以毀其舟，還塞大隧、直轅、冥阸，子濟漢而伐之，我自後擊之，必大敗之。』是時吳子帥唐、蔡之師舍舟於淮汭，陸行至豫章，自豫章直至漢水以東皆吳師。左司馬戌所謂塞大隧、直轅、冥阸，是塞其自豫章歸淮汭之道，非塞其自漢東至豫章之道也。子常聽史皇之言，乃濟漢而陣，自小別至於大別。《漢書·地理志》：安豐，《禹貢》：大別山在西南，安豐與蓼、六同屬六安國，與豫章近，是時楚師亦盛，濟漢而東，繞出吳後，至二別始與吳師三戰，子常知不可欲奔，至敗於柏舉，其勢遂不可支。杜元凱不知夾漢，吳師未必盡逼近漢水

而軍，因改此二別在江夏縣，以遷就其說者，誤也。大約春秋時豫章在今懷寧、望江兩縣，江北地，為吳楚接界，往來必由之路。《漢書·地理志》：豫章郡，高帝置，治南昌，在大江以南，又有豫章水出贛西南，北入大江。是漢時江以南地亦得蒙江北豫章之稱，以其非經所有，故不復具論。」

謹案：江西在漢始置豫章郡，非春秋時豫章地。舊說以楚令尹子蕩伐吳師於豫章，為即今南昌府豫章城本誤。宋吳曾辨之是也。雍正《通志·沿革》列《左氏傳》稱豫章者四條，而附以吳曾《漫錄》，意主兩存。乾隆《南昌府志》始備載高士奇、顧祖禹、顧棟高三家之說，然士奇《春秋地名考》略辨豫章為近舒、桐而懸揣胥犴迎勞之地。祖禹《方輿紀要》據乾溪徐弦，而定為近淮，光、壽之間。棟高《春秋大事表·楚豫章論》，極言春秋豫章非今南昌，而欲以彭蠡當豫章之沔。雖詳略不同，而得失互見。惟胡虔、洪頤煊兩家《春秋豫章考》，指畫形勢，酌古准今，視三家所言尤備，並錄之。

第二節 ▶ 秦漢時期江西的郡縣設置

秦始皇二十六年（前 221）統一全國，遂在全國推行郡縣制度，江西當時屬於九江郡。西漢初年，漢高祖設豫章郡，下轄十八縣，大體上與現在的江西省境一致，從此，江西地區開始有了獨立的政區建制。王莽改制時把豫章郡改為九江郡，仍領十八縣，但縣名多有改易。東漢復名豫章郡，並先後增設八個縣，加

之原屬長沙郡的安成縣劃入，下轄二十七縣。

一、秦代江西的縣邑

　　秦始皇二十四年（前 223），秦滅楚國，江西全境歸屬秦國，秦即在已吞併的楚國國土上設立九江郡，《史記》卷七《項羽本紀》正義云：「九江郡，壽州也……至（楚）王負芻為秦將王翦、蒙武所滅，於此置九江郡。」[27]九江郡，治壽春（今安徽壽縣），重心在淮南。秦朝建立後，江西的中間主體部分即在九江郡轄下，東北一部分隸屬會稽郡，西邊一部分隸屬長沙郡。學術界目前多認為秦代江西境內已有七個縣的設置，具體如下：

　　番縣：或稱番陽縣，由春秋戰國時期的番邑發展而來。《嘉慶重修一統志》卷三一一《饒州府一》：「秦置鄱陽縣。」[28]《史記》卷七《項羽本紀》：「鄱君吳芮率百越佐諸侯，又從入關，故立芮為衡山王。」[29]（韋昭《集解》曰：初，吳芮為鄱令，故號曰鄱君。今鄱陽縣是也。）《漢書》卷三十四《韓彭英盧吳傳》：「吳芮，秦時番陽令也。」[30]（番，音婆）以上材料說明，秦朝時的確已經設立此縣，但有的稱鄱陽縣，有的稱鄱，有的則

27 〔西漢〕司馬遷：《史記》，中華書局，1959 年版。

28 〔清〕穆彰阿，潘錫恩等：《嘉慶重修一統志》，中華書局，1986 年版。

29 〔西漢〕司馬遷：《史記》，中華書局，1959 年版。

30 〔東漢〕班固：《漢書》，中華書局，1962 年版。

稱番陽縣，到底當時縣名為何呢？考之一九八九年版《波陽[31]縣志》：「西元前二百二十一年（秦始皇二十六年），秦統一中國，置番縣，屬九江郡，為本縣建縣之始。……東漢將番字加『阝』旁作鄱陽。」其注云：「本《太平寰宇記》《十道志》《括地誌》及《江西通志》《饒州府志》等。《元和郡縣志》及乾隆《鄱陽縣志》等則稱番陽縣。」[32]可知當時應稱番縣或番陽縣，《史記》中的「鄱君」可能是傳抄之誤，應為「番君」；而《嘉慶重修一統志》中的「鄱陽縣」則為誤用了東漢時的名稱。

新淦縣：據一九九○年版《新幹縣志》：「新幹原名新淦，古稱上淦，秦開始建縣，因境內有紫淦山，淦水從驪嶺流經縣域，立新縣時取『淦』而得名……秦始皇二十六年（前 221），廢除封建制，天下分為三十六郡。新淦縣始建，隸屬九江郡，縣城設淦陽（今樟樹鎮）。」[33]

安平縣與安成縣：據一九九五年版《安福縣志》大事記：「秦王嬴政二十五年（前 222），在安福縣境內（含今蓮花縣北部）設置安平、安成二縣，安平縣治王水口（今竹江鄉洋口、城田一帶），安成縣治新茨（今嚴田鄉橫屋村一帶）。秦始皇嬴政

---

31 1956 年，「鄱陽」簡化為「波陽」，2003 年 12 月經國務院批准，改回「鄱陽」。

32 江西省波陽縣志編纂委員會：《波陽縣志》卷一《建置區劃》，江西人民出版社，1989 年版，第 47 頁。

33 江西新幹縣志編纂委員會：《新幹縣志》卷一《建置人口志》，中國世界語出版社，1990 年版，第 63 頁。

二十六年（前 221），統一中國，分天下為三十六郡，安平縣隸屬九江郡，安成縣隸屬長沙郡。」[34]另據嘉靖《安福叢錄》卷一《縣紀》稱：「秦始皇二十四年王翦滅楚。明年，郡縣天下，置安平、安成二縣，縣西有瀟水，南入洞庭，故安成隸楚長沙，治新荎；瀘水東匯彭蠡，故安平隸吳九江，治平都，今五十二都王江，近有橋名平都，又地名城田。」[35]

　　盧陵縣：據一九九七年版《吉安市志》：「今吉安市所轄境域，自秦漢至晉代後期，為盧陵郡、縣屬地。秦始皇二十六年，統一中國，實行郡縣制，本境屬九江郡盧陵縣。」後注云：「盧陵縣何時所置，史家向來有兩種意見：一為秦始皇二十六年，一為西漢高祖五年，至今無定論。今查《史記‧秦始皇本紀》有『二十六年……分天下以為三十六郡』一事，三十六郡中有九江郡名而無郡轄各縣縣名；《前漢書‧地理志》（即指班固《漢書》）載：『九江郡，秦置，戶十五萬五十二，口七十八萬五百二十五，縣十五』，十五縣中無盧陵縣；『豫章郡，高帝置，戶六萬七千四百六十二，口三十五萬一千九百六十五，縣十八』，十八縣中有盧陵縣。萬曆《吉安府志》載：『明一統志云：秦始皇二十四年，王翦滅楚，虜負芻，明年置盧陵、安平、新淦三縣，屬九江郡』。新編吉安地區各縣縣志，除《泰和縣志》記作西漢高

---

34 安福縣志編纂委員會：《安福縣志‧大事記》，中共中央黨校出版社，1995 年版，第 11 頁。

35 轉引自江西省行政區劃志編纂委員會：《江西省行政區劃志‧秦以前江西地區的隸屬關係》，方志出版社，2005 年版，第 15 頁。

祖五年，《永新縣志》記作西漢高祖四年外，均記作秦始皇二十六年。」[36]此注考證甚為細緻，雖說至今無定論，但傾向於認為秦始皇二十六年設置，再參考《太平寰宇記》盧陵縣為「九江南部都尉理」的說法，盧陵縣始建於秦的論斷可以成立。[37]吳宗慈、辛際周民國三十六年版《江西省八十三縣沿革考略》吉安縣條的注文言：「按明一統志，始皇二十四年，王翦滅楚，虜負芻。明年，置盧陵、安平、新淦三縣，屬九江郡，則縣非漢始置也。」把盧陵縣設置的時間定為秦始皇二十五年，但今查《四庫全書》中的《明一統志》，未見此段文字，在盧陵、安平兩縣條目下，也沒有「秦置」一類的說明。

南埜縣與餘干縣：《淮南子》卷十八《人間訓》：「（秦始皇）又利越之犀角、象齒、翡翠、珠璣，乃使尉屠睢發卒五十萬，為五軍：……一軍守南埜之界，一軍結餘干之水。」《嘉慶重修一統志》卷三二二《南安府》即云：「秦置南埜縣。」[38]南埜、餘干究竟是秦縣，還是作者劉安以所處的漢代縣名來敘述秦代之事，其他的記載不多，故難以斷定。二〇〇五年版《南康市志》：「秦始皇三十三年（前 214），秦王派武官屠睢領兵五萬為五軍，

36 江西省吉安市地方志編纂委員會：《吉安市志・建置》，珠海出版社，1997 年版，第 43、46 頁。

37 江西省行政區劃志編纂委員會：《江西省行政區劃志・秦以前江西地區的隸屬關係》，方志出版社，2005 年版，第 15 頁。

38 〔清〕穆彰阿、潘錫恩等：《嘉慶重修一統志》卷三三二《南安府》，中華書局，1986 年版。

注一：圖引自吳宗慈《江西省古今政治地理沿革圖》，民國三十六年
　　　（1947）江西省文獻委員會印行。以下各圖皆同，不再標註出
　　　處。

注二：「現轄區域」指 1947 年江西省管轄區域。

注三：圖中實線為漢前江西地區所轄區域，虛線指 1947 年江西省所轄
　　　各縣區域。

江西省現轄區域詳圖

（圖例）

前漢 十八縣沿革圖 (三)

圖例
墨線為縣界
墨──為兩縣以上地界
? 位置建置等待考者
□ 縣治

註：圖中實線為前漢江西地區十八縣區域，虛線指 1947 年江西省所轄
　　各縣區域。

其中一軍守南埜之界，南埜之名始此，南康屬南埜地。西漢高祖六年（前 201），分淮南置豫章郡立南埜縣。南康屬南埜縣地。」[39]把南埜名稱的出現和南埜縣的設置區分為兩件事，顯得比較慎重。而一九九一年版《餘干縣志》則認為自楚滅越後，本縣已經發展為城邑：「縣地河流古稱『餘水』，居民利用餘水灌溉，結餘水兩岸居住。自居民點的形成，經聚落以致城邑的建立，均在餘水流域，即餘水之涯，故稱其城邑為餘干（干，解作涯）。

秦始皇二十六年統一中國，實行郡縣制，本縣以城邑之名命名餘干縣，隸屬九江郡。」[40]此說把餘干縣名的由來解釋得很清楚，但因難以找到相關證據，仍有過於武斷之嫌。

此外，《江西史稿》中寫道：「秦時江西境內的縣治，承前的是番、艾。」[41]這裡對艾縣的建立只是推論，因商代有艾侯國、春秋有艾邑，西漢初有艾縣，故居中的秦代可能仍有縣的設置。但此推論亦有過於武斷之嫌，一九九一年版《修水縣志》卷一《建制沿革》則如是說：「商代封艾侯國，都今縣城西四十七公里司前龍崗坪。春秋為艾邑，先後屬吳、楚、越國管轄。《左傳·哀公二十年》載：『吳公子慶忌驟諫吳子曰：不改必亡。弗

39 江西省南康市地方志編纂委員會：《南康市志》卷一《建置區劃》，武漢出版社，2005 年版，第 87 頁。

40 餘干縣志編纂委員會：《餘干縣志》卷一《建置區劃》，新華出版社，1991 年版，第 47 頁。

41 許懷林：《江西史稿》第三章《戰國秦漢時代江西的郡縣和經濟》，江西高校出版社，1998 年版，第 21 頁。

聽，出居於艾。」即此。秦朝，艾屬九江郡。漢高祖六年（前201），始見文字記載置艾縣：隸屬豫章郡，仍治龍崗坪。」[42]如此處理更為慎重。

二、西漢時期豫章郡的設立

西元前二百〇七年，秦王子嬰以繩繫頸，乘素車白馬，手捧御璽，向最先到達咸陽的劉邦起義軍投降，宣告強盛一時的秦朝滅亡了。但在這之後，漢朝並沒有接著建立，而是經過了四年之久的楚漢之爭。直至漢高祖五年（前202）二月，劉邦才正式即皇帝位，建立起統一的西漢王朝，真正實現對天下的統治，這才設置了豫章郡，大體上與後來的江西省境一致。豫章郡的設置，是在本地人口增多、開發步伐加快的基礎上而出現的，是江西政治經濟地位提高的標誌。

豫章郡設置考

關於豫章郡的設立，《漢書·地理志》僅言「高帝置」，[43]具體設置時間則沒有提到。考之《史記》卷九十一《黥布列傳》：「（漢高祖）四年（前203）七月，立布為淮南王，與擊項籍。……項籍死，天下定……布遂剖符為淮南王，都六（今安徽六安縣），九江、盧江、衡山、豫章郡皆屬布。」[44]《江西省行

42 修水縣志編委會：《修水縣志》卷一，《建制沿革》，海天出版社，1991 年版，第 38 頁。

43 〔東漢〕班固：《漢書》卷二八，中華書局，1962 年版。

44 〔西漢〕司馬遷：《史記》，中華書局，1959 年版。

政區劃志》據此認定：「是黥布為淮南王時已有豫章郡，立郡時間至遲在高祖四年七月以前。《宋書》卷三十五《州郡志》淮南郡記作：『漢高帝四年，更名淮南國，分立豫章郡。』可與《黥布傳》互相參照。」[45]筆者認為，上述推斷並不確切。黥布原為項羽部下，後來投靠劉邦，劉邦加封他為淮南王是為了籠絡他一起攻打項羽。江西地區原為西楚霸王項羽的轄地，只有在項羽死後，劉邦才有可能占有這裡並設郡，《黥布傳》也說項羽死後，黥布才剖符成為名副其實的淮南王。項羽死於漢高祖五年（前202）十二月，豫章郡既然是漢高祖所置，設立時間當不早於此。民國時期吳宗慈、辛際周合編的《江西省古今政治地理沿革總略》稱：「漢興，改九江郡為淮南國，領九江、廬江、衡山、豫章四郡。江西則為豫章郡。」[46]他們也沒有臆斷豫章郡建立的時間。俞兆鵬經考證後認為，項羽被殺，楚地平定後，漢高祖五年正月（漢初紀年以十月為歲首），「劉邦便在九江郡西境置衡山郡，割九江郡南境置廬江、豫章二郡，九江郡地盤縮小。當時劉邦置酒宴請功臣，正式分封英布。『布遂剖符為淮南王，都六（今安徽六安東北），九江、廬江、衡山、豫章皆屬焉。』」至此，豫章郡正式建立，以南昌縣為治所。所以，杜預、孔穎達都說，

45 江西省行政區劃志編纂委員會：《江西省行政區劃志》第二章《兩漢時期的豫章郡》，方志出版社，2005 年版，第 16 頁。

46 〔民國〕吳宗慈、辛際周：《江西省古今政治地理沿革總略》，江西省文獻委員會印行，民國三十六年版。

豫章舊在江北淮南,蓋後徙江南之豫章」。[47]

　　郡名豫章的由來,史有三說:「一、據應劭《漢官儀》:『豫章城之南門,曰松陽門,門有樟樹,高五丈五尺,大二十五圍,枝葉扶疏,垂蔭數畝』,『樹生庭中,故以名郡』。章即樟樹,『豫,樂也』(《爾雅·釋詁》),以之名郡,意謂樂有此大樟也。二、據漢志記載,『贛有豫章水』,《水經注》云:『似因此水為其地名,雖十川均流,而北源最遠,故獨受名焉』。三、豫章之名,六見於《左傳》,據杜預註:春秋時的豫章,皆在江北淮水南,『漢移其名於江南,置郡』。」[48]

　　豫章郡是何人平定並開始建城的?《史記》卷九十五《灌嬰傳》:「項籍敗垓下去也,嬰以御史大夫受詔將車騎別追項籍至東城,破之。所將卒五人共斬項籍,皆賜爵列侯。降左右司馬各一人,卒萬二千人,盡得其軍將吏。下東城、歷陽。渡江,破吳郡長(即吳郡守)吳下,得吳守,遂定吳、豫章、會稽郡。還定淮北,凡五十二縣。」[49]灌嬰定豫章時間為高祖五年(前202),並於次年開始築城,名曰「灌嬰城」,故址在今市郊區湖坊黃城寺一帶。後改名南昌,寓有「南方昌盛」和「昌大南疆」之意。

　　但據俞兆鵬考證,南昌城並非於漢高祖六年就開始修築,當

47 俞兆鵬:《南昌城非漢高祖六年灌嬰或陳嬰所築》,《南昌大學學報》(人文社會科學版),2010 年第 2 期。

48 南昌市地方志編纂委員會:《南昌市志》卷一《建置政區》,方志出版社,1997 年版,第 98 頁。

49 〔西漢〕司馬遷:《史記》,中華書局,1959 年版。

時灌嬰所定豫章是淮南一地區名，與《左傳》所記之「豫章」意同，位處漢江之東、長江以北，這種地域概念一直延續到漢高祖五年正月，並非漢高祖後來在江西所建之豫章郡。豫章郡的平定者即是原項羽所封的九江王、後被漢高祖劉邦改封為淮南王（九江國改稱為淮南國）的英布。**50**

　　學界有不少人認為定豫章的不是灌嬰，而是陳嬰。**51**典型的如南宋學者趙與時：「《章貢志》謂：『漢高帝六年，命灌嬰略定江南，令天下城縣邑，始置雩都縣。』按《高紀》六年冬十月，但書『令天下郡邑城』而已，餘皆無所見。雩都置縣，《地理志》不書歲月，考紀及傳，灌嬰蹤跡未到江西。鑿空著書，可付一笑。洪駒父《豫章職方乘》亦謂：『灌嬰在漢初定江南，故祀以為城隍神。今江西郡縣城隍多指為灌嬰，其實非也。』友人蕭子壽（大年）考《功臣侯表》，始知其為陳嬰。陳嬰自定東陽為將，屬楚項梁，為楚柱國。四年，項羽死，屬漢，定豫章、浙江，封堂邑侯，都漸。顏師古謂：『漸，水名，在丹陽黟縣南蠻中。嬰既定諸地而都之。』《地理志》註：『黟音伊，字本作黝，其音同。』始知定江南者為陳嬰。流俗所傳，不為全無所據，但

---

50 俞兆鵬：《南昌城非漢高祖六年灌嬰或陳嬰所築》，《南昌大學學報》（人文社會科學版），2010 年第 2 期。

51 如許懷林的《江西史稿》（P26-P31），《江西省行政區劃志》（P16-P17），何蘇仲《一字釀成千古錯─「灌嬰築南昌、九江城說」辨正》（九江師專學報哲社版，1995 年第 1 期）等。

誤其姓耳。」[52]他們此說的主要依據是《史記》公侯表和《漢書》功臣表中記錄定豫章的是堂邑安侯陳嬰，考之《史記》卷十八《高祖功臣侯者年表》，陳嬰的功績記作：「以自定東陽為將，屬項梁，為楚柱國。四歲，項羽死，屬漢，定豫章、浙江，都漸，定自為王壯息，侯，千八百戶。復相楚元王十一年。」[53]《漢書》則把封戶寫為六百戶。俞兆鵬認為：陳嬰所平定的「豫章」與灌嬰所平定的「豫章」意義相同，即淮南江北之地。陳嬰與灌嬰不同之處是：灌嬰攻破吳郡後即返淮北，而陳嬰在平定淮南之「豫章」後，又去平定了浙江，後來屯駐在漸水一帶。所謂「漸水」是浙江的古名，源出於今安徽黟縣古黟山。在秦末、楚漢之際，黟縣屬鄣郡。鄣郡的治所在鄣縣（今浙江安吉縣北安城鎮古城）。漢高祖六年十二月陳嬰被封為堂邑侯後，他的封地堂邑也在淮南東部。由此可見，陳嬰的足跡並未到達屬於淮南王英布管轄的豫章郡。[54]

俞兆鵬、俞暉《羅珠與漢初南昌城的修築》，經過深入研究，認為漢初豫章郡治南昌城由灌嬰於漢高祖十二年（前195）始築，羅珠於漢惠帝三年至七年（前192-前188）繼成，而承擔築城工程者主要是羅珠。

灌嬰在跟隨漢高祖平定淮南王英布叛亂的戰爭中，曾立下大

52 〔南宋〕趙與時：《賓退錄》卷一，上海古籍出版社，1983 年版。

53 〔西漢〕司馬遷：《史記》，中華書局，1959 年版。

54 俞兆鵬：《南昌城非漢高祖六年灌嬰或陳嬰所築》，《南昌大學學報》（人文社會科學版），2010 年第 2 期。

功。漢高祖十二年十月，劉邦因箭傷班師回朝，新任命的淮南王劉長尚未到位，故灌嬰占領九江郡和豫章郡後，暫時由他負責守衛。當灌嬰占據九江郡和豫章郡時，英布尚未最後敗亡，即有南昌人章交來獻地圖，認為南昌當諸道要沖，是個戰略要地，建議灌嬰興建豫章郡城。灌嬰接受了章交的意見，開始在南昌築城。平叛戰爭結束後，灌嬰要離開南昌，回朝覆命，便令章交暫時負責築城工程。

漢惠帝三年（前 192），羅珠仍在朝任治粟內史……灌嬰將築南昌城未畢之事上奏朝廷，他就建議朝廷，調羅珠出任九江郡守，並命他去築南昌城。朝廷同意了灌嬰的建議。

羅珠出任九江郡守後，即到豫章郡治，以其妹夫石固和章交為助手，全力修築南昌城。當時南昌築城，因朝廷財政困難，不可能撥給很多經費，全靠官民群策群力，艱苦奮鬥。雖說漢高祖六年十月（前 202 年 11 月）朝廷早已下詔「令天下縣、邑城」，而實際上全國大多數地方均未完成築城工程……南昌築城早於長安城，當時磚石及其他物資均不足，城牆主要由夯土版築而成。豫章郡的百姓為了鞏固城防，求得生活安定，築城積極性十分高漲。

大約到漢惠帝六年後，南昌城終於築成，「環十里許，辟六門」。[55]

俞教授資料翔實，多借鑑族譜資料，邏輯論證嚴密，由灌

---

[55] 俞兆鵬、俞暉：《羅珠與漢初南昌城的修築》，《江西社會科學》，2010年第 6 期。

嬰、羅珠先後建豫章郡治南昌城的說法比較可信。

此外，灌嬰建南昌說，依據網上的一個考證，由南昌故城出土的城磚可以證明：

　　灌嬰築南昌土城之說，已故蔡敬襄先生在一九二八年南昌拆城牆時，尋到兩百餘種各時代的城磚，編成《江西南昌城磚圖志》一書，他是第一個以實物考證了南昌城的變遷的人。此書現存英國倫敦圖書館，萬金難續，但幸運的是，城磚實物尚在國內。蔡敬襄先生得到三百塊漢唐城磚，陳三立先生為之序文，說：「南昌於漢為豫章郡，其後或名洪州，或名鐘陵。然後常為省會，城始建自灌嬰，當漢高祖六年（前 201 年），今存磚四，列之卷首者也。其間雜出墓磚，則南唐時平南王鐘傳據荒州發古墳取磚不曷以繕城者也。漢時造磚人往往自鐫名，後但紀年。」

　　蔡敬襄的《編輯江西省城磚圖譜》詩與注寫道：「治亂循環演大同，回思炎歷闢鴻蒙，二千一百餘年事，恍惚河出泡影中！」自注云：「《漢書》高帝六年（前 201 年），潁陰侯灌嬰渡江，定豫章郡，始建城。」

　　蒐羅金石始歐陽，章水淵源溯瓣香；
　　斷甓摩沙西漢字，緬懷集古獨蒼茫。

　　注云：「歐陽修《集古錄》，討論淵博，實為考定金石之鼻祖，然以不獲西漢碑文字為憾。今途遇毀城，而獲西漢灌嬰建城磚文字，喜不自勝，惜歐陽公有此同好而未之見也。」

　　潁陰侯建豫章城，歷代增修到勝清，

　　誰料二千年後毀，我來編輯字留名。

　　自注云：「城為潁陰侯灌嬰建，歷代修築，至民國十八年（1929 年）悉毀之。」

　　漢、唐、宋、元、明、清之南昌城磚三百塊，現存江西省博物館，這是能說明建城的原始依據之一。[56]

　　雖然此文仍認為南昌城為漢高祖六年由潁陰侯灌嬰所建，時間與俞兆鵬考證不同，但它用考古實物說明了灌嬰的確是南昌城最初的主持修築者，這個結論與俞教授研究的結果一致。

　　豫章郡的轄區，大體與今江西省境一致。它的設立，是江西政治、軍事地位上升和經濟、文化發展的產物，從此以後，人們對江西這塊紅色土地才有了比較清晰的認識。

豫章十八縣

　　豫章郡，治南昌，依據《漢書》卷二十八《地理志》，所轄十八縣為：「南昌、盧陵、彭澤、鄱陽、歷陵、餘汗（漢高祖六年改「餘干」為「餘汗」，汗讀作干；南朝宋武帝永初年間復改為餘干縣。）[57]」、柴桑、艾、贛、新淦、南城、建成、宜春、海昏、雩都、陽、南埜、安平。據《江西省行政區劃志》，這些

---

56 吳雁：《灌嬰定豫章郡築南昌城瑣談》，南昌市網上家長學校，2008 年 9 月 19 日。

57 餘干縣，直至 1956 年，國務院公佈第一批簡化漢字，「餘」才省作「余」，即今余干縣。

縣治的位置大體是：

南昌：今南昌市；　　　　　　盧陵：今吉安市；

彭澤：今湖口縣東；　　　　　鄱陽：今鄱陽縣東；

歷陵：今德安縣東；　　　　　餘汗：今餘干縣東北；

柴桑：今九江市西南；　　　　艾：今修水縣西；

贛：今贛州市；　　　　　　　新淦：今樟樹市；

南城：今南城縣東；　　　　　建成：今高安縣；

宜春：今宜春市；　　　　　　海昏：今永修縣；

雩都：今于都縣東北；　　　　陽：今都昌縣西；

南埜：今南康縣（現應為市）西南；

安平：今安福縣東南。

　　在安福縣境西部與安平同時還置有安成縣，隸屬長沙郡。就江西全境而言，實有十九縣。**58**

　　這些縣設立的時間，《漢書・地理志》缺乏相關記載，據二十世紀八〇年代以來出版的新方志，南昌、南城為漢高祖五年（前 202）設立，彭澤、柴桑、艾縣、贛縣、建成、宜春、雩都、陽為漢高祖六年設立；海昏縣的設立時間有兩種說法：一九八七年版《永修縣志》云：「（西漢）高祖六年（前 201），海昏由艾分出，設海昏縣，屬豫章郡。⋯⋯或云，海昏縣於景帝三年

58 江西省行政區劃志編纂委員會：《江西省行政區劃志》第二章《兩漢時期的豫章郡》，方志出版社，2005 年版，第 17 頁。

（前 154）置。」[59]而 1991 年版《奉新縣志》則記載：「漢景帝前元三年（前 154），最初設置海昏縣。」[60]未知何者為確。如果前述盧陵、鄱陽、餘汗、新淦、南埜、安平、安成七縣為秦時所置無誤，則只有歷陵縣的設置時間還不清楚。另外，漢宣帝地節四年（前 66），徙封昌邑王劉賀為海昏侯，海昏縣由此成為海昏侯國。

　　關於諸縣名的來歷，考之上世紀八〇年代以來的新編縣志，可知一二。彭澤縣，漢高祖六年置，包括今湖口、彭澤、都昌三縣及安徽東流縣的一部分。《禹貢》稱：「彭蠡澤（今鄱陽湖）在西，因以名縣。」[61]柴桑縣，漢高祖六年置，包括今九江市區及九江、星子、瑞昌三縣。柴桑本山名，《山海經》曰：「柴桑之山，其上多銀，其下多碧，多　石、赭。其木多柳、芑、楮、桑。」晉郭璞注，山「今在尋陽柴桑縣南，其廬山相連也」，即今面陽、馬頭、桃花尖諸山之總稱，西漢初建縣，治所正處這群山環抱中，因以名縣。[62]贛縣，據《太平寰宇記》卷一〇八虔州條：「《晉太康地誌》：屬南康郡，因水以為名。《虔州圖經》：章貢二水合流為贛，其間置邑，因為贛縣。」南城縣則是由於地

---

59 江西省永修縣志編纂委員會：《永修縣志》第一編《地理》，江西人民出版社，1987 年版，第 29 頁。

60 奉新縣地方志編纂委員會：《奉新縣志》卷一《建置沿革》，南海出版公司，1991 年版第 35 頁。

61 江西省彭澤縣志編纂委員會：《彭澤縣志》卷二《沿革區劃》，新華出版社，1992 年版，第 69 頁。

62 江西省九江縣縣志編纂委員會：《九江縣志》卷一《建置區劃》，新華出版社，1996 年版，第 4 頁。

處豫章郡南部而得名。建成縣，雷次宗《豫章記》云：「以其建立城邑，故曰建城。按成、城古通用。」[63]宜春縣，據《太平寰宇記》卷 109 袁州條：「縣側有暖泉從地湧出，夏冷冬暖，清澄若鏡，瑩媚如春，飲之宜人，故名宜春縣。」雩都縣是以北有雩山而得名。

以上諸縣是江西當時經濟發展最快的中心區，縣邑的分佈密度不大，而且分佈極不平衡。十九縣中，位於贛北的，特別是鄱陽湖流域的就有八縣（南昌、海昏、歷陵、柴桑、彭澤、陽、鄱陽、餘汗），其密度遠遠高於贛南。這說明鄱陽湖流域是江西經濟發展最快、人口眾多的地區。當時縣的疆域非常廣闊，比如南昌縣境包括今南昌、新建、豐城、進賢四縣地，[64]海昏縣境包括今永修、武寧、奉新、靖安、安義五縣地，[65]南城縣境包括今南城、南豐、黎川、廣昌、資溪、金溪、臨川、崇仁、宜黃、樂安等縣及東鄉縣一部分。[66]雩都縣境包括今于都、寧都、石城、安遠、瑞金、會昌、尋烏七縣。[67]

63 江西省高安縣史志編纂委員會：《高安縣志》卷一《建置》，江西人民出版社，1988 年版，第 9 頁。

64 南昌縣志編纂委員會：《南昌縣志》第一篇《建置沿革》，南海出版公司，1990 年版，第 2 頁。

65 江西省永修縣志編纂委員會：《永修縣志》第一編《地理》，江西人民出版社，1987 年版，第 29 頁。

66 江西省南城縣志編纂委員會：《南城縣志》卷一《建置區劃》，新華出版社，1991 年版，第 39 頁。

67 于都縣志編纂委員會：《于都縣志》卷一《建置區劃》，新華出版社，1991 年版，第 59 頁。

豫章郡的隸屬關係

漢高祖元年（前206），項羽封黥布為九江王，都六（今安徽六安北），統領九江郡地，時為九江郡轄地的江西地區即在其封國之內。漢高祖三年，黥布歸漢；四年，漢高祖立他為淮南王；五年二月，正式剖符讓他管轄九江、廬江、衡山、豫章四郡。漢高祖十一年（前196），黥布反漢，兵敗被殺。漢高祖立最小的兒子劉長為淮南王，統轄原來黥布的領地，豫章郡隨之轉為劉長的淮南國屬地。漢文帝前元六年（前174），劉長謀反事洩而自殺，淮南國被取消，其屬地收歸中央管轄，豫章郡廢併入九江郡。文帝前元十二年（前168），又徙城陽王劉喜為淮南王。文帝前元十六年（前164），將劉喜遷回仍去當城陽王，把原淮南國的領土分成三份，分封給劉長的三個兒子：劉安為淮南王，劉勃為衡山王，劉賜為廬江王。當時，劉安以九江郡之地立國，原淮南國的豫章郡、九江郡之地歸他管轄。漢景帝前元三年（前154），太尉周亞夫領兵平定「吳楚七國之亂」，奏請朝廷重置豫章郡，下屬十八縣，大致奠定了今天江西省行政區劃的規模。

漢武帝元封五年（前106），分全國為十三部州，每部州派刺史一人，於每年秋天巡行所部郡國，監督地方郡太守和強宗豪右。豫章郡屬揚州刺史部，但這時的十三部州只是監察區，而不是行政區域。

三、王莽新朝時郡縣的更名

漢平帝元始五年（5），平帝薨，外戚王莽開始攝政，至始

建國元年（9）正式稱皇帝，改國號為「新」。為了緩和社會矛盾，王莽進行了一系列改革措施，史稱「王莽改制」。在推行新的經濟政策的同時，王莽屢次改變官名、制度、郡縣名稱。豫章郡更名九江郡，其所轄南昌等十三縣及屬長沙侯國的安成縣亦均改用新名：

南昌：莽曰宜善；　　　盧陵：莽曰桓亭；

鄱陽：莽曰鄉亭；　　　歷陵：莽曰蒲亭；

餘汗：莽曰治干；　　　柴桑：莽曰九江亭；

艾：莽曰治瀚；　　　　新淦：莽曰偶亭；

建成：莽曰多聚；　　　宜春：莽曰修曉；

海昏：莽曰宜生；　　　陽：莽曰豫章；

安平：莽曰安寧；　　　安成：莽曰思成。

只有彭澤、贛、南城、雩都、南壄五縣仍用原名。此外，原屬長沙侯國的安成縣不僅改為思成縣，同時它開始轉隸於改名為九江郡的豫章郡[68]。

四、東漢時期的豫章郡

王莽改制沒有能挽救社會危機，反而使社會經濟日益惡化，階級矛盾更加尖銳。綠林、赤眉農民大起義的爆發摧垮了王莽的統治，宗室劉秀藉助於農民起義的力量，於西元二十五年稱帝，

---

[68] 安福縣志編纂委員會：《安福縣志》卷一《建置區劃》，中共中央黨校出版社，1995年版，第66頁。

年號建武，定都洛陽，史稱東漢。

東漢增置八縣

光武帝建武元年（25），被王莽改名的郡縣全部恢復舊名。漢和帝永元八年（96），設置平都侯國，改安平為平都。至此，豫章郡十八縣中有海昏、平都兩個侯國。同年，東漢政府在新淦、盧陵之間增置石陽縣，劃出南城東北境（今金溪、東鄉）和西、北境（今臨川、樂安、宜黃、崇仁）地域，置臨汝縣。[69]時因境內有臨、汝二水經流而得此名。[70]永元十六年（104），於海昏西南增立建昌縣，縣治今奉新甘坊附近。建昌之得名有二說：《豫章記》認為「以其戶口昌盛，因以為名」；《舊志》則認為「昌邑王賀居此，為昌邑王建也」。[71]漢靈帝光和元年（178），析餘汗縣樂安鄉地置樂平縣，治銀城堡（今德興縣銀城畈），因縣治「南鄰樂安江，北接平林」，故名「樂平」。獻帝興平二年（195），西遷縣治於樂安鄉洎口（今洺口鄉戴村），改樂平縣為樂安縣。[72]靈帝中平二年（185），分海昏、建昌立新吳（約今奉

69 江西省南城縣志編纂委員會：《南城縣志‧大事記》，新華出版社，1991 年版，第 13 頁。

70 江西省臨川縣縣志編纂委員會：《臨川縣志》第一篇《建置》，新華出版社，1993 年版，第 51 頁。

71 江西省永修縣志編纂委員會：《永修縣志》第一編《地理》，江西人民出版社，1987 年版，第 30 頁。

72 樂平縣志編纂委員會：《樂平縣志》第一編《地理》，上海古籍出版社，1987 年版，第 26 頁。在該書第 26-28 頁附錄的《樂平縣始建年代考》全面考核了諸種史料，比較分析後得出靈帝光和元年置縣的結論，考訂嚴密，論證充分，故依此說。

新縣）、永修（約今永修縣），新吳縣治設今會埠鄉的故縣，永修縣城在今修河南岸，為修水所經，故名。[73]同年，劃分宜春東境部分地區設立漢平縣，縣治在今清江西南境的吳平圩。[74]中平年間（184-189）在萍居建城的汝南上蔡（今屬河南省）人聚居地析置上蔡縣，其境域大致相當於現在的上高、宜豐、萬載三縣之地。[75]同為中平時，艾縣境內立西平縣，治今修水縣城西八十七公里處全豐鄉境內。[76]至此豫章郡領縣已達二十七個，安成縣仍屬長沙郡，隸荊州。

豫章郡的隸屬關係

光武帝劉秀建立東漢時，曾經實行過一系列措施來加強中央集權，此時豫章郡所屬的揚州刺史部仍為監察區，江西亦仍在中央的直接管轄之下。東漢後期，隨著外戚和宦官交替專權的局面愈演愈烈，皇權日益衰弱，統治腐朽，地方割據勢力不斷增強，刺史的權力也在逐漸擴大，由監察而逐步獲得行政、軍事諸種職權。靈帝以後，部州開始演變為地方行政區，郡縣二級制演化為州郡縣三級體制，豫章郡在揚州刺史的管轄之中。

73 江西省永修縣志編纂委員會：《永修縣志》第一編《地理》，江西人民出版社，1987 年版，第 30 頁。

74 清江縣志編纂委員會：《清江縣志》第一編《建置》，上海古籍出版社，1989 年版，第 2 頁。

75 上高縣史志編纂委員會：《上高縣志》卷一《建置區劃》，南海出版公司，1990 年版，第 52 頁。

76 修水縣志編委會：《修水縣志》卷一《建制沿革》，海天出版社，1991 年版，第 38 頁。

註：圖中實線為兩漢江西地區郡所轄區域，虛線指 1947 年江西省所轄
　　各縣區域。

第三節 ▶ 魏晉南北朝時期江州的 設立及郡縣的增置

一八九年，董卓之亂爆發，漢少帝被廢，扶立的漢獻帝實同傀儡，軍閥割據的局面形成，中國歷史實際進入三國兩晉南北朝時期。這一時期，隨著江西地區的不斷開發，人口增多，生產區域不斷擴大，江西地區在行政建制上進入一個重大變化時期。各個政權為了加強對江西的控制，紛紛增置郡縣；西晉時還設置江州，使江西成為直屬於中央州一級的獨立行政機構，躋身於全國大州的行列。

一、孫吳時期江西郡縣的增置

孫策奪豫章

約在靈帝興平元年（194），豫章太守周術病卒，袁術立即任命諸葛亮的叔父諸葛玄為豫章太守，意圖進占江西。漢朝政府則任命朱皓為豫章太守，朱皓向揚州刺史劉繇借兵驅逐諸葛玄，袁術占據江西的圖謀破產。朱皓又被劉繇手下野心勃勃的笮融所殺，笮融自領豫章太守。劉繇攻破笮融後不久也病卒於豫章，其士眾萬餘人欲奉漢朝廷新任豫章太守華歆為主，被華歆嚴辭謝絕。孫策抓住機會，派大將太史慈前往豫章打探虛實，同時安撫劉繇部眾。太史慈回報說：「華子魚良德也，然非籌略才，無他方規，自守而已。又丹陽僮芝自擅廬陵，詐言被詔書為太守。鄱陽民帥別立宗部，阻兵守界，不受子魚所遣長史……子魚不但不能諧廬陵、鄱陽，近自海昏有上繚壁，有五六千家相結聚作宗伍，惟輸租佈於郡耳，發召一人遂不可得，子魚亦睹視之而已。

策拊掌大笑，乃有兼併之志矣。」[77]孫策先設計攻破實力較大的廬江太守劉勳，然後又用武力逼迫華歆交權。建安四年（199）十二月，華歆迎孫策入城，拱手讓出豫章郡。孫策隨即「以孫賁為豫章太守，分豫章為廬陵郡，以賁弟輔為廬陵太守」。[78]此時僮芝病死，孫輔順利進居廬陵。

孫氏占據江西后，又與江西境內的山越人民展開了長期的鬥爭，以鞏固其在江西境內的統治。同時，隨著大量山越人的被迫出山，開發步伐加快，人口不斷增加，為了加強對江西地區的治理，必須建立完備的行政管理體系，增建郡縣勢在必行。

郡縣的建置

自漢獻帝建安四年（199），討逆將軍孫策奪取豫章始，孫氏政權陸續在江西境內增設新的郡縣，到孫吳晚期，江西全境郡縣由東漢後期的一郡二十七縣增至六郡五十七縣。具體情況如下：

豫章郡：漢舊郡，治南昌，轄十六縣：南昌、海昏、新淦、建城、上蔡、永修、建昌、吳平、西安、彭澤、艾縣、宜豐、陽樂、富城、新吳、鍾陵。

吳平縣是孫吳由漢平縣改名。漢獻帝建安四年，於艾縣境內

---

77 〔西晉〕陳壽：《三國志》卷四九《吳書・太史慈傳》注引《江表傳》，中華書局，1959 年版。

78 〔西晉〕陳壽：《三國志》卷四六《吳書・孫破虜討逆傳》，中華書局，1959 年版。

設西安縣，治今修水縣城西黃田里（古稱西安里）。[79]建安十四年（210），孫權劃南昌縣南境設富城縣，縣城設富水之西。[80]吳大帝孫權黃武年間（222-229），析建城縣置宜豐縣，此後宜豐縣時並時設；從上蔡縣劃出一部分地區設置陽樂縣，縣治設羅城。[81]

鄱陽郡：建安十五年（210），孫權分豫章郡置，治鄱陽，轄九縣：鄱陽、廣昌、樂安、餘汗、陽、歷陵、葛陽、上饒、建平。

建安中，分鄱陽縣北境置廣昌縣。建安十年（205），孫權「使賀齊討上饒，分為建平縣」。[82]上饒縣始立的時間史書缺載，其建縣時間必在此之前。一九九三年版《上饒縣志》通過排比諸種說法，認為在建安初年（196-204），吳析餘汗縣東境置，一說因傍上饒江（今信江）得名，一說因「山郁珍奇」得名。[83]吳景帝孫休永安三年（260），建平縣改屬建安郡。建安十五年，析

79 修水縣志編委會：《修水縣志》卷一《建制沿革》，海天出版社，1991年版，第 38 頁。

80 江西省豐城縣縣志編纂委員會：《豐城縣志》第一篇《建置區劃》，上海人民出版社，1989 年版，第 3 頁。

81 江西省萬載縣志編纂委員會：《萬載縣志》卷一《建置區劃》，江西人民出版社，1988 年版，第 35 頁。

82 〔西晉〕陳壽：《三國志》卷四七《吳書・吳主孫權傳》，中華書局，1959 年版。

83 上饒縣縣志編纂委員會：《上饒縣志》第一章《建置沿革》，中共中央黨校出版社，1993 年版，第 1 頁。

餘汗縣葛陽鄉置葛陽縣，縣治赭亭（今五里廟），地處葛水之陽。[84]

　　廬陵郡：建安四年（199）析豫章郡立，治高昌，轄十縣：西昌、高昌、石陽、巴丘、南野、東昌，新興、吉陽、興平、陽城。

　　建安四年（199），廬陵縣改稱高昌，並置西昌縣。同年立遂興縣，宋《太平寰宇記》載：「以在遂水口，故為名。」吳大帝孫權嘉禾四年（235），改遂興縣為新興縣。[85]又析廬陵縣地分置陽城、興平二縣。會稽王孫亮太平二年（257），臨汝縣分置興平縣，屬廬陵郡。後主孫皓寶鼎二年（267），析新淦分置巴丘縣。同年，析廬陵縣地置吉陽縣。吳末析西昌置東昌縣。

　　臨川郡：會稽王孫亮太平二年，分豫章東部都尉置，治南城，轄十縣：臨汝、南城、西平、南豐、東興、永城、宜黃、新建、安浦、西城。

　　同年，在臨汝縣境設置新建、安浦兩縣；並析臨汝地立宜黃縣，「因縣治在宜、黃二水匯合側，故名。」[86]劃出南城東部、南部設置永城、東興、南豐三縣，永城、東興二縣都在今黎川縣境內；南豐縣，「據史籍記載，縣境常產嘉禾，初名豐縣，別號

84 弋陽縣志編纂委員會：《弋陽縣志》卷一《建置志》，南海出版公司，1991 年版，第 39 頁。

85 萬安縣志編纂委員會：《萬安縣志》卷一《建置區劃》，黃山書社，1996 年版，第 2 頁。

86 江西省宜黃縣縣志編纂委員會：《宜黃縣志》卷一《建置區劃》，新華出版社，1993 年版，第 9 頁。

嘉禾；因當時徐州有豐縣，方稱南豐縣。又因盱江流經全境，故南豐異名盱水。」[87]

安成郡：後主孫皓寶鼎二年（267），分豫章、盧陵、長沙三郡置，治平都，轄六縣：平都、宜春、新渝、永新、安成、萍鄉。

安成縣是秦漢舊縣，原屬長沙郡，至此割屬過來。永新縣，建安九年至二十年（204-215）之間析盧陵郡地置，縣治在今沙市下排洲與澧田洲頭交界的高洲。[88]寶鼎二年，析宜春縣東境鐘山以東置新渝縣，縣名以境內渝水（今袁河）名之。[89]同年，分宜春縣西境建萍鄉縣，縣治在今蘆溪古崗。[90]

盧陵南部都尉：都尉為郡的武官，典兵，備盜賊。沈約《宋書》卷四十《百官志下》云：「漢末及三國，多以諸部都尉為郡。」[91]由此可知，此處雖名為都尉，實際就是郡級地方行政區。吳大帝孫權嘉禾五年（236）置，治雩都，轄六縣：雩都、

---

87 南豐縣地方志編纂委員會：《南豐縣志》卷一《沿革區劃》，中共中央黨校出版社，1994 年版，第 7 頁。

88 永新縣志編纂委員會：《永新縣志》卷一《行政建制》，新華出版社，1992 年版，第 41 頁。

89 江西省新喻市地方志編纂委員會：《新喻市志》第一卷《建置區劃》，漢語大詞典出版社，1993 年版，第 2 頁。

90 萍鄉市志編纂委員會：《萍鄉市志·大事記》，方志出版社，1996 年版，第 10 頁。

91 〔梁〕沈約：《宋書》，中華書局 1974 年版。

贛縣、陽都、平陽、安南[92]、揭陽。

　　同年，析雩都縣東北陂陽鄉白鹿營置陽都縣，析贛縣地置平陽縣，析南野置安南縣，又析陽都陂陽地置陂陽縣，隨後改為揭陽。

　　此外，建安二十五年（221），孫權「自公安都鄂，改名武昌，以武昌、下雉、尋陽、陽新、柴桑、沙羨六縣為武昌郡」。[93]其中，尋陽縣原屬漢廬江郡，柴桑原屬漢豫章郡。

　　除以上外，為加強對江西這一戰略要地的控制，孫策在攻取豫章後曾「分海昏、建昌左右六縣，以（太史）慈為建昌都尉，治海昏」。[94]在赤壁戰後的第二年，即建安十四年（209），孫權曾設立彭澤郡，下轄彭澤、柴桑、歷陵三縣。不久，太史慈病卒，建昌都尉撤銷，彭澤郡亦廢置。

　　郡縣數量的迅速增加和行政建置的初步完備，是東吳政權加強對江西地區治理和開發的重要表現，奠定了江西行政區劃的基本格局。但豫章等六郡仍屬揚州，江西還不是直屬於中央的州級獨立行政單位。

92　《宋書·州郡志二》、光緒《江西通志》俱稱為安南，然《元和郡縣志》《太平寰宇記》《嘉慶重修一統志》《南康市志》（2005年版）均記為南安。

93　〔西晉〕陳壽：《三國志》卷四七《吳書·吳主孫權傳》，中華書局，1959年版。

94　〔西晉〕陳壽：《三國志》卷四九《吳書·太史慈傳》，中華書局，1959年版。

盧陵郡建置時間考

光緒《江西通志》卷一《地理沿革表·附錄》，對盧陵郡建置的時間問題作了如下考證：「靈帝末，揚州刺史劉遵上書請置盧陵、鄱陽二郡，獻帝興平元年始立郡，實孫策立也。」謹案：《吉安府新志》據《三國志》注所引《江表傳》『丹陽人僮芝自署盧陵太守事』，謂孫策未得豫章，漢先有盧陵郡，而以正史為非。不知太守之名即由私署，安知僮芝當日不因劉遵此議而擅有其名，未必郡之真立於漢也。且後漢志於漢末增置諸縣，如永修、吳平之類不久屬吳者，皆不列各城之內，若桓、靈前所立則不在此例。盧陵立郡既屬興平之元，去策循豫章不過數歲，中間笮融、劉繇諸人迭相攻據，未幾即屬孫吳。漢雖議立郡名，地實隔絕，始終未為漢有，故《郡國志》不別立盧陵，亦猶梁末立西江州，而《元和郡縣志》以為陳武帝立也。《豫章記》不云孫策立，蓋以漢臘未改之故。使果有異同，雷書在齊、梁間尚為近人著作，沈約作《宋志》豈得貿然不知乎？惟《府志》又云：『興平二年，策以孫輔為盧陵太守。蓋豫立官職，遙領其地，如建安三年，周瑜領江夏太守之比。』則其言最為近理。《永新縣志》亦云：『據孫賁諸傳，策取豫章在建安四年，距興平元年凡七載，當是袁術還其父堅部曲、請定江東之時，遙為處置，分郡立守。』又云：『《豫章記》以為初平二年。按史初平二年正關東諸將興兵搆難之始，獻帝播遷，朝命不行，何緣分地置郡？其不足據可知。』此說是也。至諸文所述年數參差，或轉寫致誤，未可於千百年後恃單文孤證而盡斥後漢、晉、宋諸史書也。又案《晉書·地理志·總序》云：『桓靈，增置六郡，靈，鄱陽、盧

陵蓋即指劉遵請置也。』下又云：『獻帝興平中，孫策分豫章立盧陵郡，孫權又分豫章立鄱陽郡。蓋靈帝末初議分置，至獻帝時孫權始真立也。』志序未晰其專，遂若前後矛盾。」[95]

以上史料對盧陵郡的設置時間的不同觀點及相關考證都比較詳盡，但仍有兩條比較重要的史料沒有提到。一是酈道元《水經注》卷三九《贛水》條：「又東北過石陽縣西。漢和帝永平九年，分盧陵立。漢獻帝初平二年，長沙桓王（孫策）立盧陵郡，治此。」[96]這與文中《豫章記》的觀點相同，認為盧陵郡系初平二年（191）立。《水經注》雖是古代地理名著，但酈道元一生未曾到過南方，其所記南方水道多紕誤，故此說未必可信。二是沈約《宋書》卷三六《州郡志二》載：「盧陵太守，盧陵本縣名，屬豫章，漢獻帝興平元年（194），孫策分豫章立。」[97]唐人撰《晉書》因襲此說，該書卷一五《地理志下》稱：「獻帝興平中，孫策分豫章立盧陵郡。」[98]興平共兩年，但不知的系何年。上述光緒《江西通志》的作者認為盧陵郡設置的正確時間應當是建安四年（199），稽考史籍，此說較為可信。據《三國志·吳書·孫破虜傳》載，是年孫策奪取豫章，即「以孫賁為豫章太守，分豫

---

95 趙之謙等：《光緒江西通志》，中華書局，1967 年影印本。

96 陳橋驛、葉光庭、葉揚：《水經注全譯》，貴州人民出版社，2008 年版，第 972 頁。

97 〔梁〕沈約：《宋書》，中華書局，1974 年版。

98 〔唐〕房玄齡：《晉書》，中華書局，1974 年版。

三國吳郡沿革圖

（五）

註：圖中實線為三國吳江西地區郡所轄區域，虛線指 1947 年江西省所
　　轄各縣區域。

章為廬陵郡，以賁弟輔為廬陵太守」[99]。同書《周瑜傳》也載：建安四年，隨孫策「還定豫章、廬陵，留鎮巴丘」。[100]《資治通鑑》卷六三記載尤明：建安四年，「策分豫章為廬陵郡，以孫賁為豫章太守，孫輔為廬陵太守。會僮芝病，輔遂進取廬陵」。[101]

二、兩晉時期江州的設立與郡縣變動

泰始元年（265），司馬炎迫使魏元帝禪位，自稱皇帝，建立了西晉王朝。太康元年（280），西晉滅吳，實現了全國的統一。可惜好景不長，隨著西晉統治者的快速腐化和少數民族內遷，晉武帝去世後，中原先後爆發了八王之亂和永嘉之亂，晉室南遷，成為偏安的東晉王朝，北方中原地區則進入五胡十六國時期。

隨著江西地區經濟文化的發展，西晉以江西地區為主體設置江州，成為江西地區在行政建制、戰略地位上的一次重大變化。東晉南遷，大量的中原士族也隨之南下，為了維護他們的既有利益，東晉政府設置了僑置郡縣，與普通郡縣並存，情況尤為複雜。沈約作《宋書》時曾對這一時期郡縣設置的混亂發出慨嘆：「地理參差，事難該辨，魏晉以來，遷徙百計，一郡分為四五，一縣割成兩三，或昨屬荊、豫，今隸司、兗，朝為零、桂之士，

---

99 〔西晉〕陳壽：《三國志》卷四六，中華書局，1959 年版。

100 〔西晉〕陳壽：《三國志》卷五四，中華書局，1959 年版。

101 〔宋〕司馬光：《資治通鑑》，「漢獻帝建安四年」條，中華書局，1956 年版。

夕為廬、九之民，去來紛擾，無暫止息，版籍為之渾淆，職方所不能記。自戎狄內侮，有晉東遷，中土遺氓，播徙江外，幽、並、冀、雍、兗、豫、青、徐之境，幽淪寇逆。自扶莫而裹足奉首，免身於荊、越者，百郡千城，流寓比室。人佇鴻雁之歌，士蓄懷本之念，莫不各樹邦邑，思復舊井。既而民單戶約，不可獨建，故魏邦而有韓邑，齊縣而有趙民。且省置交加，日回月徙，寄寓遷流，迄無定托，邦名邑號，難或詳書。」**102**

江州的設立

晉武帝滅吳後，將原屬揚州的安成郡割屬荊州。太康三年（282），又改廬陵南部都尉為南康郡。晉惠帝元康元年（291）：「有司奏，荊、揚二州疆土廣遠，統理尤難，於是割揚州之豫章、鄱陽、廬陵、臨川、南康、建安、晉安，荊州之武昌、桂陽、安成，合十郡，因江水之名而置江州。」**103**其中，建安、晉安二郡在今福建省境內，武昌郡在今湖北省境內，桂陽郡在今湖南省境內，其餘六郡均在今江西省境內，是江州的主體。此外，《南齊書》卷十四《州郡志上》記載江州設立的內容與此不完全相同：「江州，鎮尋陽，中流衿帶。晉元康元年，惠帝詔：『荊、揚二州，疆土曠遠。有司奏割揚州之豫章、鄱陽、廬陵、臨川、南康、建安、晉安為新州。新安、東陽、宣城舊豫章封內，豫章之東北，相去懸遠，可如故屬揚州。又割荊州之武昌、桂陽、安

---

102 〔梁〕沈約：《宋書》卷十一，《志序》，中華書局，1974 年版。

103 〔唐〕房玄齡：《晉書》卷十五，《地理志下》，中華書局，1974 年版。

成並十郡，可因江水之名為江州，宜治豫章。」」[104]新安、東陽、宣城為舊豫章封內，這是僅有的說法，不知其說的依據何在。

　　從此，江西作為直屬於中央的州一級的獨立行政機構，躋身於全國大州的行列，這是江西在行政建制上的一次重大變化，也為江西日後的進一步發展提供了新的條件和機遇。州治初在豫章，東晉元帝時移治武昌，成帝咸康六年（331）移治尋陽，庾翼又治豫章，不久還治尋陽。晉懷帝永嘉元年（307），分荊州七郡及江州之桂陽郡設立湘州。

　　江州的設立，是江西地區戰略地位提高的反映。東晉時期，江州的戰略地位更加重要。司馬光說：「初，晉氏東遷，以揚州為京畿，穀帛所資皆出焉；以荊、江為重鎮，兵甲所聚盡在焉，常使大將居之。」[105]《晉書‧劉胤傳》則說：「江州，國之南藩，要害之地。」[106]甚至在蘇竣亂後「朝廷空馨，百官無祿，惟資江州運漕」。[107]從經濟上來說，江州盛產糧食，商業發達；從人員上來說，江州流民眾多，兵源充足；最重要的從地理位置上來說，東晉一朝方鎮與朝廷的矛盾與衝突，始終圍繞著上下游荊、揚之爭展開，而處於兩者之間的江州，其制衡戰略地位表現

104　〔梁〕蕭子顯：《南齊書》，中華書局，1972 年版。

105　〔宋〕司馬光：《資治通鑑》卷九七，「宋孝武帝孝建元年」條，中華書局，1956 年版。

106　〔唐〕房玄齡：《晉書》卷八一，中華書局 1974 年版。

107　〔唐〕房玄齡：《晉書》卷八一，中華書局 1974 年版。

得極為突出。當代著名史學家田餘慶先生在《東晉門閥政治》一書中指出：「江州若合於荊州，上游就更能自主，從而對下游的優勢也會加大，建康將受到威脅；江州若控制在建康朝廷之手，荊州方鎮將難於獨立，有可能受制於建康。」[108]在江南與中原的抗衡鬥爭中，江州的分量也非常重。東晉權臣、江州刺史庾亮云：「以荊、江為本，校二州戶口，雖相去機事，實覺過半，江州實為根本。臨終表江州宜治尋陽，以州督豫州新蔡、西陽二郡，治溢城，接近東江諸郡，往來便易。」[109]江州被視為根本，江州的軍事地理位置愈見重要。

晉代的江西郡縣

兩晉時期，江西共有七郡五十八縣，具體如下：

豫章郡：治南昌，轄十六縣：南昌、海昏、新淦、建城、望蔡、永修、建昌、吳平、豫寧[110]、彭澤、艾、康樂、豐城、新吳、宜豐、鐘陵。

晉懷帝永嘉元年（307），彭澤改屬尋陽郡，豫章郡只轄十五縣。西晉太康元年（280），因上蔡人懷念故土，改上蔡縣為

---

108 田餘慶：《東晉門閥政治》，《庾氏之興和庾王江州之爭》，北京大學出版社，2005年版，第96頁。

109 〔梁〕蕭子顯：《南齊書》卷十四，《州郡志上》，中華書局，1972年版。

110 《晉書·地理志下》：「豫寧」作「豫章」；而《宋書·州郡志二》：「豫寧侯相，漢獻帝建安中立，吳曰西安，晉武帝太康元年更名。」當以後說為確。

望蔡縣。[111]陽樂縣更名康樂縣。富城縣縣城「人口未集，城郭未竣」，縣治移置豐水以西（今榮塘圩），改名豐城縣。[112]西安縣改名為豫寧縣。東晉孝武帝太元年間（376-396），並宜豐縣入望蔡縣。至此，豫章郡轄十四縣。

臨川郡：治臨汝，轄十縣：臨汝、西豐、南城、東興、南豐、永成、宜黃、安浦、西寧、新建。

太康元年，改西平縣為西豐縣。晉惠帝元康元年（291），改西城為西寧縣。

鄱陽郡：太康元年（280）由鄱陽徙郡治於廣晉，轄八縣：廣晉、鄱陽、樂安、餘汗、陽、歷陵、葛陽、晉興。

太康元年，改廣昌縣為廣晉縣。晉惠帝元康元年（291），劃上饒、建平併入葛陽縣。同年，析餘汗縣的晉興鄉設晉興縣，晉懷帝永嘉七年（313）改為興安縣，不久即廢。[113]晉懷帝永嘉元年，省歷陵縣入柴桑。

廬陵郡：治石陽，轄十縣：西昌、高昌、石陽、巴丘、南野、東昌、遂興、吉陽、興平、陽豐。

太康元年，吳所置新興縣復名遂興縣；陽城縣則改稱陽豐縣。

---

111 上高縣史志編纂委員會：《上高縣志》卷一，《建置區劃》，南海出版公司，1990 年版，第 52 頁。

112 江西省豐城縣縣志編纂委員會：《豐城縣志》第一篇《建置區劃》，上海人民出版社，1989 年版，第 3 頁。

113 江西省餘江縣縣志編纂委員會：《餘江縣志》卷一，《建置區劃》，江西人民出版社，1993 年版，第 44 頁。

南康郡：太康三年（282），晉武帝改廬陵南部都尉為南康郡，治雩都；東晉穆帝永和五年（349），郡治從雩都遷至贛縣。轄五縣[114]：贛、雩都、平固、南康、陂陽。

太康元年，改平陽縣為平固縣，改安南縣為南康縣。太康五年，揭陽縣復名陂陽。

安成郡：治平都，轄七縣：平都、宜春、新渝、永興、安復、萍鄉、廣興。

太康元年，因避武帝祖母張春華名諱，改宜春縣為宜陽縣。[115]同年，安成縣改名安復縣，並析永新地置廣興縣，轄境包括現寧岡縣全境和蓮花縣的一部分。[116]

尋陽郡：晉惠帝永興元年（304），分廬江郡之尋陽、武昌郡之柴桑二縣置。初治尋陽，轄二縣：尋陽、柴桑。

晉懷帝永嘉元年（307），彭澤割屬尋陽郡下。東晉元帝時又增置九江、上甲二縣，不久九江縣省入尋陽縣。東晉安帝義熙

114 此據《晉書・地理志下》。《宋書・州郡志二》《太平寰宇記》、光緒《江西通志》均記載還有陽都縣，太康元年改為寧都（光緒《江西通志》卷一記載較詳：「寧都⋯⋯吳寶鼎三年析雩都東北陂陽鄉白鹿營置陽都縣，隸廬陵南部都尉。晉太康元年改曰寧都，徙治縣北太平鄉楊田營，三年隸南康郡」）。另據《嘉慶重修一統志》南康郡還有南野縣，如此，南康郡共轄七縣，則廬陵郡的南野縣應減去，廬陵郡共轄九縣。

115 江西省宜春市地方志編纂委員會：《宜春市志》卷一，《建置區劃》，南海出版公司，1990 年版，第 31 頁。

116 永新縣志編纂委員會：《永新縣志》卷一《行政建制》，新華出版社，1992 年版，第 42 頁。

八年（412），省尋陽縣入柴桑，後上甲縣亦省入彭澤縣。

江西的僑置郡縣

西晉永嘉之後的二三百年間，每一次中原大的動亂或南北邊境的變化，都會有大批的中原居民越淮渡江，奔向廣闊而肥沃的江南。為了維護南遷士族豪強的利益，穩定統治秩序，擴大剝削對象，東晉及南朝諸政權都採用設置僑州郡縣的方式。《隋書·食貨志》載：「晉自中原喪亂，元帝寓居江左，百姓之自拔南奔者，並謂之僑人。皆取舊壤之名，僑立郡縣，往往散居，無有土著。」[117]僑民另立戶籍，稱白籍，可以獲得不向國家納稅服役的優待。土著人則立黃籍。江西境內的僑置郡縣，都設在尋陽郡內，具體情況如下：

新蔡郡，本屬豫州，晉元帝渡江後置。劉宋以後僑郡例加「南」字，又稱南新蔡。仍屬豫州管理，至梁末始屬西江州。轄縣三：苞信、慎縣、宋縣。

西陽郡，本屬豫州，晉渡江後由江州兼督。荊州刺史庾翼上奏，移西陽、新蔡二郡荒民就陂田於尋陽，即此。轄縣二：邾縣、光城。

松滋郡，晉成帝時在尋陽僑置，遙隸揚州。晉安帝時改為松滋縣，屬尋陽郡。

弘農郡，舊隸司州，東晉為弘農人流寓尋陽者僑立。晉安帝時改為弘農縣，宋文帝元嘉十八年（441）省併入松滋縣。

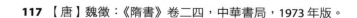

117 【唐】魏徵：《隋書》卷二四，中華書局，1973年版。

註：圖中實線為晉江西地區郡所轄區域，虛線指 1947 年江西省所轄各
　　縣區域。

安豐郡，東晉因安徽安豐郡流民寓尋陽而僑立，遙隸揚州。晉安帝時省為安豐縣，屬尋陽郡。

太原郡，屬西江州，梁武帝在彭澤縣東北所僑置，僑治彭澤，轄縣四：彭澤、天水、晉陽、和城（此二縣在今安徽池州市境內，與彭澤接壤）。

隨著時間的推移，僑民在僑居郡縣久安其業，為了增加封建國家的租稅收入，擴充兵員，從東晉成帝咸和年間（326-334）開始實行「土斷」，即不論僑民、土著民，一律依界斷籍，向國家納稅服役。正如豫章太守范寧向晉孝武帝所說：「古者分土割境，以益百姓之心；聖王作制，籍無黃白之別。昔中原喪亂，流寓江左，庶有旋反之期，故許其挾注本郡。自爾漸久，人安其業，丘壟墳柏，皆已成行，雖無本邦之名，而有安土之實。今宜正其封疆，以土斷人戶，明考課之科，修閭伍之法。」[118]自東晉至南朝，歷代政府前後共實行過九次土斷，逐步泯滅了僑民與土著民之間的界限，到隋朝統一，僑置郡縣已經完全廢除。由於僑置郡縣在江西僅限於尋陽一郡，人口不多，沒有在江西的行政區劃上留下長期性影響。

三、南朝時期江西行政區劃的變動

南朝宋、齊、梁、陳四代，局勢與三國、東晉基本相同，依

---

118 〔唐〕房玄齡《晉書》卷七五，《范汪傳子寧附傳》，中華書局，1974 年版。

舊是南北對峙、多個政權並存，眾建郡縣的現象依然存在。加之政局混亂，疆土屢易，致使建置無常，隸屬關係多變，旋立旋廢的情況極為普遍。正如沈約在《宋書》卷三十五《州郡志一》所載：「地理參差，其詳難舉，實由名號驟易，境土屢分，或一郡一縣，割成四五；四五之中，亟有離合，千回百改，巧歷不算，尋校推求，未易精悉。」[119]這個階段的行政區劃，是建置沿革中最為錯綜複雜的時期，難以精確劃分。現將歷代《州郡志》及《江西通志》中記載比較明確的情況敘述如下：

劉宋時期的江西政區

永初元年（420），劉裕廢東晉，自立為帝，建立宋朝。據《宋書》卷三十六《州郡志二》載，劉宋時江州領郡十，治尋陽，其中建安、晉安二郡屬今福建省，南新蔡郡屬僑郡，其餘七郡五十三縣均為江西之地。具體情況如下：

尋陽郡：治柴桑，轄二縣：柴桑、彭澤。

尋陽還有僑置松滋、弘農二縣，松滋縣歸屬於揚州，弘農縣則歸屬於司州。宋文帝元嘉十八年（441），弘農縣合併入松滋縣。

豫章郡：治南昌，轄十二縣：南昌、新淦、豐城、建城、望蔡、吳平、永修、建昌、豫寧、康樂、新吳、艾。漢時所置海昏縣廢於宋文帝元嘉二年（425）。

鄱陽郡：治廣晉，轄六縣：廣晉、鄱陽、餘干（即餘汗，宋

119 〔梁〕沈約《宋書》，中華書局，1974 年版。

始改「汗」為「干」)、上饒、葛陽、樂安。

宋武帝永初元年（420），析葛陽縣復置上饒縣。漢代以來置立的陽縣於宋武帝永初二年被撤銷，境域省入彭澤，部分併入鄱陽。

臨川郡：治臨汝，轄九縣：臨汝、西豐、新建、永城、宜黃、南城、南豐、東興、安浦。

宋武帝永初元年（420），並晉時西寧縣入新建縣。同年，追封少弟劉道規為臨川王，立劉義慶襲繼王位。

盧陵郡：治石陽，轄九縣：石陽、西昌、東昌、吉陽、巴丘、興平、陽豐、高昌、遂興。

安成郡：治平都，轄七縣：平都、新渝、宜陽、永新、安復、萍鄉、廣興。

南康郡：宋武帝永初元年（420），改南康郡為南康國，治所遷回雩都。轄八縣：贛縣、寧都、雩都、平固、南康、陂陽、南野、虔化。

虔化縣系宋孝武帝大明五年（461）析寧都虔化屯置，舊志載：縣西五里有石狀如虎，傳由虎化為石。虎為凶物，改為虔，故名虔化，縣以此得名。**120**

此外，僑郡南新蔡郡（今九江市北）轄四縣：苞信、慎縣、宋縣、陽唐左縣。

---

120 江西寧都縣志編纂委員會：《寧都縣志》第一編，《地理》1986 年版（內部發行），第 51 頁。

蕭齊時期的江西政區

宋文帝以後，劉宋宗室諸王和將帥發動了連年不斷的內戰。建元元年（479），掌握了禁衛軍的蕭道成自立為帝，改國號為齊。這一時期，江西地區的行政建制與劉宋基本相同。據蕭子顯《南齊書》卷十四《州郡志上》載，江州仍轄十郡，治尋陽，江西地區仍為七郡五十三縣，另外三郡也仍然是建安、晉安、僑郡南新蔡郡。郡縣的具體情況如下：

尋陽郡：治柴桑，轄二縣：柴桑、彭澤。

豫章郡：治南昌，轄十二縣：南昌、新淦、艾、建城、建昌、望蔡、新吳、永修、吳平、康樂、豫章、豐城。

臨川郡：齊高帝建元元年（479）由臨汝徙郡治於南城，轄九縣：南城、臨汝、新建、永城、宜黃、南豐、東興、安浦、西豐。

廬陵郡：治石陽，轄九縣：石陽、西昌、東昌、吉陽、巴丘、興平、高昌、陽豐、遂興。

鄱陽郡：治鄱陽，轄六縣：鄱陽、餘干、葛陽、樂安、廣晉、上饒。

安成郡：治平都，轄七縣：平都、新渝、永新、萍鄉、宜陽、廣興、安復。

南康郡：治雩都，轄八縣：贛、雩都、南野、寧都、平固、陂陽、虔化、南康。

關於虔化縣，《南齊書》卷十四《州郡志上》中記載：「（齊

武帝）永明八年（490），罷安遠縣並」121，表明蕭齊曾一度設立過安遠縣，但不知何時所立。

僑郡南新蔡郡轄四縣，與劉宋王朝相同。

蕭梁時期的江西政區

蕭齊王朝同樣未能避免宗室諸王爭權的命運，加之唐寓之率領的農民起義的沉重打擊，天監元年（502），被梁武帝蕭衍建立的梁所代替。梁武帝吸取宋齊兩朝滅亡的教訓，力圖協調統治者內部的利益，優待士族。為安置各類貴族，他大量增設州、郡、縣，增加文武官位。梁武帝天監十年（511），「梁之境內有州二十三，郡三百五十，縣千二十二。是後州名浸多，廢置離合，不可勝記」。122受此時期增置郡縣多濫的影響，江西地區「增立巴山郡，以新吳置南江州，臨川置寧州，又於鄱陽置吳州。太平（梁敬帝年號，556-557）中分江州為二，一為江州，領豫章、廬陵、南康三郡，治豫章；一為西江州，領尋陽郡及太原、南新蔡僑郡，治尋陽，又立豫寧郡，置高州刺史，領巴山、臨川、安成、豫寧四郡」。123州的設置比較複雜，但總共八郡、六十二縣。具體情況如下：

江州：初治尋陽，轄四郡。

121　〔梁〕蕭子顯：《南齊書》，中華書局，1972年版

122　〔宋〕司馬光：《資治通鑑》卷一四七，「梁武帝天監元年」條，中華書局，1956年版。

123　〔清〕趙之謙等：《江西通志》卷一，《地理沿革表》，光緒七年刻本，中華書局，1967年版（影印本）。

豫章郡：治南昌，轄八縣：南昌、新淦、建城、望蔡、吳平、宜豐、康樂、鐘陵。宜豐縣為梁初復設。

盧陵郡：治石陽，轄七縣：石陽（高昌省入）、西昌、東昌、吉陽、巴丘、陽豐、遂興。

南康郡：治贛，為梁元帝承聖元年（552）由雩都遷回。轄九縣：贛、雩都、南野、寧都、平固、陂陽、虔化、南康、安遠。

安遠為梁武帝大同十年（544）所置。

尋陽郡：治汝南，轄四縣：汝南、柴桑、上甲（復置）、彭澤。梁武帝太清二年（548），分柴桑置汝南縣，以汝南為尋陽郡治。

梁敬帝太平二年（557），移州治於豫章，尋陽郡割入西江州，郡為州屬，轄三縣：汝南、柴桑、上甲。別以彭澤隸太原僑郡。江州只轄三郡。

吳州：梁元帝承聖二年（553）改鄱陽郡置。治鄱陽，轄鄱陽一郡，統縣六：鄱陽、廣晉、餘干、上饒、葛陽、樂安。

高州：梁敬帝太平元年（556），割江州臨川、安成、豫寧、巴山四郡置高州，治巴山。胡三省曰：「以其地在南江之西，負山面水，居高臨深，因名高州。」[124]

臨川郡：梁武帝大同元年（535），把齊遷往南城的郡治復

---

124 〔宋〕司馬光：《資治通鑑》卷一六六，「梁敬帝太平元年」條，中華書局，1956 年版。

徙於臨汝，轄九縣：臨汝、南城、宜黃、永城、南豐、東興、安浦、西豐、定川。

梁武帝普通三年（522），析臨汝設定川縣，縣址在羅針、云山兩鄉交界處的雷坊。[125]

安成郡：治平都，轄七縣：平都、新渝、永新、萍鄉、宜陽、廣興、安復。

豫寧郡：梁末置，治豫寧，轄五縣：豫寧、艾、建昌、新吳、永修。

巴山郡：梁武帝大同元年（535，1990 年版《崇仁縣志》記作大同二年置），分臨川、盧陵、豫章三郡置，初屬江州，梁敬帝太平元年割屬高州。治巴山，轄七縣：巴山、西寧（復置）、新建、興平、豐城、廣豐、新安。

梁武帝天監元年（502），高昌縣併入石陽縣。普通三年（522），劃新建、西寧兩縣部分地域置巴山縣（故城在今崇仁縣西南十五點五公里處，即今樂安縣公溪鎮古城）。[126]梁武帝大同二年，以縣大難治，割豐城東境分立廣豐縣（縣城設今石灘鄉故縣村和港塘村）、新安縣（縣城無考），豐城縣設縣治於榮塘。[127]

125 江西省臨川縣縣志編纂委員會：《臨川縣志》，《大事記》，新華出版社，1993 年版，第 14 頁。

126 江西省崇仁縣志編纂委員會：《崇仁縣志》第一篇，《地理》，江西人民出版社，1990 年版，第 55 頁。

127 江西省豐城縣縣志編纂委員會：《豐城縣志》第一篇，《建置區劃》，上海人民出版社，1989 年版，第 3 頁。

除以上外，梁陳之際，曾於臨川置寧州，於新吳置南江州，皆不久即廢；還曾於尋陽置西江州，一直延續到陳文帝天嘉六年（565），其中包括東晉所僑置的南新蔡郡及梁武帝時所僑置的太原郡。南新蔡郡轄四縣，與劉宋王朝時期相同。太原郡在彭澤縣東北，治彭澤，轄彭澤、天水（僑縣，在彭澤縣東）、晉陽、和城四縣。後二縣在今安徽省境內。

陳朝時期的江西政區

在平定侯景之亂的過程中，陳霸先的實力逐步發展。永定元年（557），陳霸先稱帝，即陳武帝，建立陳朝。其行政區劃基本承襲梁制，但稍有並省。陳文帝天嘉四年（563），罷高州，臨川、安成、豫寧、巴山四郡仍屬江州；兩年後，廢西江州，所領尋陽郡及太原、齊昌、高唐、新蔡四僑郡，皆屬江州。寧州、南江州、西江州亦相繼罷省。江西地區為二州、九郡、六十縣。具體情況如下：

江州：省西江州後還治尋陽，轄八郡。

豫章郡：治南昌，轄七縣：南昌、建城、望蔡、吳平、宜豐、康樂、鐘陵。

盧陵郡：治石陽，轄七縣：石陽、東昌、吉陽、巴丘、陽豐、遂興。西昌縣被撤銷。

臨川郡：治臨汝，轄九縣：臨汝、南城、宜黃、永城、南豐、東興、安浦、西豐、定川。

巴山郡：治巴山，轄七縣：巴山、西寧、新建、興平、豐城、廣豐、新淦。

新淦為陳武帝永定二年（558），從豫章郡割入。陳武帝永

定、陳文帝天嘉年間（557-566），並新安入廣豐縣。**128**

　　豫寧郡：治豫寧，轄五縣：豫寧、艾、建昌、新吳、永修。

　　安成郡：治平都，轄七縣：平都、新渝、永新、萍鄉、宜陽、廣興、安復。

　　南康郡：治贛，轄九縣：贛、雩都、南野、寧都、平固、陂陽、虔化、南康、安遠。

　　陳武帝永定元年（557），贛縣與南康互易縣名。

　　尋陽郡：治汝南，轄四縣：汝南、柴桑、上甲、彭澤。

　　吳州：陳廢帝光大二年（568）正月，罷吳州，鄱陽郡還屬江州；但陳宣帝太建十三年（581）十月，又復置吳州。吳州州治鄱陽，轄鄱陽一郡。

　　鄱陽郡：治鄱陽，轄六縣：鄱陽、餘干、上饒、葛陽、銀城、安仁。

　　陳文帝天嘉元年（560），廢樂安縣入鄱陽縣。天嘉中（560-566），並廣晉入鄱陽，析餘干縣晉興鄉置安仁縣。陳宣帝太建十三年，以樂安舊地置銀城縣，仍治泊口。**129**

陽、海昏、歷陵等縣被廢考

　　「沉海昏，立吳城；沉陽，有都昌」，這句諺語長期在鄱陽湖邊流傳，反映了海昏、陽兩座古城的廢棄。廢棄的原因，據

128 江西省豐城縣縣志編纂委員會：《豐城縣志》第一篇，《建置區劃》，上海人民出版社，1989 年版，第 3 頁。

129 樂平縣志編纂委員會：《樂平縣志》第一編《地理》，上海古籍出版社，1987 年版，第 26 頁。

《鄱陽湖研究》分析：「漢魏以來，鄱陽湖水面加速向南擴展，贛江、撫河、信江等下游低平地帶淹入湖底，昔日沃壤，今成澤國，失地很多的縣便存在不下去了。永嘉元年（307）廢歷陵縣，義熙八年（412）省尋陽入柴桑，永初二年（421）廢陽縣，元嘉二年（425）廢海昏縣。接連廢去這些縣的原因，雖然史無明文，但是湖侵擴大卻是事實。」[130]許懷林也認為這些縣的廢棄，可能都與水漫有關。[131]

關於陽縣的被廢，《鄱陽湖研究》已有具體分析：「今都昌縣周溪鄉大屋場村南面的城頭山，如一『半島』狀伸入鄱陽湖，接近現今湖泊水域中心。據考證，這裡是西漢初年（前 201）至南朝初年（421）的陽縣城遺址。我們於城頭山西南坡腳，見一地質剖面。『文化層』伏於灰色黏土層之下，而覆於白堊紀基岩風化殼之上，由具繩紋、方格紋、雲雷紋和各種複雜組合紋飾的筒瓦、陶罐、花紋磚等碎片組成。大屋場村一農民曾於該縣中挖掘到青銅箭鏃和黃金碎塊多枚。上述剖面，結合有關考古報導，可見在我國南朝初年之前，這裡曾是基岩裸露的崗地和經濟、文化繁榮的城鎮。而南朝以來，它因水淹而被廢棄。文化層之上的湖（灣）相黏土，是此次水侵的重要佐證。」[132]而《都昌縣志》

130 鄱陽湖研究編委會：《鄱陽湖研究》第二篇，《鄱陽湖區開發的歷史及其對生態的影響》，上海科學技術出版社，1988 年版，第 196 頁。

131 許懷林：《江西史稿》第四章，《六朝時期江西的曲折發展》，江西高校出版社，1998 年版，第 83 頁。

132 鄱陽湖研究編委會：《鄱陽湖研究》第一篇，《鄱陽湖區的自然條件和自然資源》，上海科學技術出版社，1988 年版，第 63-64 頁。

關於陽縣的撤銷，除肯定湖水南侵的原因之外，又對湖水南侵的原因給我們提出了一點重要的啟示，同時也交代了原縣境域的歸屬：「南朝宋永初二年（421），因彭蠡湖盆地發生多次沉降運動，湖水南侵，陽縣地大部分淪入湖中，陽縣撤銷，境域入彭澤縣，隸江州。」[133]

海昏故城，據《永修縣志》記載：「在吳城鎮蘆潭東北方與江益鄉紅星賈家山相交之草洲處。枯水時可見白色土略凸出地面成十字形街道遺址。東西長約一點五千米，南北橫約五百米。在蘆潭河中可俯見故城木柱。一九七七年，潭村沙河堰首，有古殘磚碎瓦出土。」[134]許懷林的《江西史稿》記載：「雷次宗《豫章記》云：『後漢永元中分海昏立建昌縣，以其戶口昌盛因以為名。又中分海昏、建昌立新吳、永修二縣。建安中分立西安縣，晉太康元年改西安為豫寧縣。宋永嘉二年廢海昏，移建昌居焉。』可見海昏本是農業興旺、戶口昌盛的縣份。湖水浸到松門山，這塊沃土成了湖底，不得不廢海昏而西遷建昌。」[135]

133 都昌縣志編修委員會：《都昌縣志》卷一，《建置》，新華出版社，1993 年版，第 1 頁。

134 江西省永修縣志編纂委員會：《永修縣志》第四編，《文化》，江西人民出版社，1987 年版，第 485 頁。

135 許懷林：《江西史稿》第四章，《六朝時期江西的曲折發展》，江西高校出版社，1998 年版，第 83 頁。

江西省現轄區域詳圖

南朝宋齊　郡沿革圖（九）

註：圖中實線為南朝宋齊江西地區郡所轄區域，虛線指 1947 年江西省
　　所轄各縣區域。

註：圖中實線為南朝梁江西地區郡所轄區域，虛線指 1947 年江西省所
　　轄各縣區域。

南朝陳郡沿革圖(十三)

與梁郡圖參閱

註：圖中實線為南朝陳江西地區郡所轄區域，虛線指 1947 年江西省所轄各縣區域。

第四節 ▶ 隋唐五代時期江南西道的設立及州縣 的發展

　　隋唐五代時期，受政治、經濟、軍事等因素的影響，江西政區在魏晉南北朝的基礎上，建置趨於相對穩定與規範。隋文帝裁併郡縣，將州郡縣三級制改為州縣二級制，煬帝又改為郡縣二級，江西境內郡縣數目減為七郡二十四縣。唐朝建立後，太宗貞觀初年分全國為十道，江西屬第八道江南道。玄宗開元二十一年（733），江南道劃分為東西二道，江西屬江南西道，江南西道簡稱江西道，江西省名導源於此。但唐代的「道」為監察區，並非實際的行政區。唐中期以後，江西境內設八州三十七縣，南唐時江西州縣總數穩步上升，增為十州軍五十五縣。

一、隋代江西郡縣的裁併

　　魏晉南北朝時期的大分裂、大動盪，各政權濫置州郡、建置無常的現象極為普遍，導致行政區劃極其混亂。隋朝建立後，河南道行台兵部尚書楊尚希首先看到此問題的危害：「尚希時見天下州郡過多，上表曰：『自秦並天下，罷侯置守，漢、魏及晉，邦邑屢改。竊見當今郡縣，倍多於古，或地無百里，數縣並置，或戶不滿千，二郡分領。具僚以眾，資費日多；吏卒人倍，租調歲減。清干良才，百分無一，動須數萬，如何可覓？所謂民少官多，十羊九牧。瑟有更張之義，瑟無膠柱之理。今存要去閒，並

小為大，國家則不虧粟帛，選舉則易得賢才。」[136]楊尚希此表指出郡縣多置造成行政效率低下、國家收入減少、選舉難得良才等弊端，觸動了隋文帝。開皇三年（583）十一月，隋文帝下詔「罷天下諸郡」[137]，實行裁郡並縣的政策，改州郡縣三級製為州縣二級制。開皇九年（589）平陳實現統一後，此政策推行於江南。不久隨著社會經濟的發展，人口不斷增加，隋文帝又「析置州縣」，州縣數目略有增加。隋煬帝大業二年（606）正月，「遣十使並省州縣」[138]，次年四月，又改州為郡，這樣州縣二級制就改為郡縣二級制。至此，隋「大凡郡一百九十，縣一千二百五十五」[139]，比南北朝末年郡少四二七個，縣少三〇七個；即使以一級行政區（即以郡為州）的角度來比較，也比南北朝末年少了六十三個[140]。由此，魏晉南北朝以來長期混亂的行政制度得到釐清，全國行政區域漸趨於合理。

依據《隋書·地理志下》，調整併省後的江西地區，置洪州總管府（隋文帝置，煬帝即位後廢），有郡七，縣二十四。詳情如下：

---

136 〔唐〕魏徵：《隋書》卷四六，《楊尚希傳》，中華書局，1982 年版。
137 〔唐〕魏徵：《隋書》卷一，《高祖紀上》，中華書局，1982 年版。
138 〔唐〕魏徵：《隋書》卷三，《煬帝紀上》，中華書局，1982 年版。
139 〔唐〕魏徵：《隋書》卷二九，《地理志上》，中華書局，1982 年版。
140 《隋書》卷二九《地理志上》記載，南朝陳「州有四十二，郡唯一百九，縣四百三十八」；周大像二年（581），「通計州二百一十一，郡五百八，縣一千一百二十四」。南北合計，州有 253，郡 617，縣 1562。

鄱陽郡，郡治鄱陽縣，隋文帝開皇九年（589），平陳後改置饒州，隋煬帝大業三年（607）復置郡。統縣三：鄱陽、餘干、弋陽。

原銀城縣廢入鄱陽，安仁縣省入餘干，上饒縣省入葛陽，開皇十二年（592），葛陽縣移治弋江之北，因更名弋陽。

臨川郡，郡治臨川縣，開皇九年平陳後改置撫州，大業三年復置郡。統縣四：臨川、南城、崇仁、邵武。

原梁所置巴山郡，在陳時領巴山、西寧、新建、興平、豐城、廣豐、新淦七縣，平陳後郡縣並廢，以巴山、西寧、新建三縣地置崇仁縣，又將宜黃、安浦二縣併入；豐城併入廣豐，還隸洪州；興平縣廢入廬陵縣，屬吉州；新淦縣於開皇十年改屬吉州。西豐、定川兩縣併入臨汝縣，改名臨川。永城、東興、南豐三縣併入南城。邵武縣為開皇十二年從建州割來。

廬陵郡，郡治廬陵縣，平陳後改置吉州，大業三年復置郡。統縣四：廬陵、泰和、安復、新淦。

廬陵縣由石陽縣改稱而來，同時，原吉陽、興平、陽豐三縣亦併入廬陵。泰和為平陳後置，原稱西昌，開皇十一年（591）省東昌入，以「地產嘉禾，和氣所生」而更名泰和縣。[141]安復舊置安成郡，平陳後郡廢，安復縣併入平都縣改名為安成縣，開皇十八年（598）又改稱安復。

141 泰和縣地方志編纂委員會：《泰和縣志》卷一，《建置》，中共中央黨校出版社，1993 年版，第 37 頁。

南康郡，郡治贛縣，開皇九年置虔州，大業初復置南康郡。統縣四：贛縣、虔化、雩都、南康。

原贛縣在陳時與南康互易縣名，開皇九年平固併入贛縣，大業初復名贛縣。平陳後南野併入南康，開皇十六年（596），並大庾鎮入南康，大業初贛縣與南康互復原名。開皇九年虔化併入寧都，開皇十三年（593），陂陽縣亦併入寧都，開皇十八年，改寧都為虔化縣。原安遠併入雩都。

宜春郡，郡治宜春縣，平陳後廢安成郡，置袁州，大業三年改置宜春郡。統縣三：宜春、萍鄉、新渝。

宜春縣原稱宜陽，開皇九年新渝併入吳平，開皇十一年（591）廢原隸於洪州的吳平縣入宜陽，開皇十八年宜陽復名宜春。同年，分宜春縣東境地復立新渝縣。

豫章郡，郡治豫章縣，平陳後置洪州總管府，大業初廢總管府，復置豫章郡。統縣四：豫章、豐城、建昌、建城。

原南昌縣改名為豫章，並將鐘陵縣併入。平陳後廢豐城，併入廣豐，仁壽初復名豐城。開皇九年廢豫寧郡，其所轄豫寧、艾縣、永修、新吳四縣皆併入建昌。原望蔡、宜豐、康樂三縣併入建城。

九江郡，郡治湓城縣，平陳後廢尋陽郡，置江州，大業三年改置九江郡。統縣二：湓城、彭澤。

湓城舊名柴桑，平陳後廢柴桑、汝南二縣，立尋陽縣，開皇十八年改名為彭蠡縣，大業初更名為湓城。開皇九年廢梁所僑置的太原郡，將其所統轄的彭澤、晉陽、和城、天水四縣並廢，設置龍城縣，開皇十八年復改名彭澤縣。

江西省現轄區域詳圖

隋州郡沿革圖十五

註：圖中實線為隋江西地區郡所轄區域，虛線指 1947 年江西省所轄各
　　縣區域。

除從建州割來的邵武以外，今江西境內的郡縣有七郡二十三縣，與南朝陳代九郡六十縣相比，郡數目只少兩個，縣數目則少了三十七個，郡縣數量與社會經濟的實際發展相適應。

二、唐代江南西道的設置及州縣的變動

隋唐之交，江西郡縣分別在林士弘、蕭銑的勢力控制下[142]。唐初高祖李淵「受命之初，改郡為州，太守並稱刺史。其緣邊鎮守及襟帶之地，置總管府，以統軍戎。至武德七年（624），改總管府為都督府」。[143]同時，為了平定各地割據勢力及隋末農民起義軍餘部，籠絡歸降勢力，權益增置不少州縣。《舊唐書·地理志序》載：「自隋季喪亂，群盜初附，權置州郡，倍於開皇、大業之間。」[144]但隨著政治軍事形勢的穩定，至唐太

---

142 大業十二年（616）十一月，鄱陽人操師乞起兵反隋，自稱元興王，建元始興，攻陷豫章郡，以其同鄉林士弘為大將軍。隋煬帝遣遣治書侍御史劉子翊領兵鎮壓。操師乞中箭死後，林士弘統眾斬劉子翊，隊伍壯大，達十多萬人。十二月，林士弘自稱皇帝，國號楚，建元太平，攻取九江、臨川、南康、宜昌等郡。各地豪傑爭相響應。林士弘控制了北起九江、南至番禺的廣大地區。大業十三年十二月，南朝蕭梁子孫蕭銑派將攻克豫章，林士弘退保餘干。唐高祖武德四年（621），唐平定蕭銑勢力。武德五年十月，唐洪州總管擊敗林士弘，起義軍敗退安成，林士弘病死，起義至此失敗。林士弘起義是江西古代歷史上影響最大的一次起義。詳見《舊唐書·林士弘傳》《新唐書·林士弘傳》。

143 〔後晉〕劉昫：《舊唐書》卷三八，《地理志一》，中華書局，1975年版。

144 〔後晉〕劉昫：《舊唐書》卷三八，《地理志一》，中華書局，1975年版。

宗即位，並省新增的州縣，劃分天下為十道，江西屬於江南道，自此至唐代中期，州縣數量又逐步增加，唐玄宗開元年間，又將江南道析為江南東道、江南西道、黔中道。其中江南西道的治所在洪州（今南昌市），簡稱江西道，「江西」由此得名。

武德年間江西州縣的增置與調整

依據新、舊《唐書》之《地理志》，武德年間江西地區州縣增置與調整情況如下：

洪州，本隋豫章郡，武德五年（622）平林士弘置洪州總管府，管洪、饒、撫、吉、虔、南平六州。洪州只領豫章、豐城、鐘陵三縣。同年於豫章縣析置鐘陵縣，又於西境置南昌縣，以南昌置孫州；原建城縣避太子李建成名諱，改名為高安，並在此設置靖州，又設置望蔡、華陽、宜豐、陽樂四縣，均隸屬于靖州，武德七年改名米州，又更名為筠州；武德五年於建昌設南昌州總管府，管南昌、西吳（現不可考）、靖、米、孫五州[145]，又析置龍安、永修、新吳三縣，南昌州轄建昌、龍安、永修三縣。另外，《舊唐書·地理志》還記載洪州界內設有豫州、昌州，現已不可考。武德八年，孫州、筠州、南昌州、豫州、昌州俱廢，省鐘陵入南昌，復名豫章，省華陽、望蔡、宜豐、陽樂入高安，省永修、龍安、新吳入建昌。至此，洪州轄四縣：豫章、豐城、高安、建昌。

---

145 此據《舊唐書》卷四十，《地理志三》按：米州為七年靖州改名，不當並見，南昌州總管府應管四州。

饒州，本隋鄱陽郡，武德四年平江左置，領鄱陽、新平、廣晉、餘干、樂平、長城、玉亭、弋陽、上饒九縣。同年分鄱陽析置廣晉、新平（今浮梁）、樂平三縣，分弋陽復置上饒縣，分餘干置玉亭、長城二縣，其中，廣晉縣隸屬於武德五年所設的浩州。武德七年，上饒省入弋陽，玉亭省入長城、餘干二縣；八年，廣晉、新平省入鄱陽，長城省入餘干；九年，樂平又省入鄱陽。至此，饒州仍轄三縣：鄱陽、弋陽、餘干。

江州，本隋九江郡，武德四年平林士弘置，領湓城、潯陽、彭澤三縣。同年更湓城為潯陽縣（以潯陽名縣，指潯水至此入江，縣名「尋」字加「氵」亦始此[146]），又析置湓城縣。武德五年，析湓城置楚城縣，析彭澤置都昌、樂城二縣，並在此設浩州，浩州轄彭澤、都昌、樂城、廣晉四縣。武德八年（625）廢浩州，省湓城、樂城二縣，江州轄四縣：潯陽、楚城、彭澤、都昌。

關雩都昌縣的設置原因及縣名的由來，《太平寰宇記》卷一一一南康軍條載：「本漢彭蠡縣地。唐武德五年安撫使李大亮謂『土地之饒，井戶之阜，道途之遠，近水陸之阻礙』，遂割鄱陽西雁子橋之南地置此縣，以隸浩州，州廢屬江州。按雁子橋即本縣之地，鄱陽即饒之北壤也。始置之地有古城，莫知年代，遂因此城創縣。以地名都村，遠與建昌相望，近與南昌相接，遂號都

146 江西省九江縣縣志編纂委員會：《九江縣志》卷一，《建置區劃》，新華出版社，1996 年版，第 4 頁。

下篇·行政區劃沿革

493

昌。」

虔州，本隋南康郡，武德五年平江左置。武德年間未有變化，仍轄四縣：贛縣、虔化、雩都、南康。

撫州，本隋臨川郡，武德五年討平林士弘置，領臨川、南城、邵武、宜黃、崇仁、永城、東興、將樂[147]八縣。同年析南城置永城、東興二縣，析崇仁置宜黃縣。武德七年，省永城、東興、將樂三縣，將邵武縣還隸建州；八年，省宜黃入崇仁。撫州轄三縣：臨川、南城、崇仁。

吉州，本隋廬陵郡，武德五年討平林士弘置，領廬陵、新淦二縣。同年於泰和置南平州，並分泰和置永新、廣興、東昌三縣，均隸南平；以安復縣置潁州。武德七年，廢潁州，改安復為安福縣；八年，廢南平州，省永新、廣興、東昌入太和（改泰為太）。至此，吉州轄四縣：廬陵、新淦、太和、安福。

袁州，本隋宜春郡，武德四年平蕭銑置。武德年間未變，仍轄三縣：宜春、萍鄉、新渝。

唐初在平定江西蕭銑、林士弘勢力後，於武德四年至五年間（621-622）共設十六州五十縣，比隋時七州二十四縣多出九州二十六縣，可見唐初「天下初定，權置州郡頗多」[148]並非虛言。然而多出的這九州二十六縣均為臨時性的政治軍事目的而設，不

---

147 將樂縣，此據《舊唐書》卷四十，《地理志三》未知從何縣、何時析置而來。

148 〔北宋〕歐陽修、宋祁：《新唐書》卷三七，《地理志序》，中華書局，1975 年版。

利於行政管理正常運行，與社會實際的發展狀況也不適應，所以武德七年至九年（624-626）之間，新設的九州全部廢除，新設的二十六縣省廢二十四縣，又將邵武縣還隸建州。經過這次調整後，江西保留七州二十五縣，只比隋朝多出楚城、都昌二縣，基本上維持了行政區劃的延續性和合理性。

江南西道與南昌軍、鎮南軍的設置

鄒逸麟先生在介紹唐代的道和宋代的路產生的原因時說：「唐一代約有三百五十餘州，一千五百餘縣，州縣制趨於正常。宋代疆域遠較唐代為小，但府州軍監也有三百餘個，轄一千兩百多個縣級行政區。唐代疆土與漢代大體相近，但唐代州的幅員僅漢郡的三分之一，宋代疆土小於唐代，卻仍有三百餘州，可見州的幅員更小了。據《宋史·地理志》記載，有將近十分之一的領縣政區只領一縣。同時唐前期和宋代，按制府州直屬中央管轄，刺史無兵權，州縣屬均由中央吏部銓選。這是唐人洞察了魏晉以來地方分裂的弊端，宋人接受了唐代藩鎮割據的教訓，有意強化中央集權，削弱地方勢力，使其無法割據一方。然而面對這樣龐大的府州，中央實際上是無法直接統治的，但又不願意在府州上再加一級行政機構，怕地方擴大權限與中央抗衡。於是就設計了一種監司機構，每一機構專司一樣事務，直屬中央，務司其職，互相牽制，於是就產生了道路制度。」[149]可見道與西漢刺史制度

149 鄒逸麟：《中國歷史地理概述》第八章，《歷代行政區劃的變遷》，上海教育出版社，2005年版，第 183 頁。

的設置初衷一致，是為了加強對地方官吏的監察。

　　唐太宗貞觀元年（627）二月，「因山川形便，分天下為十道」[150]，第八道為江南道，統轄長江以南、五嶺以北、黔貴以東至海的廣大區域。江西地區各州，亦是其中的一部分。十道劃分後，唐政府不時派出觀風俗使、黜陟使、巡察使、巡撫使、按察使等分巡各道，詢問民間疾苦，觀採風俗，督察吏治得失。唐玄宗開元二十一年（733年），又在十道的基礎上劃分為十五道，江南道劃分為江南東道、江南西道，又增置黔中道。「每道置採訪使，檢查非法，如漢刺史之職。」[151]開元二十二年（734），各道採訪使置印，有了固定的治所。江南西道採訪使治洪州，轄洪州、江州、饒州、虔州、吉州、袁州、信州、撫州（此八州屬今江西）、宣州、歙州、池州（此三州屬今安徽）、鄂州（屬今湖北）、岳州、潭州、衡州、永州、道州、郴州、邵州（此七州屬今湖南），共十九州。[152]江南西道簡稱江西道，江西省名導源於此。開元二十五年，「命諸道採訪使考課官人善績，

150　〔宋〕歐陽修、宋祁：《新唐書》卷三七，《地理志序》，中華書局，1975年版。

151　〔宋〕歐陽修、宋祁：《新唐書》卷三七，《地理志序》，中華書局，1975年版。

152　此據《新唐書‧地理志五》，據《舊唐書‧地理志三》，江南西道轄宣、池（二州屬今安徽）、饒、洪、虔、撫、吉、江、袁（七州屬今江西）、鄂（屬今湖北）、岳、潭、衡、澧、朗、永、道、郴、召、連（十州屬今湖南），共二十州。同時，還把黔中道所轄各州連綴於江南西道之下。

三年一奏，永為常式」。[153]如此，諸道採訪使成為聯繫中央政府和州之間常設的一級中間權力機構，但唐代中期以前，「道」仍屬監察區，道採訪使僅有檢察非法之權，不能干涉地方行政，所以並非一級地方行政機構。江南西道所轄範圍廣闊，與後來的江西省不可等同看待。

安史之亂後，諸道採訪使改為觀察使，權力擴大，凡「兵甲、財賦、民俗之事，無所不領，謂之都府，權勢不勝其重，能生殺人，或專司其所領州，而虐視支郡」[154]。道實際上已經成為州之上的行政、軍事區域，地方制度逐漸演變成道州縣三級。各州刺史亦都有兵權，唐肅宗乾元元年（758），設洪吉都防禦團練觀察處置使，兼莫徭軍役，治洪州，領洪、吉、虔、撫、袁五州的軍事行政大權。此後，「要衝大郡，皆有節度之額；寇盜稍息，則易以觀察之號」[155]，在原江南西道採訪使所轄範圍內，大致調整為宣州[156]、江南西道、湖南三個觀察使轄區，鄂、岳二州改屬武昌軍節度使轄區。唐代宗廣德二年（764），洪吉都防禦團練觀察處置使更號為江南西道觀察使，唐德宗建中四年

---

153 〔宋〕王溥：《唐會要》卷七八，《諸使中·採訪處置使》，中華書局，1955 年版。

154 〔宋〕洪邁：《容齋隨筆》，《容齋三筆》卷七《唐觀察使》，上海古籍出版社，1978 年版。

155 〔後晉〕劉昫：《舊唐書》卷三八，《地理志一》，中華書局，1975 年版。

156 隨其統轄區域的不同，曾先後稱為宣歙觀察使、宣歙饒觀察使、宣歙池觀察使等號。

（783）升節度使，次年即廢。信州、饒州、江州先後從江南東道、宣歙饒觀察使區、浙江西道改屬江南西道，至貞元四年（788），江南西道觀察使治洪州，轄洪、饒、吉、江、袁、信、虔、撫八州，與今天江西省的轄區大體一致。

唐肅宗乾元二年（759），在洪州設置南昌軍，至唐憲宗元和六年（811）始廢[157]，前後共設置五十二年。但關於此軍的資料非常少，除在《新唐書·地理志五》和一九九七年版《南昌市志》只寫明廢置時間、《舊唐書·憲宗紀》記載廢南昌軍的詔書外，在《舊唐書》卷 122《裴冑傳》中有些微介紹：「前江西觀察使李兼罷省南昌軍千餘人，收其資糧，分為月進，冑至，奏其本末，罷之。」[158]李兼擅自省去南昌軍千餘士兵，把原屬於他們的軍糧軍俸侵吞，用來作為向朝廷邀恩固寵、每月進獻的財物，曾進六尺銀瓶。唐德宗貞元七年（791），裴冑調任洪州刺史、江西觀察都團練使，把李兼月進的來龍去脈向朝廷作了匯報，江西月進位度才被廢除。由此我們知道南昌軍是有常備軍隊的，但為何設置、兵員多少、有何作用、又為何廢去，均無從考知。

唐懿宗咸通六年（865），升江南西道觀察團練使為鎮南軍節度使，治洪州。鎮南軍的設置是由於南詔入寇，攻陷交趾，煽動蠻夷，侵左、右江，逼近邕州，而唐軍鎮壓不力，這在《新唐

157　〔宋〕歐陽修、宋祁：《新唐書》卷四一，《地理志五》，中華書局，1975 年版。

158　〔後晉〕劉昫：《舊唐書》，中華書局，1975 年版。

書》卷一八四《楊收傳》裡記載甚詳：「始，南蠻自大中以來，火邕州，掠交趾，調華人往屯，涉氣瘴死者十七，戰無功，蠻勢益張。收議豫章募士三萬，置鎮南軍以拒蠻，悉教蹋張，戰必注滿，蠻不能支。又峙食泛舟餉南海。」[159]所謂蹋張是用腳踩踏弩的機括而發箭，峙食在這裡是儲備糧食的意思，即儲備糧食從海路供給在嶺南的戍守軍。至於所說的「華人」，在《資治通鑑》卷二五〇唐懿宗咸通六年條：「楊收建議，以『蠻寇積年未平，兩河兵戍嶺南冒瘴霧物故者十六七，請於江西積粟，募強弩三萬人，以應接嶺南，道近便，仍建節以重其權』。從之。五月，辛丑，置鎮南軍於洪州。」[160]即士兵多來自兩河地區（今河南河北一帶），在嶺南不服水土，死者頗多，作戰不力，所以楊收建議撤換北軍，於洪州置鎮南軍，招募強弩手三萬調去駐防，實施效果是「蠻不能支」，楊收穫得唐懿宗的嘉獎。鎮南軍節度使的設置，加重了江西人民的負擔，但同時也表明江西在長江以南尤其是嶺南地區軍事防務中的地位，受到唐王朝的特別重視。

貞觀以來州縣的增置

隨著唐代統治步入正軌，唐太宗即位後並省新增的州縣，貞觀八年（634）省去楚城縣。但隨著江西經濟的發展，人口數量的增長，江西州縣的數量逐步增加為八州三十七縣，依據《新唐書・地理志五》《舊唐書・地理志三》及《元和郡縣圖志・江南

---

159 〔宋〕歐陽修、宋祁：《新唐書》，中華書局，1975 年版。

160 〔宋〕司馬光：《資治通鑑》，中華書局，1956 年版。

道四》，具體情況如下：

洪州，上都督府[161]，洪州都督府管八州：洪州、饒州、虔州、吉州、江州、袁州、信州、撫州，與今天的江西省境基本一致。

洪州，上，治南昌，領縣七：南昌、豐城、高安、建昌、新吳、武寧、分寧。

南昌縣在唐初原名豫章縣，唐代宗寶應元年（762）六月，因避代宗李豫之諱而改名為鐘陵縣，唐德宗貞元年間（785-804），復名南昌。豐城縣於唐哀帝天祐二年（905），因避梁王朱溫父朱誠諱，改名為吳皐縣。新吳縣於唐高宗永淳二年（683）應縣人之請，析建昌縣復置。武寧縣為武則天長安四年（704）析建昌置，唐睿宗景雲元年（710）改為豫寧縣，唐代宗寶應元年同樣因避諱而復名武寧。分寧縣為唐德宗貞元十六年（800），應刺史李巽奏，分武寧縣西界置，故名分寧。《太平寰宇記》卷一〇六洪州條云：「分寧，武寧縣地。按邑圖云，本當州之亥市也，其地凡十二支，周千里之內，聚江、鄂、洪、潭四州之人，去武寧二百餘里，豪富物產充之。」可見，分寧是因為經濟的發達而設立為縣的。

饒州，上[162]，治鄱陽，領縣四：鄱陽、餘干、樂平、浮梁。

---

161 此據《舊唐書・地理志三》和《新唐書・地理志五》，《元和郡縣圖志》卷二八，《江南道四》則把洪州定為中都督府。（【唐】李吉甫：《元和郡縣圖志》，中華書局，1983 年版）

162 此據《新唐書・地理志五》和《元和郡縣圖志・江南道四》，《舊唐書・地理志三》則記饒州為下州。

唐玄宗開元四年（716），復置樂平縣。同年饒州刺史韋玢因該地區土地肥沃廣闊，請求恢復縣制並改名為新昌縣[163]，天寶元年（742）更名為浮梁縣，關於縣名的來源，《唐書‧地理志》說：「本新平也」；《郡縣釋名》說：「以溪水時泛，民多伐木為梁也」；舊志還載有一說是：「洪水泛梁木橫新昌江口，人因以濟，故曰浮梁。」[164]

虔州，上[165]，治贛縣，領縣七：贛縣、南康、虔化、雩都、信豐、大庾、安遠。

信豐縣為唐高宗永淳元年（682）析南康縣東南地置，初名南安縣，唐玄宗天寶元年更名為信豐。《太平寰宇記》卷一〇八虔州條載：「信豐縣，唐永淳元年析南康更置南安縣，以其地接嶺南，人安俗阜謂之南安。天寶元年改天下縣名相同者，採訪使韓朝宗以泉州有南安縣，遂奏改名信豐縣，以人信物豐為名。」

大庾縣，唐中宗神龍元年（705）析南康縣置，即由隋文帝開皇十年（590）所設之大庾鎮升為縣，意在加強對大庾嶺過往客商的管理。

安遠縣，唐德宗貞元四年（788）八月四日，應刺史路應奏請，析雩都三鄉並信豐一里而復置。此據新舊唐書《地理志》和

---

163 浮梁縣地方志編纂委員會：《浮梁縣志》第一篇，《建置區劃》，方志出版社，1999 年版，第 45 頁。

164 景德鎮市地方志編纂委員會：《景德鎮市志》第一篇，《建置志》，中國文史出版社，1991 年版，第 5 頁。

165 《舊唐書‧地理志三》記虔州為中州。

一九九四年版《贛州地區志》。《太平寰宇記》卷一〇八虔州條則載：「安遠縣，梁大同十年置安遠縣，隋開皇中廢。其後雩都縣以地僻人稀，每有賦徭，動逾星歲。建中三年（782），刺史路應奏請析雩都三鄉並信豐一里再置。」分析了設置原因，但置縣時間則提前了六年，未知誰是。

　　吉州，上，治廬陵，領縣五：廬陵、太和、安福、新淦、永新。

　　永新縣，唐高宗顯慶二年（657）應民眾所請，析太和縣置。此據新舊唐書《地理志》和一九九二年版《永新縣志》。《太平寰宇記》卷一〇九吉州條則記載：「永新縣，漢廬陵縣地。吳寶鼎中立永新縣，屬安城郡。隋廢郡而縣併入太和⋯⋯顯慶四年，永新之民以太和道路阻遠，請別置縣於和山東南六十七里，即今理也。」《唐會要》卷七一《州縣改置下》亦記為顯慶四年置。

　　江州，上[166]，治潯陽，領縣三：潯陽、彭澤、都昌。

　　《舊唐書·地理志三》在江州條還載有至德縣，云唐肅宗至德二年（757）置，按文後校勘記：「本捲上文池州已領有至德；又上文言江州領縣三，而實數四；《通典》卷一八二、《元和志》卷二八、新志，至德俱屬池州，是此處江州不當領有至德。」[167]分析甚明，毋庸贅述。

166　《舊唐書·地理志三》記江州為中州。

167　〔後晉〕劉昫：《舊唐書》卷四十，中華書局，1975 年版。

袁州，上[168]，治宜春，領縣三：宜春、新喻（唐玄宗天寶元年，即 742 年將渝改為喻）、萍鄉。

信州，上[169]，唐肅宗乾元元年（758），租庸使洪州刺史元載奏置[170]，為割衢州之常山、饒州之弋陽、建州之三鄉、撫州之一鄉而置。信州先隸江南東道，唐肅宗上元元年（760）歸江南西道。治上饒，領縣四：上饒、弋陽、玉山、貴溪。

上饒縣，乾元元年分弋陽原上饒縣舊地復置；並置永豐縣，唐憲宗元和七年（812）復省入上饒縣。同年，建州劃鵝湖、旌孝、召善鄉，撫州劃仁義鄉歸弋陽[171]。

玉山縣，武則天證聖元年（695）分衢州之常山、須江（今浙江省江山市）兩縣部分地與弋陽部分地所置，因西北境有懷玉

---

168 《舊唐書·地理志三》記袁州為下州。

169 新舊唐書《地理志》均記信州為上州，而《元和郡縣圖志·江南道四》則記為中州，《唐會要》卷七十，《州縣分望道》記作會昌四年（844年）五月升為上州。

170 此據《元和郡縣圖志·江南道四》，《太平寰宇記》卷一〇七則曰：「上元元年（760）正月，江淮轉運使元載奏以此邑川源夐遠，關防襟帶，宜置州。州東南五十里即饒州弋陽縣進賢鄉永豐裡，可置一縣，以永豐為名。兼割饒州之弋陽置，衢州之常山、玉山、建州之三鄉、撫州之三鄉，固當迤邐相望，自然無虞。制曰可，賜名信州，以信美所稱為郡之名。」此記載更為詳細，但據新舊唐書《地理志》及《弋陽縣志》，置信州時間應為乾元元年，「上」當為「乾」之誤；「撫州之三鄉」當為「一鄉」。

171 弋陽縣縣志編纂委員會：《弋陽縣志》卷一，《建置志》，南海出版公司，1991 年版，第 39-40 頁。

山，故名「玉山縣」，原屬衢州，乾元元年來屬信州[172]。

　　貴溪縣，唐代宗永泰元年（765）分弋陽之西鄉及餘干之東北鄉所置[173]。關於縣名的由來，清康熙十一年（1672）版《貴溪縣志》載：「何言乎貴溪？或曰舊治須溪縈環如帶，縣以溪貴也，或曰溪產香草，溪以產貴也。若是而肇錫以嘉名矣。」[174]常山縣不久即還衢州。

　　撫州，上[175]，治臨川，領縣四：臨川、南城、崇仁、南豐。

　　南豐縣，唐睿宗景雲二年（711）析南城置，唐玄宗先天二年（713）廢。開元八年（720），撫州刺史盧元敏奏置南豐疏云「田地豐饒，川谷深重，時為剽劫」，才復置南豐縣[176]。

　　另外，今屬江西的婺源縣於唐玄宗開元二十八年（740），析歙州休寧縣回玉鄉和饒州樂平縣懷金鄉而置，屬江南東道歙州管轄。[177]

　　唐玄宗天寶元年（742），令全國州皆改郡，江西境內洪州

172　江西省玉山縣志編纂委員會：《玉山縣志》卷一，《建置區劃》，江西人民出版社，1985 年版，第 33 頁。

173　上饒地區地方志編纂委員會：《上饒地區志》卷一，《建置區劃》，方志出版社，1997 年版，第 92 頁。

174　貴溪縣志編纂委員會：《貴溪縣志》卷一，《建置區劃》，中國科學技術出版社，1996 年版，第 47 頁。

175　《舊唐書·地理三》記撫州為中州。

176　南豐縣地方志編纂委員會：《南豐縣志》卷一，《沿革區劃》，中共中央黨校出版社，1994 年版，第 7 頁。

177　婺源縣志編纂委員會：《婺源縣志》第一篇，《建置區劃》，檔案出版社，1993 年版，第 42 頁。

改為豫章郡，饒州改為鄱陽郡，虔州改為南康郡，吉州改為廬陵郡，江州改為潯陽郡，袁州改為宜春郡，撫州改為臨川郡。但此次州改郡時間不長，至唐肅宗乾元元年（758）即又改為州，所以唐朝基本上實行的是州縣兩級制。

江西在唐中後期共設八州三十七縣，比隋代多出一州（信州）十四縣（新吳、武寧、分寧、樂平、浮梁、信豐、大庾、安遠、永新、都昌、上饒、玉山、貴溪、南豐），增長較快。按照唐代制度，都督府因其軍事、政治地位分為上、中、下三等。州縣則按人口分為上、中、下三等，依據唐玄宗開元十八年（730）令：以四萬戶以上為上州，二萬五千戶為中州，不滿二萬戶為下州。縣以六千戶以上為上縣，三千戶以上為中縣，不滿三千戶為下縣，赤、畿、望、緊等縣不限戶數，並為上縣。[178]按此標準，江西地區各州縣隨著社會經濟的發展與人口的增長，唐中後期全部邁進上州、上縣行列。

在唐末農民起義的洪流中，江西地方豪強並起，競相割據，唐王朝無力控制，只能承認既定事實。洪州高安人鐘傳先占據撫州，唐僖宗中和二年（882），他驅逐唐江西觀察使高茂卿，進據洪州，自任洪州刺史，僖宗即授他為江西團練使，不久拜鎮南節度使、檢校太保、中書令，賜爵潁川郡王，又徙南平郡王。至此，鐘傳成為江南西道的最高軍政長官，據有大半個江西三十餘

---

178 〔宋〕王溥：《唐會要》卷七十，《量戶口定州縣等第例》，中華書局，1955 年版。

註：圖中實線為唐江西地區州郡所轄區域，虛線指 1947 年江西省所轄
　　各縣區域。

年。唐哀帝天祐三年（906），鐘傳去世，洪州為楊吳所據，鐘氏在江西的統治始告結束。

鐘傳進據洪州後，撫州南城縣人危全諷於中和五年（885）占據撫州，並讓其弟危仔倡東據信州，唐僖宗皆任命他們為刺史，至後樑太祖開平三年（909）為楊吳所吞併。吉州則為吉州廬陵人彭玕所據，經鐘傳請示唐廷拜為吉州刺史，危全諷失敗時，彭玕投奔馬楚政權。割據虔州的是虔州南康人盧光稠，中和五年攻占虔州，自任刺史，開始了長達二十餘年的對贛南的統治。唐亡後，盧光稠依附於後樑太祖朱溫，後樑在虔州設百勝軍，又建鎮南軍。

三、楊吳、南唐時期江西的州縣及軍的設置

黃巢農民大起義和藩鎮割據最終瓦解了唐王朝，形成了五代十國的分裂局面。江西地區在唐末地方割據勢力鐘傳、危全諷、盧光稠等人的管理下，社會相對安定，文教、經濟等各項事業持續發展，在楊吳、南唐時期，行政區劃繼續穩定發展。

軍鎮的變化

軍鎮，又稱方鎮，即唐代的藩鎮。五代十國是唐朝藩鎮割據局面的繼續，很多政策均沿襲舊制。但五代十國時期的方鎮又不同於唐代，歐陽修在《新五代史》卷六十《職方考》中分析：「唐之盛時，雖名天下為十道，而其勢未分。既其衰也，置軍節度，號為方鎮，鎮之大者連州十餘，小者猶兼三四，故其兵驕則逐帥，帥強則叛上，土地為其世有，干戈起而相侵，天下之勢，自茲而分。然唐自中世多故矣，其興衰救難，常倚鎮兵扶持，而侵

凌亂亡，亦終以此。」[179]五代十國各政權，一方面仍然沿用節度使制度，另一方面又吸取唐代教訓，限制節度使的權力，軍鎮轄區不再兼管別州，職權已與州的長官一般，正如歐陽修所說：「後世因習，以軍目地，而沒其州名。又今置軍者，徒以虛名升建為州府之重。」[180]即用軍的名號代替了州名，但與州並沒有實質上的改變。

楊吳時期的江西政區

唐哀帝天祐三年（906），楊吳政權攻拔洪州，江西大部開始轉入其統治之下。楊吳不承認後樑統治，仍繼續使用唐哀帝年號。先來看其在江西所設軍鎮：

鎮南軍，治洪州。天祐三年九月，秦裴攻下洪州，俘虜鐘傳子鐘匡時。吳王楊渥自兼鎮南軍節度使，以秦裴為洪州制置使[181]，可見對江西的重視。

百勝軍。後樑太祖開元四年（910），後樑置於虔州。割據虔州的盧光稠為保存實力，既向楊吳表示歸順，又向梁稱臣。朱溫遂於虔州設百勝軍，授盧光稠為防禦使兼五嶺開通使。天祐十五年（918）冬十一月，楊吳攻下虔州，俘虜主政的譚全播，吳

179〔宋〕歐陽修：《新五代史》，中華書局，1974 年版。

180〔宋〕歐陽修：《新五代史》卷六十，《職方考》，中華書局，1974 年版。

181〔清〕吳任臣：《十國春秋》卷二，《吳烈祖世家》，中華書局，1983 年版。

主楊隆演以譚全播為右威衛將軍，領百勝軍節度使[182]。

奉化軍，吳王楊隆演順義元年（921）十月，吳置於江州，以徐知誥領節度使[183]。

昭武軍，順義元年，吳改撫州為昭武軍，升撫州刺史為昭武軍節度使[184]。《太平寰宇記》卷一一〇撫州條則曰：「偽吳順義九年升為昭武軍節度。」考吳順義年號只用七年，此「九」當為「元」之誤。

此外，天祐七年（910）冬，吳於新淦縣置制置使，轄吉水、新喻、豐城（此應仍稱吳皋）三縣[185]，並不斷祕密增兵，以進圖虔州。不久，治所移於吉水，後廢。

楊吳州縣設置情況大致如下：

洪州，治南昌，轄縣八：南昌、豐城、高安、建昌、新吳、武寧、分寧、萬載。

豐城縣於吳睿帝順義三年由吳皋復名，新淦制置使廢后還隸洪州。萬載縣，天祐年間（904-908），吳王分高安的萬載鄉置萬載場，屬洪州。楊吳順義四年（924），分高安的進城、康樂、

---

182 〔清〕吳任臣：《十國春秋》卷二，《吳高祖世家》，中華書局，1983年版。

183 〔清〕吳任臣：《十國春秋》卷二，《吳高祖世家》，中華書局，1983年版。

184 江西省臨川縣縣志編纂委員會：《臨川縣志》，《大事記》，新華出版社，1993年版，第15頁。

185 江西新幹縣志編纂委員會：《新幹縣志》卷一，《建置人口志》，中國世界語出版社，1990年版，第64頁。

高侯、萬載四鄉置萬載縣，仍屬洪州，取萬載鄉的「萬載」二字為縣名[186]。

饒州，治鄱陽，仍轄四縣：鄱陽、餘干、樂平、浮梁。

虔州，治贛縣，仍轄七縣：贛縣、南康、虔化、雩都、信豐、大庾、安遠。

吉州，治廬陵，轄六縣：廬陵、太和、安福、新淦、永新、吉水。

吉水縣，建縣時間諸說不一。一九八九年版《吉水縣志》考證諸說之後，採《太平寰宇記》卷一〇九吉州條所記：「大業末，分廬陵水東十一鄉置吉水縣。」此後，於天寶安祿山叛亂後降為吉水鎮，這個鎮是行政鎮，並有軍事需要直屬于吉州，具有吉州的衛星城作用。晚期又由鎮改為場，名曰吉陽場。唐末，又由場復為縣。《十國春秋》云：「楊吳天祐七年（910）及南唐升元二年（938），皆曾置吉水縣（應該說自唐末由場復為縣後直至南唐升元二年），隸新淦都制置使。」隨後南唐又降為場，直至保大八年（950）吉水場升為吉水縣。[187]

江州，治潯陽，轄四縣：潯陽、彭澤、都昌、德安。

德安縣，本蒲塘場，一九九一年版《德安縣志》載：「明嘉靖《九江府志》：武德八年（625），又以歷陵故址立蒲塘場。貞

186　江西省萬載縣志編纂委員會：《萬載縣志》卷一，《建置區劃》，江西人民出版社，1988 年版，第 36 頁。

187　江西省吉水縣地方志編纂委員會：《吉水縣志》第一編，《建置》《附錄：吉水建縣時間考》，新華出版社，1989 年版，第 30-34 頁。

元中（785-805），刺史韋沇，以蒲塘驛去州遠，權割三鄉為兩稅場，曰蒲塘場，尋廢。咸通五年（864），刺史李章復置蒲塘場。（按：《太平寰宇記》：咸通三年還潯陽，四年復為場。）……《太平寰宇記》：吳楊溥乾貞元年即順義七年（927），升蒲塘場為德安縣。」**188**

袁州，治宜春，仍轄三縣：宜春、新喻、萍鄉。

信州，治上饒，仍轄四縣：上饒、弋陽、玉山、貴溪。

撫州，治臨川，仍轄四縣：臨川、南城、崇仁、南豐。

楊吳政權在江西共設四軍八州四十縣，比唐代多出萬載、吉水、德安三縣。

南唐江西的十州軍

吳睿帝天祚三年（937）冬十月，楊溥被迫禪位於徐知誥，徐改元升元，國號大齊，都金陵。升元三年（939），徐知誥複姓李氏，改國號為唐，史稱南唐。江西隨之轉入南唐統治之下，行政區劃繼續穩步上升。

南唐在江西設的軍鎮有以下六個：

鎮南軍，治洪州，統江西如故。

昭信軍，治虔州，升元元年，由百勝軍改名而來。而據《舊五代史》卷四二《唐明宗本紀》：唐明宗長興二年（931）八月，「升虔州為昭信軍」**189**；《太平寰宇記》卷一〇八虔州條所記亦

---

188 德安縣志編纂委員會：《德安縣志》卷二，《建置區劃志》，上海古籍出版社，1991年版，第26頁。

189 〔宋〕薛居正：《舊五代史》，中華書局，1976年版。

同此，提前了六年，未知誰是。

奉化軍，治江州，因仍楊吳舊制。

昭武軍，治撫州，因仍楊吳舊制。

永平軍，治饒州。1997 年版《上饒地區志》記為：「南唐初，於饒州東四里置永平監鑄銅錢，因於升元元年（937）改饒州為永平軍。」[190]《江西省行政區劃志》則曰升元二年，未知誰是。另外，依據《十國春秋》卷十六《唐元宗本紀》，保大五年（947），「以羽林大將軍王延政為安化軍節度使、鄱陽王，鎮饒州」。[191]此安化軍不知是否由永平軍改名而來。

建武軍，南唐置於撫州南城縣。清同治十二年《南城縣志》引《南唐書》：「晉天福二年（937），南唐取吳，復置撫州，以南城置建武軍，東興、永城併入南城為附郭。」[192]又同書卷九之三載宋王平叔《改建昌軍治記》：「建昌軍即臨川郡之南城也……李氏僭竊，鼎據列郡……專制於境內。開寶三年（970），升南城縣曰建武軍，所以抗禦七閩，牽制百越也。」[193]《太平寰宇記》卷一一〇建昌軍條則作開寶二年。開寶二年與開寶三年相差

190 上饒地區地方志編纂委員會：《上饒地區志》，卷 1，《建置區劃》，方志出版社，1997 年版，第 92 頁。

191 〔清〕吳任臣：《十國春秋》，中華書局，1983 年版。

192 〔清〕梅體萱等：《南城縣志》卷一之一，《沿革》，同治十二年刊本，成文出版社，1989 年版影印本。

193 〔清〕梅體萱等：《南城縣志》，同治十二年刊本，成文出版社，1989 年版影印本。

甚微，而《南唐書》所載則提前三十餘年，未知是否既立又廢，後又重置。建武軍不同於一般軍鎮，不屬於軍事系列，而屬行政系列，是新增的州級行政區。所以《十國春秋》卷一一一《地理表上》把它與洪、饒、信、江等州並列，而在卷一一三《十國藩鎮表》中另列鎮南、奉化、永平、昭武、百勝五個軍鎮，亦以區別。

另外，南唐復置新淦都制置使，仍領吉水、新喻、豐城三縣，但其終止時間各書記載不一致。據一九九〇年版《新幹縣志》：升元元年復設，仍領三縣，至宋太祖開寶元年（968）終止[194]。而二〇〇五年版《江西省行政區劃志》則說升元二年罷，吳宗慈、辛際周《江西省古今政治地理沿革總略》亦認為升元二年，新淦還隸吉州。未知誰是。

依據《十國春秋·地理表》及南唐三主本紀、《太平寰宇記》、二十世紀八〇年代以來相關市縣志，現將南唐各州縣的統屬增置情況整理如下：

洪州，治南昌，初仍舊。南唐元宗交泰二年（959）秋七月，李璟迫於後周世宗柴榮的軍事壓力，議遷都洪州：「建康與敵境隔江而已，今吾徙都豫章，據上流而制根本，上策也。」[195]冬十一月，建洪州為南都南昌府。北宋太祖建隆二年（961）春

---

194 江西新幹縣志編纂委員會：《新幹縣志》卷一《建置人口志》，中國世界語出版社，1990年版，第64頁。

195 〔清〕吳任臣：《十國春秋》卷十六，《南唐元宗本紀》，中華書局，1983年版。

二月，李璟留下太子從嘉（李煜）鎮守金陵，自己帥儀仗隊、六軍及百官自建康出發，三月到達南昌，然而因為南昌本藩鎮之地，城邑「迫隘，上下不能容，群心思歸。國主退朝之暇，北望金陵，恆鬱鬱不樂」[196]，遂復議東遷。李璟未及行而發病，六月病卒，遺囑留葬洪州西山，但後主李煜違背父願迎梓宮還金陵埋葬。南昌作為南唐的都城，前後僅 4 個月，然其南都的建置則一直持續到宋太祖開寶八年（975）宋滅南唐為止。南唐升洪州為南都、並曾一度遷都的事實表明江西軍事地理位置的相對優越性。

洪州轄七縣：南昌、豐城、建昌、奉新、分寧、武寧、靖安。改南都南昌府後轄縣未變。

奉新縣為原新吳縣改名，《十國春秋·地理表上》引《郡縣釋名》曰：「李 以國號唐，諱楊吳所稱，更新吳為奉新也。」[197]

靖安縣，本晉建昌縣地，唐僖宗廣明（880-881）之後，「草寇侵掠本州，以建昌縣之靖安、孝悌兩鄉去州稍遠，乃置為靖安鎮」，仍屬建昌縣[198]。吳升為靖安場，南唐升元元年（937）割建昌、奉新、武寧三縣地，升為縣。

饒州，治鄱陽，轄五縣：鄱陽、樂平、德興、餘干、浮梁。

---

196 〔清〕吳任臣：《十國春秋》卷十六，《南唐元宗本紀》，中華書局，1983 年版。

197 〔清〕吳任臣：《十國春秋》卷一一一，中華書局，1983 年版。

198 江西省靖安縣縣志編纂委員會：《靖安縣志》卷一《建置》，江西人民出版社，1989 年版，第 44 頁。

德興縣，《太平寰宇記》卷一百〇七饒州條載：「本饒州樂平之地，有銀山，出銀及銅。（唐高宗）總章二年（669），邑人鄧遠上列取銀之利，上元二年（675）因置場監，令百姓任便採取，官司什二稅之。其場即以鄧公為名，隸江西鹽鐵都院。至偽唐升為德興縣。」縣名取「惟德乃興」之義，南唐升元二年（938）置，並劃樂平縣的銀山、樂平、南部三鄉入屬，治銀城（今銀城鎮），隸永平軍（後稱饒州）[199]。

另據清乾隆《婺源縣志》載，升元二年置永平軍後，「以劉津為都制置使，巡轄婺源、浮梁、德興、祁門四縣。津築新城於西湖……劉津領關西卒千五百人來鎮」[200]。

信州，治上饒，轄五縣：上饒、貴溪、弋陽、玉山、鉛山。

鉛山縣，本為唐肅宗乾元元年（758）在永平所設鉛山場，開採銅鉛礦。南唐升元四年（940），從弋陽劃出鵝湖、招善二鄉，以擴大鉛山場。保大十一年（953），從上饒縣劃出清流、布政、崇義三鄉，又從弋陽縣劃出仁義、旌孝二鄉，升場為縣，治所永平，隸信州。因永平有鉛山（今天排山）而得名[201]。

江州，治德化，轄七縣：德化、德安、都昌、瑞昌、湖口、

199 德興市地方志編纂委員會：《德興縣志》卷一《政區建置》，光明日報出版社，1993 年版，第 45 頁。

200 〔清〕彭家桂等：《婺源縣志》卷二，《疆域二·沿革》，清乾隆五十二年刊本，成文出版社，1984 年影印本。

201 鉛山縣縣志編纂委員會：《鉛山縣志》卷一《建置區劃》，南海出版公司，1990 年版，第 36 頁。

彭澤、東流。

德化縣，為南唐升元三年（939）改潯陽而來，縣稱德化，取義道德教化，《郡縣釋名》以其為奉化軍附郭，「言德化所暨也」[202]。

瑞昌縣，本潯陽縣赤烏場地，《十國春秋·地理表上》載：「孫吳程普駐兵於此，有赤烏來鳴，讖曰翼日必有祥。既得赤壁之報，遂名其地曰赤烏鎮，又曰瑞昌鎮。唐立為赤烏場，南唐升為瑞昌縣。」[203]一九九○年版《瑞昌縣志》記載了設場及升縣的具體時間：唐德宗建中四年（783），以潯陽西偏僻遠，分立赤烏場。南唐升元三年，升赤烏場為瑞昌縣，治設桂林橋[204]。

湖口縣，本彭澤縣湖口戍，《太平寰宇記》卷一一一江州條云：「本湖口戍，南朝舊鎮，上據大鐘石，傍臨大江。唐武德五年（622），安撫使李大亮以為要沖，遂置鎮，在彭蠡湖口。偽唐保大年中（943-957）升為縣。」一九九二年版《彭澤縣志·大事記》記為南唐保大十一年（953）（一說南唐升元二年，即938年），割彭澤鄉及五柳鄉之半為湖口縣[205]。

202 江西省九江縣縣志編纂委員會：《九江縣志》卷一《建置區劃》，新華出版社，1996年版，第4頁。

203 〔清〕吳任臣：《十國春秋》卷一一一，中華書局，1983年版。

204 瑞昌縣志編纂委員會：《瑞昌縣志》卷一《地理》，新華出版社，1990年版，第39頁。

205 江西省彭澤縣志編纂委員會：《彭澤縣志》，《大事記》，新華出版社，1992年版，第18頁。

東流縣，保大十一年（953）升彭澤縣東流場置，今為安徽東至縣。唐會昌初年（841）以彭澤縣東北端黃菊鄉置東流場，保大十一年升縣，隸江州。北宋太平興國三年（978）割屬池州。從此脫離江西[206]。

撫州，治臨川，轄四縣：臨川、崇仁、南豐、宜黃。

宜黃縣，本崇仁縣宜黃場地，宋太祖開寶三年（970）升場為縣。據一九九三年版《宜黃縣志》：北宋開寶元年（968），南唐後主李煜割崇仁縣之崇賢、仙桂、待賢三鄉置宜黃場，場署設仙桂鄉長春里（現附東百花州附近），仍屬崇仁。縣民胥仕隆等以「去崇仁甚遠，民苦之」為由，請於南唐後主升場為縣。開寶三年，後主准其請，遂升場為縣，隸撫州，設縣治於黃填鎮（今鳳岡鎮）[207]。因其縣治在宜、黃二水匯合側而名宜黃縣。

袁州，治宜春，仍轄三縣：宜春、萍鄉、新喻。

吉州，治廬陵，轄七縣：廬陵、吉水、新淦、太和、安福、龍泉、永新。

吉水縣，於升元二年（938）復降為場，保大八年（950）又升為縣。

龍泉縣，由太和縣龍泉場升置。保大元年（943），析太和龍泉鄉什善鎮置龍泉場。宋太祖建隆元年（960）升場為縣，名

206 江西省行政區劃志編纂委員會：《江西省行政區劃志》第四章，《隋唐五代時期江西的州縣》，方志出版社 2005 年版，第 39 頁。

207 江西省宜黃縣志編纂委員會：《宜黃縣志》卷一，《建置區劃》，新華出版社，1993 年版，第 9 頁。

龍泉縣，以舊場治為縣治，在水南十七都慈雲寺（今瑤廈鄉小溪村境內）[208]。龍泉縣轄地包括今遂川縣、萬安縣境。

虔州，治贛縣，轄十一縣：贛縣、虔化、南康、雩都、瑞金、信豐、龍南、石城、上猶、大庾、安遠。

瑞金縣，由雩都縣瑞金監升置。唐天祐元年（904），析雩都縣象湖鎮淘金場置瑞金監，瑞金之名始此，因「掘地得金，金為瑞」故名。五代，南唐保大十一年（953），瑞金監改置為瑞金縣[209]。

龍南縣，由信豐縣虔南場升置。一九九四年版《龍南縣志》附乾隆十七年《龍南縣志・沿革》考訂註釋：（唐玄宗）天寶元年（742）改南安縣為信豐縣，析地置百丈戍，升為鎮（駐兵戍守之地，小者稱戍，大者稱鎮）。尋又改稱為虔南鎮。……嗣主（後樑末帝朱瑱）貞明四年（918），偽吳楊隆演遣劉信攻克虔州，地入偽吳，改虔南鎮為虔南場。南唐先主（李　）升元元年（937）取吳，改百勝軍為昭信軍。虔南場屬信豐，隸焉。中主保大十一年（953），以信豐虔南場為龍南縣。建縣始此。舊志云：北有龍頭山，縣治在其南，故名（《江西通志》據《郡縣釋名》云：「以縣在百丈龍潭之南，故名。」《宋史・地理志》又

---

208 遂川縣地方志編纂委員會：《遂川縣志》第一篇，《建置區劃》，江西人民出版社，1996 年版，第 56 頁。

209 瑞金市志編纂委員會：《瑞金市志》第一篇，《建置區劃》，三秦出版社，2007 年版，第 72 頁。

云：「取百丈龍潭之南為義。」今俱存之）。[210]

石城縣，由虔化縣石城場升置。隋開皇十三年（593），設石城場，時屬陂陽縣，因境內「山多石，聳峙如城」故名。同年隨陂陽併入寧都〔開皇十八年（598），改寧都為虔化〕。南唐保大十一年（953），石城場升為縣[211]。

上猶縣，由南康縣上猶場升置。後樑乾化元年（911）析南康縣西南地置上猶場。因境內有大山，狀如猶蹲，高聳於場治北面，古稱大猶（猷）山（即今油石嶂），山下有猶水（即今油石河）。治所建於大猶山之南，猶水口上側，故名上猶。南唐保大十年（952）改場置縣，沿用場名[212]。

筠州，保大十年（952）分洪州高安縣置。保大八年，湖南馬希萼的楚政權內亂，部將投奔南唐。九年，南唐滅馬楚政權，俘虜馬希萼。十二月，李璟以「馬希萼為江南西道觀察使，鎮洪州，仍賜爵楚王。……保大十年春正月，置筠州於高安縣，以清江、萬載、上高三縣隸焉，以湖南行營糧料使王紹顏為刺史」。[213]置筠州的目的是監督洪州馬希萼，隔斷他與潭州的聯

210 江西省龍南縣志編修工作委員會：《龍南縣志》卷一，《建置區劃》，中共中央黨校出版社，1994 年版，第 65 頁。

211 江西省石城縣縣志編纂委員會：《石城縣志》第一卷，《地理》，書目文獻出版社，1990 年版，第 12 頁。

212 上猶縣志編纂委員會：《上猶縣志》卷一，《疆域區劃》，《中華人民共和國地方志叢書》，1992 年版，第 58 頁。

213 〔清〕吳任臣：《十國春秋》卷十六，《南唐元宗本紀》，中華書局，1983 年版。

註：圖中實線為五代楊吳江西地區州軍所轄區域，虛線指 1947 年江西
　　省所轄各縣區域。

註：圖中實線為五代南唐江西地區州軍所轄區域，虛線指 1947 年江西省所轄各縣區域。

繫。

筠州，治高安，轄四縣：高安、上高、萬載、清江。

上高縣，由高安縣上高場升置。唐中和中（881-884）因故望蔡地居高安之上，又地形高上，初值上高鎮。上高由此得名。南唐升元中（937-942）廢上高鎮改置上高場。南唐保大十年（952）升場為縣，始名上高縣[214]。

清江縣，本高安縣蕭灘鎮，南唐升元三年（939）八月戊寅升鎮為清江縣，不隸州。保大十年來屬[215]筠州。1989 年版《清江縣志》則云：「五代南唐升元二年八月，割高安的建安鄉、修德鄉，新淦的崇學鄉建清江縣，以蕭灘鎮（今臨江鎮）為縣治，直屬鎮南軍節度使。境內袁贛兩水在蕭灘鎮合流後一段，波流澄澈，名為『清江』，立縣後即以水名縣。南唐保大十年，將高安縣升為筠州，清江改隸筠州。」[216]按《十國春秋》卷十五《烈祖本紀》亦記作升元二年秋八月立清江縣，可考知清江縣的確為升元二年所置，《十國春秋》卷一一一《地理表上》升元三年誤。

建武軍，宋太祖開寶二年（969 年），南唐後主李煜置，治

214 上高縣史志編纂委員會：《上高縣志》卷一，《建置區劃》，南海出版公司，1990 年版，第 52 頁。

215 〔清〕吳任臣：《十國春秋》卷一一一，《十國地理表上》，中華書局，1983 年版。

216 清江縣志編纂委員會：《清江縣志》第一編，《建置》，上海古籍出版社，1989 年版，第 3 頁。

南城，轄三縣：南城、東興、永城[217]。

　　南唐在江西共設五軍，行政系列共設九州一建武軍五十六縣，州級行政區增加了建武軍和筠州，縣則增加了靖安、德興、鉛山、瑞昌、湖口、東流、宜黃、龍泉、瑞金、龍南、石城、上猶、上高、清江、東興、永城十六縣，加上楊吳時期增加的萬載、吉水、德安三縣，五代十國時期共增加十九縣。建武軍和筠州在宋代都延續下來，十九縣中，除東流縣宋代割屬池州，東興、永城二縣又廢以外，其他十六縣一直延續至今天，以前那種廢置不常的情況再也沒有出現，這表明江西地區社會相對安定，經濟基礎較為穩固，州縣建置進入了穩定發展的階段。

第五節 ▶ 兩宋時期江西州縣的增置

　　建隆元年（960），趙匡胤通過陳橋兵變，黃袍加身，輕易地奪取了後周政權，建立北宋王朝。宋太祖繼續執行後周先北後南的戰略方針，進行統一全國的戰爭。開寶八年（975）冬，攻占金陵，南唐滅亡，江西隨之轉入北宋的統治之下。宋欽宗靖康二年（1127），金滅北宋，北宋舊臣擁立宋徽宗第九子、康王趙構即位，後定都臨安，史稱南宋。宋衛王趙昺祥興二年

---

217 東興、永城二縣，在今黎川縣境。始建於三國吳太平二年（257），隋併入南城。唐武德五年（622）復置，七年（624）又廢。南唐時為建武軍附郭縣，復置時間可能與建武軍同時。宋滅南唐以後，不再見此二縣，廢縣的時間不明。

（1279），經崖山一役，元滅南宋。前後三百餘年中，宋朝基本沿襲唐及五代的行政區劃體制，同時進行了必要的改革。一是將「道」改稱為「路」，二是擴大「路」的行政權力，加速向行政區發展。兩宋時期，江西的經濟持續增長，人口繁衍，軍事、交通、經濟地位不斷上升，行政區劃繼續向上發展，州縣數目大量增加，而且眾多的州縣都很穩定，不再出現因王朝更替而廢並的曲折變化。

一、宋代行政區劃體制的變化

路的設置

宋初吸取唐代藩鎮割據的教訓，革除了藩鎮的實權，節度使只是虛銜，不理州事，諸州直屬中央。同時，將全國劃分為若干區域，每一區域設轉運使負責徵收和轉輸各地財賦，既然要轉輸，必與交通路線有關，故稱此區域為路。《宋史》卷一百六十七《職官志七》載都轉運使的職責是：「掌經度一路財賦，而察其登耗有無，以足上供及郡縣之費。歲行所部，檢察儲積，稽考帳籍，凡吏蠹民瘼，悉條以上達，及專舉刺官吏之事。」可見，轉運使主管財政兼監察地方官吏。宋太宗時，轉運使職權逐漸擴大，「邊防、盜賊、刑訟、金谷、按廉之任皆委於轉運使……又節次以天下土地形勢，俾之分路而治矣，繼增轉運判官，以京官為之，於是轉運使於一路之事無所不總也」[218]。轉運使控制了

218〔元〕馬端臨：《文獻通考》卷六一，《職官十五》，中華書局，1986年版。

地方一切行政事務，形成分路而治的局面。宋真宗時（998-
1022）因轉運使權力太重，又增設了提點刑獄使，「掌察所部之
獄訟而平其曲直，所至審問囚徒，詳核案牘，凡禁系淹延而不
決，盜竊逋竄而不獲，皆劾以聞，及舉刺官吏之事」[219]；增設
安撫使，「掌一路兵民之事。皆帥其屬而聽其獄訟，頒其禁令，
定其賞罰，稽其錢谷、甲械出納之名籍而行以法。若事難專決，
則具可否具奏。即干機速、邊防及士卒抵罪者，聽以便宜裁
斷」[220]；增設提舉常平使，「掌常平、義倉、免役、市易、坊
場、河渡、水利之法，視歲之豐歉而為之斂散，以惠農民。凡役
錢，產有厚薄則輸有多寡；及給吏祿，亦視其執役之重輕難易以
為之等。商有滯貨，則官為斂之，復售於民，以平物價。皆總其
政令，仍專舉刺官吏之事」[221]；而轉運使專理一路財賦和民政，
同時亦兼監察。所以宋代一路有四個長官：轉運使簡稱漕司、提
點刑獄使簡稱憲司、安撫使簡稱帥司、提舉常平使簡稱倉司，除
帥司外，統稱監司。其中，漕司和憲司為每路均設，帥司則視軍
事情況而定。

　　北宋路的設置以轉運使為主，宋太宗至道三年（997）分全

219 〔元〕脫脫：《宋史》卷一六七，《職官志七》，中華書局，1977 年
　　　版。

220 〔元〕脫脫：《宋史》卷一六七，《職官志七》，中華書局，1977 年
　　　版。

221 〔元〕脫脫：《宋史》卷一六七，《職官志七》，中華書局，1977 年
　　　版。

國為 15 路,「天聖(宋仁宗年號,1023-1032)析為十八,元豐
(宋神宗年號,1078-1085)又析為二十三:曰京東東、西,曰京
西南、北,曰河北東、西,曰永興,曰秦鳳,曰河東,曰淮南
東、西,曰兩浙,曰江南東、西,曰荊湖南、北,曰成都、梓、
利、夔,曰福建,曰廣南東、西」**222**。23 路的分法是宋代具有
代表性的路制。今江西全境分屬江南西路和江南東路,江南西路
治洪州,江南東路治江寧府(今南京市)。

南宋高宗建炎元年(1127),出於軍事方面的需要,諸路遍
設安撫司,此後南宋一代因長期處於戰爭狀態,分路均以安撫使
為主,漕司和憲司則不一定每路都設。南宋路的設置雖然有分有
合,然而從長期來看,基本穩定為兩浙東、西,江南東、西,淮
南東、西,荊湖南、北,京西南,成都府,潼川府,夔州,利
州,福建,廣南東、西等十六路。今江西仍然分屬江南東、西
路。

府、州、軍、監的變化

宋代府的建置比較多,除首都、陪都建府之外,凡皇帝誕
生、居住、巡遊過的地方,以及其他地位重要的州均建為府,如
南宋孝宗即位後,洪州因為曾是孝宗潛藩而升為隆興府。府與州
同級,然地位略高於州。軍在唐代為軍鎮,屬軍事系統,五代兩
宋時期逐漸演變為地方行政單位,歐陽修《新五代史》卷六十
《職方考》評價說:「後世因習,以軍目地,而沒其州名。又今

---

222 〔元〕脫脫:《宋史》卷八五,《地理志一》,中華書局,1977 年版。

置軍者，徒以虛名升建為州府之重。」宋代軍多設在沿邊地區，在內地也有在交通要沖或其他重要地點設軍，比如北宋在江西鄱陽湖—贛江沿線先後設置了南康軍、南安軍、臨江軍，均領縣兼理民政。與府州同級的軍，地位等同於下州，隸屬於府州的軍，地位與縣相等。監是由國家經營的礦冶、鑄錢、牧馬、製鹽等專業管理機構，對國家財政關係甚大，地方官無法兼營，故劃出一定地域由監官管轄，如江西境內設有永平監和廣寧監，均為鑄錢機構。監也分領縣與不領縣的兩種，領縣的監與府州同級，其地位同下州，不領縣的監隸屬於府州，與縣同級。

為了加強中央集權，改變節度使割據一方的局面，北宋在地方上削減府、州、軍、監一級長官的權力，不許他們兼任一個州郡以上的職務。又規定州郡長官由文臣擔任。「宋初革五季之患，召諸鎮節度會於京師，賜第以留之，分命朝臣出守列郡，號權知軍州事，軍謂兵，州謂民政焉。其後，文武官參為知州軍事，二品以上及帶中書、樞密院、宣徽使職事，稱判某府、州、軍、監。諸府置知府事一人，州、軍、監亦如之。掌總理郡政，宣佈條教，導民以善而糾其奸慝，歲時勸課農桑，旌別孝悌，其賦役、錢谷、獄訟之事，兵民之政皆總焉。凡法令條制，悉意奉行，以率所屬。有赦宥則以時宣讀，而班告於治境。舉行祀典。察郡吏德義材能而保任之，若疲軟不任事，或奸貪冒法，則按劾以聞。遇水旱，以法振濟。安集流之，無使失所。」長官之外另設通判，「職掌倅貳郡政，凡兵民、錢谷、戶口、賦役、獄訟聽斷之事，可否裁決，與守臣通簽書施行。所部官有善否及職事修廢，得刺舉以聞。元祐元年（1086），詔知州系帥臣，其將下公

事不許通判同管。元符元年（1098），詔通判、幕職官，今日赴長官廳議事及都廳簽書文檄。南渡後，設官如舊，入則貳政，出則按縣。有軍旅之事，則專任錢糧之責，經制、總制錢額，與本郡協力拘催，以入於戶部」[223]。可見，通判並非州郡長官的屬官，而是與其同領州事，還有權監察本州的官吏，與州郡長官互相牽制。

　　路、州、縣的官員都由中央官兼任，屬於臨時指派性質，北宋前期，無論地方官或中央官，官名和所任職務大都分離，所謂「其官人受授之別，則有官、有職、有差遣。官以寓祿秩、敘位著，職以待文學之選，而別為差遣以治內外之事」。[224]地方官權力分散，任期短暫，而且「兵也收了，財也收了，賞罰刑政一切收了」[225]，大大加強了中央對地方的控制。但同時由於各個政府權力的分散，形成了疊床架屋的官僚機構，官吏眾多，行政效率低。宋代在州名上即反映出此特點，州名之下，添加原來的郡名、軍鎮名，或寫明「軍事」二字，再區分為上中下等級，煩瑣複雜。

　　總之，宋代地方行政制度的特點：一是不在府州以上設立一

223　〔元〕脫脫：《宋史》卷一六七，《職官志七》，中華書局，1977 年版。

224　〔元〕脫脫：《宋史》卷一六一，《職官志一》，中華書局，1977 年版。

225　〔元〕黎靖德：《朱子語類》卷一二八，《法制》，中華書局，1986 年版。

級行政機構和單一的長官，而是將各路不同事務，分為軍、政、財、儲四種監司，各司其職，不集權於一司一人；二是諸司分路不同，治所不一，有時諸司分路相同，但治所也不在一起，互相牽制，形成複式路制；三是府州可不通過監司，直接向中央奏事。因此也不能算是嚴格意義上的三級制，但這些監司畢竟統轄一路某一事務，故可視為二級半或虛三級[226]。

二、北宋時期江西州軍縣的大量增加

北宋時期是江西行政區劃發展的全盛時期，總計增加了三個州級行政區、十二縣，在區劃結構和數量分佈兩方面，承前啟後，奠定了後來發展的格局和規模。

自唐代中期以來，自鄱陽湖—贛江航道至大庾嶺進入嶺南的這條路線成為溝通南北的交通大動脈，至北宋以後，這條交通路線已經穩固地確立下來，江西的交通區位優勢凸顯。宋朝政府十分看重這條交通動脈，過去廣南北運的金銀、犀象、香藥等都是陸運，現在，「廣南金銀、香藥、犀象、百貨，陸運至虔州而後水運」[227]，除此之外，還有巨額的物資運輸，像賦稅、漕糧、錢幣、食鹽、茶葉、瓷器等等。這條溝通中原與嶺南的交通大動脈，一直沿用至近代，對沿線眾多州縣城鎮經濟的興旺，影響極

---

226 鄒逸麟：《中國歷史地理概述》第八章，《歷代行政區劃的變遷》，上海教育出版社，2005 年版，第 188 頁。

227 〔元〕脫脫：《宋史》卷一七五，《食貨志上三·漕運》，中華書局，1977 年版。

為深廣。

正是由於江西這條交通動脈如此重要，北宋政府先後在此設立三軍，加強行政管理。

新增三軍

南康軍，建於宋太宗太平興國七年（982）二月，治星子縣，轄星子、都昌、建昌三縣。星子縣位於廬山東南麓，鄱陽湖北段西岸；都昌縣位於鄱陽湖東岸，兩縣隔水相望；建昌縣在星子南邊。這樣，鄱陽湖兩岸三縣統合為一個州級行政區，也是湖區唯一完整的州級行政區，完全控扼著進出江西的航運交通，成為「南國咽喉，西江鎖鑰，為江右之門戶」的形勝要地，其政治、經濟、軍事諸方面的意義均極重要，歷來受到社會重視，自建立起始終是江西行政區劃之中的重要環節，為歷代王朝所沿用。

南安軍，宋太宗淳化元年（990）正月以虔州大庾縣建立，轄南康、大庾、上猶三縣。此三縣位於贛江西支章水沿線，控扼著贛江航道與大庾嶺上梅關驛道的水陸聯運交接地區，因此設立南安軍的直接目的就是為了增強對這段控扼嶺南嶺北交通要沖的管理。引發建立南安軍的直接動因是百姓群體私販廣鹽運銷嶺北的問題。按照宋朝政府規定，江西為淮鹽銷售區，但「虔州官鹽滷濕雜惡，輕不及斤，而價至四十七錢。嶺南盜販入虔，以斤半當一斤，純白不雜，賣錢二十，以故虔人盡食嶺南鹽」，同時，「江西則虔州地連廣南，而福建之汀州亦與虔接，虔鹽弗善，汀故不產鹽，二州民多盜販廣南鹽以射利。每歲秋冬，田事才畢，恆數十百為群，持甲兵旗鼓，往來虔、汀、漳、潮、循、梅、

惠、廣八州之地。所至劫人谷帛，掠人婦女，與巡捕吏卒斗格，至殺傷吏卒，則起為盜，依阻險要，捕不能得，或赦其罪招之。歲月浸淫滋多，而州官糶鹽歲才及百萬斤」[228]。這樣一來，既減少了政府的食鹽專賣的賦稅收入，又危及眾多州縣的社會治安，所以，廣州市舶使楊允恭「以海鹽盜入嶺北，民犯者眾，請建大庾縣為軍，官辜鹽市之。詔建為南安軍，自是冒禁者少」[229]。南安軍建立以後，政府的統治效果明顯加強。

臨江軍，建立於淳化三年（992），治清江縣，轄清江、新淦、新喻三縣。清江、新淦二縣，位於江西腹心地帶、贛江中段，水陸交通四通八達，歷來受到重視，五代楊吳、南唐都曾在新淦設過制置使，而清江建縣時不隸州，直屬鎮南軍節度使。《宋史》卷二七七《張鑑傳》稱：江西轉運使張鑑「建議割瑞州清江、吉州新淦、袁州新喻三縣置臨江軍，時以為便。召還，特被慰獎」[230]。臨江軍是贛中地區水陸交通樞紐，城鄉物資集散地，統治力量的強弱，對航運安全關係極大。同時，「江西歲以筠、袁二州民苗米，令赴臨江軍輸納」[231]。可見，臨江軍對漕

---

228 〔元〕脫脫：《宋史》卷一八二，《食貨下四·鹽中》，中華書局，1977 年版。

229 〔元〕脫脫：《宋史》卷三〇九，《楊允恭傳》，中華書局，1977 年版。

230 此處不應稱瑞州，應為筠州，因筠州至南宋理宗寶慶元年，始避理宗趙昀名諱，改為瑞州。

231 〔清〕徐松：《宋會要輯稿》，「紹興三十年十一月三日」條，中華書局，1957 年版。

運安全關係亦大。

　　南康、南安、臨江三軍在宋太宗統治時期接連建立，是在鄱陽湖一贛江航道北、南、中各設一個政治軍事據點，從而控扼航道全線，有力地保障著交通大動脈的安全，更有利於對江西及嶺南財富的攫取。這三軍均轄三縣，區域雖小而位置緊要，等級與下等州相同。

新增十二縣

　　從宋太宗太平興國三年（978）開始，至宋徽宗崇寧二年（1103），江西陸續新增星子、會昌、新昌（今宜豐）、新建、興國、分宜、安仁（今餘江）、金溪、永豐、萬安、永豐（今廣豐）、進賢，共十二縣。

　　增加這些縣的主要原因，是經濟發展帶來的強化管理的政治需要。比如永豐縣，原為吉水縣轄區，由於生產開發迅速，人口劇增，不得不分建新縣：「至和元年（1054）十月一日有詔，以吉州吉水縣五鄉書社之民三萬有五千家為永豐縣，以昔之報恩鎮為治所。按吉水之為邑，自太平興國至至和初，尤為諸邑劇，丁糧之繁，賦輸之伙，疆理之充斥，訟訴之紛紜，為州與縣者常病之。茲者特請於朝，得有此詔。」[232]從宋太宗太平興國到宋仁宗至和初年，只有不到七十年，吉水縣在此期間生產開發比別縣

232　光緒《江西通志》卷六八，段縫《（永豐）建縣記》。歐陽修《瀧岡阡表》碑陰《世譜圖系》，寫建縣時間為「仁宗至和二年」，這可能是下詔之日與執行兌現之間的差距。

快，人多地廣，賦稅徭役量激增，吉州與吉水縣的官府管理不過來，難以實現有效的治理，於是分割出吉水縣之報恩鎮及雲蓋、龍雲、興平、永豐、明德五鄉置縣，以報恩鎮為治所，以永豐鄉的鄉名為縣名[233]，人口三點五萬戶，就近管理，以便維護封建統治秩序，有效地徵收賦稅，處理田產糾紛等各項事務，使地方得到安寧，加速發展。分宜縣，由於宜春「地廣人眾，壤沃利厚」，宋太宗雍熙元年（984）八月，分宜春之神龍、招賢、豐樂、化全、儒林、彰善、挺秀、文標、旌儒、清教十鄉[234]，共兩萬戶，置分宜縣，「以便民欲」。可見分宜縣設置的原因也是宜春縣經濟發展，人多地廣，賦稅量大，民眾要求加強行政管理。

星子縣和萬安縣的設置，更多的是因為地理位置的重要性。星子縣，五代吳楊溥大和年間（929-935），於盧山之南立星子鎮，派兵駐守，因境內有石（即落星墩）浮於水面如星，故得其名（《水經注》云：落星石，周回百餘步，高五丈，上生竹木，傳曰有星墜此）。南唐保大年間（943-957），潯陽改名德化，星子鎮歸屬德化縣[235]。宋軍攻占江州時，指揮曹翰屠城，星子鎮

---

233 江西永豐縣志編纂委員會：《永豐縣志》第一章，《建置》，新華出版社，1993 年版，第 54 頁。

234 分宜縣志編纂委員會：《分宜縣志》第一編，《建置區劃》，檔案出版社，1993 年版，第 7 頁。

235 江西省星子縣志編纂委員會：《星子縣志》卷一，《建制沿革》，江西人民出版社，1990 年版，第 35 頁。

亦遭受巨大的破壞，然而它在廬山南麓、鄱陽湖狹長頸部「負山襟湖」的戰略位置不變。宋太宗時，執掌星子鎮市征的孔宜上言：「星子當江湖之會，商賈所集，請建為軍。」太平興國三年（978），「詔以為縣，就命（孔）宜知縣事，後以為南康軍」[236]。顯然，宋太宗看重的不是該鎮的人口數量與經濟發展，而是它「當江湖之會，商賈所集」的區位優勢，著眼於強化鄱陽湖航道出入口的控制。星子由鎮升為縣僅四年之後，太平興國七年（982），即以星子縣建南康軍，同時把都昌、建昌劃歸南康軍，擴大其統轄地域，加強對整個鄱陽湖航道的控制。

萬安縣，南唐保大元年（943），以故遂興縣地置萬安鎮，據吳宗慈、辛際周民國三十六年《江西省八十三縣沿革考略》萬安縣條云：「胡銓萬安縣廳壁記云，萬安古遂興之地，南唐始立鎮，闢地向南得石符一帙，有漢八分書云，地界兩州（謂吉虔二州也，府志訛作兩川）神秀所蟠，更為都邑，萬民以安。遂白州府，采其字義為萬安焉。」交代了鎮名的來歷。宋神宗熙寧四年（1071），漕使金君卿、憲使王宜溫、常平使蘇獬以鎮當水陸之沖、舟車之會，控扼贛石之咽喉，凡漕運重寄皆屬於此，因此割龍泉永興、和蜀二鄉十有一耆、泰和誠信鄉六堡、贛縣龍泉鄉八，置縣，仍名萬安[237]。可見，宋朝政府升萬安鎮為縣的初衷

---

236 〔元〕脫脫：《宋史》卷四三一，《孔宜傳》，中華書局，1977 年版。

237 萬安縣志編纂委員會：《萬安縣志》卷一，《建置區劃》，黃山書社，1996 年版，第 2 頁。

也是看中它位於贛江中上游交接區，「當水陸之沖、舟車之會，控扼贛石之咽喉，凡漕運重寄皆屬於此」的地理位置。

　　金溪建縣的重要條件之一，是採礦業的發展。一九九二年版《金溪縣志》介紹縣名來歷時說：「金溪（原為谿）歷史上出產金銀，縣城東附近的白面塢（又名白馬塢）產銀，南唐李煜時，此地曾開設采銀廠；與白面塢相連的寶山（俗稱銀山），唐時也產銀；城東的金窟山與寶山山脈相連，山中有石寶，是採金挖的洞穴。宋至道三年（997）和慶曆四年（1044）曾兩次在縣境拾到大塊生金。在縣城南門外，有小溪自上幕嶺發源，鏽水較重，其色如金，當地人稱為金溪水。有山出產金銀，有溪水色如金，故縣得名金溪。」**238** 金溪原屬撫州臨川縣，唐敬宗寶歷元年（825）在此設上幕鎮（因上幕嶺而得名），管轄當地的冶煉場，開採鎮東的白面塢、金窟山、寶山的銀礦。南唐元宗李璟交泰元年（958），以臨川縣的上幕鎮及靠近該鎮的歸政鄉設置金溪場，宋太宗淳化五年（994），以金溪場為中心，又從臨川縣割來歸德、順德、順政三鄉，立為金溪縣。**239** 可見金溪縣無論從縣名的來歷、還是從該地發展的軌跡來說，都離不開當地銀礦的開

---

238 金溪縣志編纂領導小組：《金溪縣志》第一篇，《建置區劃》，新華出版社，1992 年版，第 33 頁。

239 金溪縣志編纂領導小組：《金溪縣志》第一篇，《建置區劃》，新華出版社，1992 年版，第 33-34 頁。關於金溪縣的設置的時間，在本書本篇《附錄：建縣時間考》經過詳細考證，比較分析四種說法，認為宋淳化五年說可信，信而有徵，今依其說。

發。

十三州軍六十五縣的領屬關係

北宋江西的州縣行政區，共計九州四軍，六十五縣、兩監，它們的領屬關係如下：

洪州，設都督府，又稱豫章郡，受鎮南軍節度，領江南西路兵馬鈐轄。治南昌，轄八縣：南昌、新建、奉新、豐城、分寧、武寧、靖安、進賢。

新建縣，位於南昌縣西部，唐高祖武德五年（622）在此設西昌縣，縣治為石頭津；武德八年廢入豫章縣。北宋太宗太平興國六年（981），分南昌西北境洪崖、太平、盡忠、遊仙、忠孝、忠信、善政、桃花、五諫、儀鳳、昌邑、從善、南、北、東、西等十六鄉，置新建縣，隸洪州豫章郡。《南昌府志》載：「蓋本縣南昌西境，取南昌舊地而新建之。」是為新建縣縣名之始。縣治石頭津。**240**

進賢縣，據清康熙《進賢縣志》載：「孫權析南昌地置富城、鐘陵、宜豐三鎮，而鐘陵鎮立於大茅渡（今民和鎮），後升

---

240 此據 1991 年版《新建縣志》第 36 頁，歷史沿革（江西省新建縣地方志編纂委員會：《新建縣志》，江西人民出版社，1991 年版）。而樂史《太平寰宇記》卷一〇六洪州條則記作：「割南昌水西一十四鄉置新建縣，仍於州城昇平裡故偽將林仁肇私第充縣廨署。」樂史此書寫於當時，所述事項詳細具體，應是可信的。石頭津在城外贛江邊，是南昌水路交通要津，即古書上的石頭浦（渚），人們不把它看做南昌遠郊，故說新建與南昌「分治郭下」。而縣志記載明洪武三年（1370）才將縣治由石頭津遷入城內。二者的差異緣由，仍待考證。

為鐘陵縣。晉武帝初年廢縣改鎮，太康元年（280）乃復升鎮為縣。」南朝宋、齊時廢，梁、陳時復設，隋文帝平陳，省入豫章縣（南昌縣改名）。唐武德五年復置鐘陵縣，八年又改為進賢鎮，仍屬豫章縣。宋徽宗崇寧二年（1103），由豫章郡守張綬呈請，將南昌縣的歸仁、崇禮、崇信、真隱四個鄉和新建縣玉溪東和玉溪西二鄉劃歸進賢鎮，正式成立進賢縣（縣治即今縣城）。縣名的由來：一說相傳孔子弟子澹台滅明南遊至此；一說縣境東有棲賢山故名。據舊縣志載，前一說法為可信[241]。

筠州，上州，屬軍事要地。治高安，轄三縣：高安、上高、新昌。

新昌即今宜豐縣，此縣自三國吳孫權黃武年間（222-229）析建城縣設置，屢經興廢，至五代南唐元宗李璟保大十年（952），以宜豐舊地設鹽步鎮，屬高安縣管轄。北宋太宗太平興國六年（981），劃高安縣天德、太平兩鄉和上高縣義鈞、宣風兩鄉之半與鹽步鎮，設置新昌縣[242]。

袁州，上州，又稱宜春郡，屬軍事要地。治宜春，轄四縣：宜春、分宜、萍鄉、萬載。

分宜縣，宋太宗雍熙元年（984），析宜春地置（詳見前新增十二縣）。

241 江西省進賢縣史志編纂委員會：《進賢縣志》第一篇，《地理志》，江西人民出版社，1989 年版，第 43 頁。

242 江西省宜豐縣地方史志編纂委員會：《宜豐縣志》卷二，《大事記》，中國大百科全書出版社，1989 年版，第 11 頁。

萬載縣，宋太祖開寶八年（975），自筠州來屬，宋徽宗宣和三年（1121），更名建城。

吉州，又稱廬陵郡，治廬陵，轄八縣：廬陵、吉水、安福、太和、龍泉、永新、永豐、萬安。

龍泉縣，即今遂川縣。宋徽宗宣和三年，改稱泉江縣。

永豐縣，宋仁宗至和元年（1054），析吉水縣地置；萬安縣，宋神宗熙寧四年（1071）割龍泉、太和、贛縣三縣地置（詳見前新增十二縣）。

撫州，上州，又稱臨川郡，屬軍事要地。治臨川，轄四縣：臨川、崇仁、宜黃、金溪。

金溪縣，宋太宗淳化五年（994），升臨川縣金溪場置（詳見前新增十二縣）。

信州，上州，又稱上饒郡，屬軍事要地。治上饒，轄六縣：上饒、玉山、弋陽、貴溪、鉛山、永豐。

弋陽縣，增於唐德宗貞元元年（785），建寶豐場於今鐵沙街，開採銀、銅、鐵礦[243]。宋太宗淳化五年，析弋陽寶豐場為寶豐縣。宋仁宗景祐二年（1035）寶豐縣併入弋陽縣。康定元年（1040），又析置寶豐縣。慶歷三年（1043）寶豐又併入弋陽[244]。寶豐縣在五十年間兩次置而又廢，其原因是採礦業的衰

---

243 弋陽縣縣志編纂委員會：《弋陽縣志》，《大事記》，南海出版公司，1991 年版，第 8 頁。

244 弋陽縣縣志編纂委員會：《弋陽縣志》卷一，《建置志》，南海出版公司，1991 年版，第 40 頁。

敗。

　　鉛山縣，宋太祖開寶八年（975），因其銅、鉛礦對國家鑄幣的重要性，劃其直隸京師，不久還隸信州，但時間不詳。

　　永豐縣，即今廣豐縣。唐高祖武德四年（621），於上饒縣立永豐鎮，唐肅宗乾元元年（758）以永豐鎮為中心，割衢州須江縣西北之地益之，置為縣，名永豐。唐憲宗元和七年（812）廢入上饒縣，仍為鎮。宋神宗熙寧七年（1074），復置永豐縣[245]。需要注意的是，江西省有兩個永豐縣，一個隸屬吉州，一個隸屬信州，直至民國初年，信州永豐縣才改名廣豐縣。

　　饒州，上州，又稱鄱陽郡，屬軍事要地。治鄱陽，轄六縣、一監：鄱陽、餘干、樂平、浮梁、德興、安仁、永平監。

　　安仁縣，即今餘江縣。晉惠帝元康元年（291），本縣始由餘汗的晉興鄉劃出，設晉興縣，屬江州。懷帝永嘉七年（313）改晉興縣為興安縣，不久即廢，仍為餘汗縣晉興鄉建制。南朝陳文帝天嘉年間（560-566），餘干晉興鄉劃出設安仁縣……隋文帝開皇九年（589），廢安仁縣……唐高祖武德四年（621）餘干晉興鄉劃出設長城縣，屬饒州郡。武德七年，玉亭縣併入長城縣。武德八年，撤長城縣，復為餘干晉興鄉。懿宗咸通年間（860-874），晉興鄉改名興安鎮。宋朝開寶八年（975），改興安鎮為

---

245 江西省廣豐縣志編纂委員會：《廣豐縣志》第一編，《地理》，1988 年版（內部發行），第 37 頁。

安仁場。太宗端拱元年（988），安仁場升置安仁縣[246]。

永平監[247]，宋太祖開寶八年在永平設提點坑冶官，督辦礦務。此監鑄銅錢，與縣同級，設於鄱陽。

此外，隸屬於浮梁縣的景德鎮，原稱新平鎮，東晉成帝咸和五年至九年之間（330-334）設鎮，因為處於昌江之南，又稱昌南鎮。唐高祖武德年間（618-626），昌南鎮所制瓷器開始傳入關中，稱假玉器，而且成為貢品，從此聞名天下。宋真宗景德元年（1004），因昌南鎮燒造瓷器貢於朝有名，置景德鎮，屬浮梁縣。從此，景德鎮名一直延續至現在[248]。

江州，上州，又稱潯陽郡，屬軍事要地。治德化，轄五縣、一監：德化、德安、瑞昌、湖口、彭澤、廣寧監。

廣寧監，宋真宗咸平三年（1000）置，鑄銅錢[249]。

虔州，上州，屬南康軍，受昭信軍節度。治贛縣，轄十縣：贛縣、虔化、興國、信豐、雩都、會昌、瑞金、石城、安遠、龍南。

---

246 江西省餘江縣志編纂委員會：《餘江縣志》卷一，《建置區劃》，江西人民出版社，1993 年版，第 44 頁。

247 江西的永平、廣寧二監，等同於縣級行政單位，但都在土地平曠、交通便利、經濟發達的州治所在地，是由朝廷主管的鑄錢機構，級別雖高卻無轄區。

248 景德鎮市地方志編纂委員會：《景德鎮市志》第一篇，《建置志》，中國文史出版社，1991 年版，第 5 頁。

249 〔宋〕王存：《元豐九域志》卷六，《江南路》，中華書局，1984 年版。

興國縣，宋太宗太平興國七年（982），從贛縣劃出七鄉，加上盧陵、太和部分地區，以年號為名，建興國縣。設縣治於瀲江鎮[250]。此縣地在三國吳孫權嘉禾五年（236）曾置平陽縣，西晉武帝太康元年（280）改為平固縣，至隋文帝開皇九年（589）歸併贛縣。經過兩百多年的發展，北宋初期再度設縣。

會昌縣，宋太宗太平興國七年（982），劃雩都縣東南六鄉於九州鎮（今湘江鎮）置縣，時未立名，適逢鎮人鑿井，得磚十二塊，上刻有「會昌」篆文，遂以此名縣至今[251]。據吳宗慈、辛際周民國三十六年版《江西省八十三縣沿革考略》會昌縣條載：「九州鎮之得名，據劉安國說，江西所轄饒、撫、江、洪、袁、吉、虔、信、筠九州，虔居八州上游，此鎮又居虔上游之東南，且值漳、汀、潮、惠四州之沖，其地實為虔以下八州之咽喉，鎮名九州，當以此云。」會昌縣位於江西省東南部，東鄰福建、南靠廣東，為贛、閩、粵「三省通衢」之地，地理位置向來十分重要，這應當也是北宋政府設縣時的著眼點之一。

龍南縣，宋徽宗宣和三年（1121）改名為虔南縣。

南康軍，同下州，治星子，轄三縣：星子、都昌、建昌。

都昌縣，宋太宗太平興國七年（982），設南康軍時自江州來隸；同年，建昌縣自洪州來屬。

250 江西省興國縣志編纂委員會：《興國縣志》卷一，《建置區劃》，1988年版（內部發行），第72頁。

251 會昌縣志編纂委員會：《會昌縣志》卷一，《建置區劃》，新華出版社，1993年版，第45頁。

南安軍，同下州，治大庾，轄三縣：大庾、南康、上猶。三縣均為宋太宗淳化元年（990）設軍時自虔州割來。

臨江軍，同下州，治清江，轄三縣：清江、新淦、新喻。

新淦縣，宋太宗淳化三年（992）設臨江軍時自吉州來隸；同時，新喻縣自袁州來屬。

建昌軍，同下州，治南城，轄二縣：南城、南豐。

建昌軍即南唐設立的建武軍，入宋後更名。改名的年份，《元豐九域志》和《宋史·地理志四》均作太平興國四年（979）。而南宋陳孔林《新城建縣記》說「太平興國二年賜今額」，提前兩年[252]。王平叔景德二年（1005）《改建昌軍治記》則說：「太平興國三年十月，敕改建武曰建昌軍，昭明德而識武功也。淳化二年（991）九月，敕札撫州南豐縣以為屬邑，便歲輸從民欲也。」[253]先後三年的差異，未知孰是，待考。

江南西路、東路的分轄

北宋路初分時不穩定，省並頻繁，江西地方屬於江南路。宋太宗太平興國元年（976）分江南路為東、西二路；至道三年（997）又合併為江南路。宋真宗天禧四年（1020）復分江南路為東、西二路，此後未再變動。

江南西路治洪州，統轄十州軍：洪州、虔州、吉州、袁州、

252 許懷林：《江西通史·北宋卷》第一章，《江西的州縣建置與分路管轄》，江西人民出版社，2008年版，第18頁。

253 〔清〕梅體萱等：《南城縣志》卷九之三，同治十二年刊本，成文出版社，1989年版影印本。

撫州、筠州、興國軍、南安軍、臨江軍、建昌軍。其中，興國軍同下州，在今湖北省境內。宋太宗太平興國二年（977），以鄂州永興縣置永興軍；三年，改興國軍，轄三縣：永興、大冶、通山。該軍位於長江南岸，與江州瑞昌縣、洪州武寧縣、分寧縣接壤，地緣關係密切，隸屬江南西路後，統屬關係穩定，一直持續到明朝初年。

江南東路治江寧府（今南京），統轄十府州軍：江寧府、宣州、徽州、池州、江州、饒州、信州、太平州、南康軍、廣德軍。江寧府屬今江蘇省南京市，宣州、徽州、池州、太平州、廣德軍屬今安徽省地，江州、饒州、信州、南康軍為今江西省地。自江南路劃分為東、西二路，江、饒、信三州和南康軍就隸屬於江南東路，長期的行政隸屬關係，加強了這四州軍同江南東路其他州軍的經濟文化交流。

三、南宋時期的江西政區

北宋欽宗靖康元年（1126）閏十一月，金兵攻占汴京。經過四個多月的大肆搜刮後，靖康二年四月初一，金兵帶著徽欽二帝、妃嬪、宗室、朝官等三千多人，以及掠奪到的大量金銀財寶，撤兵北去，北宋滅亡，史稱「靖康之變」或「靖康之難」。北宋一批舊臣緊急擁戴時在河北軍中的徽宗第九子、康王趙構，同年五月初一，趙構即位於南京應天府（今河南商丘），是為宋高宗，改年號為建炎，後定都臨安（今浙江杭州），史稱南宋。

南宋初年，在金兵入侵、潰兵流寇騷擾、官軍敲詐勒索的三重打擊下，江西四境遭受空前的浩劫，城鄉殘破，田園荒蕪，經

濟衰退。但江西對下游的屏蔽作用，特別是沿江的江西北部在對
金戰事中的防務作用受到重視。宋金紹興和議後，社會相對安
定，經濟恢復發展，江西地區人口數快速上升，耕地面積擴大，
行政區域隨之又有增加。

江南東路與江南西路的調整與分轄

隨著對金戰事形勢的變化，江南東、西路在南宋初年有過幾
次調整。宋高宗建炎元年（1127），以江南東路的江寧府、江南
西路的洪州並升帥府，設安撫使管轄。同時，升江州為定江軍節
度。建炎二年，升江州為路級軍事政治中心，設置安撫使、制置
使，統轄江州、池州、饒州、信州。建炎三年，改江寧府為建康
府。建炎四年，合江東、西為江南路，割荊湖北路的鄂州、岳州
隸江南路。不久，又以江道迂遠，緩急恐失機會為由，將江南路
一分為三，分置三帥：

鄂州路安撫使，駐鄂州，統鄂、岳、筠、袁、虔、吉州、南
安軍。

江西路安撫使，駐江州，統江、洪、撫、信州、興國軍、南
康軍、臨江軍、建昌軍。

建康府路安撫使，駐池州，統建康府、池、饒、宣、徽、太
平州、廣德軍。

此種區劃建制，強化了沿江地帶的防務，有利於屏障建康、
臨安一帶。但此種三帥分轄的體制維持時間不長，宋高宗紹興元
年（1131），鄂、岳二州還隸荊湖北路，復分江南路為江南東
路、江南西路，以建康府、池、饒、徽、宣、信、撫、太平州、
廣德軍、建昌軍為江南東路；以江、洪、筠、袁、虔、吉州、興

國軍、南康軍、臨江軍、南安軍為江南西路。不久，把撫州、建昌軍還隸西路，南康軍則還隸東路。設置安撫使於池、江二州。半年後以池、江二州地僻隘，江東、江西二路帥臣分別還治建康府、洪州。[254]此後不再變動。

十三州軍分轄六十八縣

南宋時期，州級行政區未再增加，只是隨著軍事形勢的變化，有適當調整。縣級行政區又增加了新城（今黎川）、廣昌、樂安三縣。十三州軍六十八縣的統屬關係如下：

洪州，設都督府，又稱豫章郡。宋高宗建炎元年（1127），升洪州為帥府，建炎四年，江南東、西路合併為江南路。次年，即宋高宗紹興元年，復分為東、西二路，洪州仍屬江南西路。同年，帥府遷至江州，不久又遷回洪州。紹興三年（1133），把淮西屯兵歸屬江南西路節制，同時兼在舒州、蘄州、光州、黃州、安州、復州等六州宣佈皇帝威靈、撫慰百姓。不久即撤銷。紹興四年，停止稱安撫、制置使，至紹興八年恢復。宋孝宗為太子時曾任鎮南軍節度使，即位後，於隆興元年（1163）十月二十五日，升洪州為隆興府，同時下詔：「江、淮軍馬調發應援，從都督府取旨。」[255]即洪州都督府在升為隆興府以後，軍事權力也進一步擴大。

254 〔元〕脫脫：《宋史》卷八八，《地理志四》，中華書局，1977 年版。

255 〔元〕脫脫：《宋史》卷三三，《孝宗本紀一》，中華書局，1977 年版。

　　隆興府治南昌，轄八縣：南昌、新建、奉新、豐城、分寧、武寧、靖安、進賢。

　　江州，上州，又稱潯陽郡。宋高宗建炎元年（1127）升定江軍節度；二年升為江州路，轄江、池、饒、信四州，設置安撫、制置使。紹興元年（1131），撤江州路，江州仍屬江南西路，但江南西路的帥府仍駐於江州，半年後始遷回洪州，可見江州在南宋初年軍事地理位置的重要。

　　江州治德化，轄五縣、一監：德化、德安、瑞昌、湖口、彭澤、廣寧監。

　　贛州，上州，原虔州改名，又稱南康郡，受昭信軍節度。宋高宗建炎年間（1127-1130），置管內安撫使；紹興十五年（1145）罷，復置江西兵馬鈐轄，兼提舉南安軍、南雄州兵甲司公事。[256]紹興二十二年七月二十三日，「虔州軍亂。初，江西多盜，而虔州尤甚，故命殿前司統制吳進以所部戍之。虔之禁卒，嘗捕寇有勞，江西安撫司統領馬晟將之，與（吳）進軍素不相下。會步軍司遣將揀州之禁軍，而眾不欲行，有齊述者，以賂結所司，選其徒之強壯者，以捕盜為名，分往諸縣。夜，兩軍交鬥，州兵因攻城作亂，殺（吳）進、（馬）晟，遂焚居民逐官吏。守臣左朝議大夫余應求之父安行，年八十餘矣，避亂墜塹死，應求遂以丁憂為辭而去。於是叛軍據城自守。……（八月）己卯，江西安撫使張澄言，虔州兵亂，詔鄂州諸軍統制田師中速

256 〔元〕脫脫：《宋史》卷八八，《地理志四》，中華書局，1977 年版。

遣兵，仍令澄集本路兵擒捕。後二日，又遣殿前司游奕軍統制李耕將所部千六百人往討之。……（九月）乙未，詔殿前司左翼軍統制陳敏以所部討虔州叛兵。……（十一月丁巳），忠州團練使知虔州李耕引兵入城，虔州平。時諸軍既集，而江西馬步軍副總管劉綱、右宣教郎統押池州土豪鄉兵鄭酢皆在兵間，耕招降不聽，率諸軍登城，收叛卒盡誅之。」[257]可見，虔州齊述所發動的此次兵變，宋高宗非常重視，調集各路大軍鎮壓，直至次年正月，「釁虔州軍賊黃明等八人於市，明等據州城凡百有十二日」[258]。《宋會要輯稿·方域六》州縣升降廢置條載：「紹興二十三年正月二十二日，秘書省校書郎董德元言：『江西虔州，士大夫謂之虎頭城，非佳名也。《左氏傳》曰：女用贄以告虔。釋云：虔，欽也。又曰：虔，劉我邊陲。釋云：虔，殺也。今虔之風俗，固有儒良美秀之家，以應虔欽之義，輕生而敢死。今天下之民舉安矣，獨此郡間有小警，臣意其各有以兆之。欲乞去其不令之名，賜以美稱，則不令之實自此而銷。屬縣有虔化，乞並更之。』中書後省言：『虔州本漢贛縣，有貢水出自新樂山，至縣郭東北與章水合流，名曰贛江。《太平寰宇記》云，晉永和五年，太守高琔置郡城於二水間，即今城是也。今擬改虔州為贛州。虔化縣，據《隋·地理志》，舊曰寧都，仍欲復舊名。』從

257 〔宋〕李心傳：《建炎以來繫年要錄》卷一六三，中華書局，1983年版。
258 〔宋〕李心傳：《建炎以來繫年要錄》卷一六四，中華書局，1983年版。

之。」這場歷時一百一十二天的兵變，讓南宋統治者情不自禁想起虔州「多盜」，其原因歸結為虔字有虎字頭不吉利，遂改名為贛州。

贛州，治贛縣，轄十縣：贛縣、寧都、興國、信豐、雩都、會昌、瑞金、石城、安遠、龍南。其中，寧都為虔化縣改名（已如上述）；同年，龍南縣亦由虔南恢復舊名。宋理宗紹定四年（1231），升會昌為軍。宋度宗咸淳五年（1269）復為縣[259]。

吉州，上州，又稱廬陵郡，屬軍事要地。治廬陵，轄八縣：廬陵、吉水、安福、太和、龍泉、永新、永豐、萬安。其中，龍泉縣於北宋徽宗宣和三年（1121）改為泉江縣，南宋高宗紹興元年（1131）復名龍泉。

袁州，上州，宜春郡，屬軍事要地。治宜春，轄四縣：宜春、分宜、萍鄉、萬載。萬載縣，同樣為北宋徽宗宣和三年（1121）改為建城縣，南宋高宗紹興元年（1131）恢復今名。

撫州，上州，臨川郡，屬軍事要地。治臨川，轄五縣：臨川、崇仁、宜黃、金溪、樂安。

宋高宗紹興十九年（1149），劃出臨川縣惠安、穎秀二鄉（自十八都至三十一都），歸屬崇仁縣[260]。

同年，劃崇仁的天授、樂安、忠義三鄉和永豐的雲蓋鄉建置

---

259 會昌縣志編纂委員會：《會昌縣志》卷一，《建置區劃》，新華出版社，1993 年版，第 45 頁。

260 江西省臨川縣縣志編纂委員會：《臨川縣志》，《大事記》，新華出版社，1993 年版，第 15 頁。

樂安縣，因境內有一鄉名「樂安」，故以此為縣名。紹興二十四年（1154），復將雲蓋鄉還隸吉州永豐縣。關於樂安建縣的原因，清道光元年刊本《崇仁縣志》卷二十三《藝文志》記載南宋崇仁縣丞張詠《上轉運司創樂安縣札》云：「崇仁為縣，地裡闊遠，而縣治之東北隅去臨川縣界才六十里，地皆平衍，故無盜賊。自縣治西抵永豐縣界一百五十里，又自界首凡九十里然後至永豐縣，兩縣相去二百四十餘里。而南望宜黃、北望豐城相（缺十字）數百里間，山川險（缺十四字）每有竊發，諸縣差兵掩捕，數日方到，而賊已出（缺二字）或散伏山莽間。及帥府差大兵，會合數十縣巡檢，欲伐山搜捉，則山林廣袤，動數十里；又糧食應付浩瀚，勢不能久駐，故每擒獲殺戮不為不多，而卒無創艾，其勢使然。緣其地又近虔化諸縣，居民誘引賊徒入境作過，玩習既久，故四縣遠鄉頑獷之民，見其有得，歆豔從之。晝則執鋤治田，夜則操兵橫行。至於良民，僅得相聚為山寨以自防，而耕牧之事則盡廢弛，租稅緣此多致不辦。今若割崇仁之天授、樂安、忠義三鄉，永豐之云蓋一鄉，於中間創立一縣；而臨川素號繁劇難治，復割臨川之惠安、穎秀兩鄉卻隸崇仁，如此則道裡均平，縣邑相去不遠，斯民漸進教化，賊盜自然不生。況紹興之初，亦緣賊盜不息，已曾申請朝廷，乞創置一縣，蒙回降指揮依所乞措置。當時已差官踏遍，卜地名詹墟作縣場，止因永豐縣爭占云蓋鄉一，不肯割隸，遂因循不曾施行。今聞云蓋鄉亦受盜賊之敝，田地荒蕪，民不安居，若不割隸終為廢土。且如近年以來，建昌軍管下亦因盜賊之故，遂創置廣昌、新城二縣，今境內安堵，民受其利。況按《崇仁圖經》所載，隋已前有巴陵府，及

管下有七縣。今尚有安浦、西寧等四縣基址,並在縣西南七八十里間,可以按尋。豈非自來地裡廣闊,山林險阻,故多建城池以為鎮壓。今於崇仁、宜黃、永豐、豐城四縣之交,止創一縣,則未為煩費,況一費而久休,暫勞而永逸,於公私實有利濟。合具稟者。紹興十七年三月。」[261]張詠此札辭旨懇切,分析切中要害,而且又提出了具體方案。江西轉運使勾光祖把此札上報於朝,得到朝廷准許,於紹興十九年設縣,治古塘。

瑞州,上州,本筠州,屬軍事要地。任筠州知州的莊綽上奏:「江西七州四軍,其六州有郡名,而筠無有,願即所治縣名為高安郡。」[262]宋高宗紹興十三年(1143)正月,朝廷批准增加高安郡名。宋理宗寶慶元年(1225),因「筠」字與理宗趙昀的「昀」字同音,恰巧州治後山的碧落堂發現一株十四莖的靈芝草,視為祥瑞之兆,乃改筠州為瑞州[263]。

瑞州治高安,轄三縣:高安、上高、新昌。

饒州,上州,又稱鄱陽郡,屬軍事要地。治鄱陽,轄六縣、一監:鄱陽、餘干、浮梁、樂平、德興、安仁、永平監。

信州,上州,又稱上饒郡,屬軍事要地。治上饒,轄六縣:

261　〔清〕袁章華等:《崇仁縣志》卷二三,《藝文志》,道光元年刊本,成文出版社,1989年版影印本。

262　轉引自許懷林:《江西通史・南宋卷》第四章,《南宋統治下的江西社會》,江西人民出版社,2009年版,第87頁。

263　江西省高安縣史志編纂委員會:《高安縣志》卷一,《建置》,江西人民出版社,1988年版,第10頁。

宋 州、郡、軍、府沿革圖 二三

註：圖中實線為宋江西地區州、郡、軍、府所轄區域，虛線指 1947 年
江西省所轄各縣區域。

上饒、玉山、弋陽、貴溪、鉛山、永豐。

南康軍，同下州。治星子，轄三縣：星子、建昌、都昌。

南安軍，同下州。治大庾，轄三縣：南康、大庾、上猶。

上猶縣，宋寧宗嘉定四年（1211）改為南安縣。《南安府志》載：「己巳，匹袍洞陳葵反，西路通判孫咨猶字有反義，至壬申改上猶縣為南安縣。」**264**

臨江軍，同下州。治清江，轄三縣：清江、新淦、新喻。

建昌軍，同下州。治南城，轄四縣：南城、南豐、新城（今黎川），廣昌。

一九九三年版《黎川縣志》載：「在北、南宋之交，江西地區由於中國歷史上第二次人口南遷而人口激增。近水平原之地開墾已盡，人口逐漸移向山區開墾梯田，出現『大田耕盡卻耕山』的局面。宋書《陳孔休記》中載：南城、南豐二大縣，綿地數百里，人口四十餘萬。」宋紹興八年（1138），南城、南豐兩縣田賦額達：糧八二六〇二石，綢絹三四三三五匹，絲綿二八七〇七兩。人口的增多，生產的發展為黎川地域重新建縣奠定了基礎。

同年，安撫使李綱、轉運使逢汝霖、徐霖合奏：南城、南豐兩縣疆域闊遠，戶口繁多，非各添一縣，則難以督租賦、息盜賊。擬析南城東南五鄉（豐義、旌善、禮教、東興、德安五鄉）置新城縣，屬建昌軍。宋高宗趙構准奏，並於同年三月二十五日

---

264 上猶縣志編纂委員會：《上猶縣志》卷一，《疆域區劃》，《中華人民共和國地方志叢書》，1992 年版，第 58 頁。

正式下達建縣命令。辟黎灘鎮為縣治，故新城縣別稱黎川（註：民國三年，即一九一四年始改稱為黎川縣）。建縣當年，新城縣人口為六萬餘。」**265**

一九九四年版《廣昌縣志》載：「南宋紹興八年（1138），安撫使李綱、轉運使逢汝霖、徐霖『奏以人口繁伙，疆界闊遠，難以撫字，請以南豐析置一縣』。（清同治十一年《建昌府志·沿革》）是年三月二十五日，分南豐縣南部的天授、南豐、興城三鄉建縣，以道通閩廣、郡屬建昌軍，因名廣昌。縣治設揭坊（現旴江鎮北門村屬）。紹興十年，平西台落成，廣昌又稱平西。」**266**

由兩縣志的記載可知，到南宋初年，建昌軍統轄下的南城、南豐兩縣人口增加迅速，疆域較大，難以管理。唐玄宗天寶元年（742），整個撫州只有三萬餘戶，而宋高宗紹興年間一個建昌軍就有四十餘萬戶，正如陳孔林在《新城縣治記》中所言：「其細民則未免健訟喜爭，租賦不時，盜賊繼作。前此令於兩邑者，質明視事，夜分乃罷，尚或不給，繼以病去，豈特細民之罪邪。」**267**早在北宋徽宗崇寧、宣和年間，地方官已經提請仿照唐

---

265 江西省黎川縣志編纂委員會：《黎川縣志》第一編，《建置區劃》，黃山書社，1993 年版，第 36 頁。

266 江西省廣昌縣縣志編纂委員會：《廣昌縣志》卷一，《建置區劃》，上海社會科學院出版社，1994 年版，第 16 頁。

267 趙之謙等：光緒《江西通志》卷六八，陳孔林《〈新城〉建縣記》，中華書局，1967 年版影印本。

朝武德年間，從南城縣分建東興、永城兩縣的辦法，析建新縣，但被擱置。現在，兩縣縣令勞累病倒，也難以處理完政事。建昌知軍王待舉再次提請析縣分治，獲得批准，從南城、南豐各分出一縣。

第六節 ▶ 元朝的江西行省

江西等處行中書省制度的確立

　　元世祖忽必烈實現大統一，革除宋朝的龐大而冗雜的官僚體制，朝廷中央只設中書省。元朝全境劃分為十二個一級行政區，除吐蕃和中書省直轄區外，其餘為十個行中書省，簡稱行省或省，全權治理所轄地方。「省」本為宰相治事之地，元朝在全國疏遠地方設置行省，當初只為伯顏丞相等帶省中相銜出平東南，因借此名以鎮壓元地，止是權宜之制。然而設置之後，因循不改，則是因其威權重，名稱大，就任行省者皆以宰相自負，驕倨縱橫，無敢誰何。這正符合元朝貴族的口味，而在客觀上有利於增強朝廷中央對地方的控制力量，所以延續了下來。行省的組織與中書省一致，同樣設丞相、平章、右左丞、參知政事等長官，總攬全省軍政財大權。行省之下，分割為路（府）、州（縣），最終完成了唐宋以來監察區向行政區過渡的轉變。

　　行省下面的「路」，不同於宋代的「路」，它已經降格，等同於以前的州、軍，而名稱則沿用不變。其次又將比較富庶的或地處要沖的縣，升格為省轄州或路轄州。例如會昌縣，元朝統治者以縣遠居東南上游，壤接閩廣，邊徼重地，非大其名不足以控

制要沖,大德元年(1297)升為州,瑞金附焉。於是行省之下存在路、府、州、縣四種區劃,而基本的是省、路、縣三級政區。元代的地方行政管理體系和漢唐等統一王朝相比,缺乏整齊劃一的二級或三級制,呈現出較為混亂的特點。

江西行省全稱江西等處行中書省,李治安的《行省制度研究》中有專章考察江西行省。根據李治安的研究,江西行省的確立,是元朝在鎮壓贛、閩、粵人民反抗鬥爭的過程中逐步實現的。至元十二年(1275)十一月,元軍攻下隆興府,十四年(1277)始設江西行省於南昌,《元史·世祖本紀》載:至元十四年七月「置行中書省於江西,以參知政事、行江西宣慰使塔出為右丞,參知政事、行江西宣慰使麥術丁為左丞,淮東宣慰使徹裡帖木兒、江東宣慰使張榮實、江西宣慰使李恆、招討使也的迷失、萬戶昔裡門、荊湖路宣撫使程鵬飛、閩廣大都督兵馬招討使蒲壽庚並參知政事,行江西省事」。

建省之初,江西行省設於隆興路(豫章)。而後,江西行省大約經歷了至元十五年、十七年、十九年、二十二年、二十三年、二十八年等若干次變化。至元十五年,江西行省併入福建行省,省治由南昌移往贛州,統轄江西、福建、廣東。這時,文天祥的抗元鬥爭兵敗,被俘北去,不久,廣東崖山的宋軍戰敗,陸秀夫負幼帝跳海死,南宋滅亡。至元十七年(1279)元月行省徙福州,五月移泉州。七月以後又一分為二,江西行省遷回隆興。至元十九年(1282)五月,朝廷以「去江南冗濫官」為由,下令合併江西、福建二行省。至元二十二年(1285)和至元二十八年(1291)福建行省兩次併入江西行省,至元二十三年(1286)和

大德三年（1299）福建行省兩次改入江浙行省。至元二十七年（1290），因江西各地民眾反抗鬥爭眾多，又曾暫時移江西行省于吉州，以便捕盜。不久，行省復遷回南昌。

江西行省於至元十九年最終確立以後，下分兩個肅政廉訪司，共轄十八路、九州：

江西湖東道肅政廉訪司：領龍興、吉安、瑞州、袁州、臨江、撫州、江州、南康、贛州、建昌、南安等十一路，以及南豐州（原南豐縣於至元十九年升為州，直隸行省）。原興國軍初隸於江西行省，至元三十年（1293）正月割隸湖廣行省，從此與江西脫離行政隸屬關係。

廣東道宣慰使司都元帥府、海北廣東道肅政廉訪司：領廣州、韶州、惠州、南雄、潮州、德慶、肇慶等七路，英德、梅、南恩、封、新、桂陽、連、循等八州。

由於屬下有廣東的十五路州，所以全稱「江西等處行中書省」。據《元史・百官志》記載，肅政廉訪司是監察機構，對應於中央的御史台，其監察地域名稱沿用唐的「道」。宣慰司掌軍民之務，貫徹行省政令，有軍旅之事則兼都元帥府。廣東道的肅政廉訪司和宣慰司都元帥府長期並存，顯示為自成體系的行政、軍事單元，雖隸屬江西行省，卻有很大的獨立性。到元朝後期，朝野上下逕直把江西、廣東並列，各為一個行省。惠宗至正二十二年（1362）四月，劉鶚《直陳江西廣東事宜疏》即說，謹將江西、廣東兩省事宜為陛下直陳之。不過，江西與廣東正式分開，各為一個行省的時間不見記錄。

江西的十五路州

江西地區在宋代確立的十三個州級行政區，元代全都改為路，又將南豐縣、鉛山縣升為省轄州，全境共為十五路州，大部分隸屬江西行省，饒州路、信州路、鉛山州隸屬江浙等處行中書省，沿襲宋代江南西路、江南東路分轄的格局。至元二十年（1283）以後，陸續將一部分戶口多的縣升為路轄州，凡五萬戶以上的為上州，三萬戶以上為中州，不及三萬戶的為下州，共有十六縣上升為州。江西全境路州縣統屬情況如下：

屬江西行省轄的路州

龍興路：至元十二年（1275）設行都元帥府及安撫司。十四年改元帥府為江西道宣慰司。十五年立江西湖東道提刑按察司，至元二十一年（1284），隆興府改名龍興路。治南昌、新建縣。領六縣、二州。南昌、新建、進賢、奉新、靖安、武寧。富州，上，至元二十三年（1286），以豐城縣升置。寧州，中，至元二十三年，以武寧置寧州，領武寧、分寧二縣。大德八年（1304），以武寧直隸龍興路，移州治於分寧，寧州與分寧縣合而為一。

吉安路：至元十四年（1277）為吉州路，皇慶元年（1312），改名吉安路。元貞元年（1295）升吉水、安福、太和、永新四縣為州。治廬陵，領五縣、四州。廬陵、永豐、萬安、龍泉、永寧。至順年間，分永新州勝業鄉部分設立。吉水州，中。安福州，中。太和州，下。永新州，下。

瑞州路：至元十四年，為瑞州路。治高安。領二縣、一州。高安、上高。新昌州，下，元貞元年（1295）新昌縣升為州。

袁州路：至元十三年（1276）置安撫司，後改為總管府，隸湖南行省。十九年，升為袁州路，歸屬江西行省。治宜春。領三縣、一州。宜春、分宜、萬載。萍鄉州，中，元貞元年（1295）萍鄉縣升為州。

臨江路：至元十四年，以臨江軍升置。治清江。領一縣、二州。清江。新淦州，中，元貞元年新淦縣升為州。新喻州，中，元貞元年新喻縣升為州。

撫州路：至元十四年升撫州為路。治臨川。領五縣。臨川、崇仁、金溪、宜黃、樂安。

江州路：至元十二年（1275）置江東西宣撫司。十三年改為江西大都督府，隸揚州行省。十四年，罷都督府，升江州路，隸江西行省。十六年，改隸黃蘄等路宣慰司。二十二年（1285），江南行御史台從杭州遷至江州，江州復隸江西行省。第二年江南行御史台即遷往建康。治德化。領五縣。德化、瑞昌、彭澤、湖口、德安。

南康路：至元十四年（1277），以南康軍升路，隸江淮行省。二十二年（1285），還隸江西行省。治星子。領二縣、一州。星子、都昌。建昌州，下，元貞元年（1295）升建昌縣為州。

贛州路：至元十四年升路。二十四年（1287），並龍南入信豐，安遠入會昌。太德元年（1297），寧都、會昌升州，以瑞金隸會昌州。至大三年（1310），復置龍南縣、安遠縣，並隸寧都州。治贛縣。領五縣、二州，州領縣三。贛、興國、信豐、雩都、石城。據《元史·成宗紀》《明史·地理志》、道光《寧都

直隸州志》、元吳澄《送婁志淳太初赴石城縣主簿序》記載。石城縣既隸於贛州路,又隸於寧都州。

寧都州:下,大德元年(1297)升,又一說為元貞元年(1295)升,領二縣。龍南縣。至元二十四年(1287),併入信豐縣。至大三年(1310),復置。安遠縣。至元二十四年,省入會昌縣。至大三年,復置。會昌州。下,大德元年升。領一縣。瑞金。

建昌路:至元十四年,以建昌軍升路。治南城。領三縣。南城、新城、廣昌。

南安路:至元十四年,以南安軍升路。治大庾。領三縣。大庾、南康、上猶。南宋嘉定中改上猶為南安,至元十六年,改南安為永清,十七年復名上猶。

南豐州:至元十九年(1282),以建昌路南豐縣升置,直隸江西行省。

屬江浙行省轄的路州

饒州路:至元十四年升路。隸江浙行省。治鄱陽。領三縣、三州。鄱陽、德興、安仁。餘干州,中,元貞元年(1295)升餘干縣為州。浮梁州,中,元貞元年升浮梁縣為州。樂平州,中,元貞元年升樂平縣為州。

信州路:至元十四年升為路。隸江浙行省。治上饒。領五縣。上饒、玉山、弋陽、貴溪、永豐。

鉛山州:至元二十九年(1292)升州,直隸江浙行省。同時割上饒縣的乾元永樂二鄉,弋陽縣的新政善政二鄉來屬。

全江西地區統計為十三路、二直隸州,下轄十六州、五十一

註：圖中實線為元江西地區路、州所轄區域，虛線指 1947 年江西省所
　　轄各縣區域。

縣。南豐、鉛山直隸州實際仍然如縣，所以就行政區數量而論，是六十九個，比宋代多一個永寧縣。

第七節 ▶ 明朝的江西布政使司

一、三司與南贛巡撫

布、按、都三司

明代初年，沿用元代行中書省制度。洪武九年（1376），改行中書省為承宣佈政使司，設布政使，掌民政、財賦，另設提刑按察使掌刑獄監察，都指揮使掌軍政。布政使司、按察使司、都指揮使司合稱「三司」，分列並立，共同管理全省府縣，習慣上仍舊稱做「行省」或「省」。

江西行省於洪武九年六月改為承宣佈政使司，領府十三，州一，縣七十七。轄區北起九江，南達安遠；東自玉山，西至永寧，境域與今省區一致，結束了唐宋元時期部分州縣不在屬下的狀況。

提刑按察司，簡稱按察司。洪武二十九年（1396），在全國共設按察分司四十一道，江西設有三道，即嶺北道、兩江道、湖東道。後來，細分為五道，即九江道（又稱饒南九道）、南瑞道、湖東道、湖西道、嶺北道。對全省各府縣實施嚴密的監督，防止「守令貪鄙不法」。

都指揮使司，執掌軍政。洪武三年（1370）在杭州、江西、燕山、青州設都衛。八年（1375）十月都衛改稱都指揮使司。都

指揮使司統轄全省的衛所，衛所的設置與行政區有密切的聯繫。「所」分百戶所、千戶所兩級。十百戶所組成一千戶所，五千戶所組成一衛。江西都指揮使司轄五衛九所。五衛是南昌左衛、南昌前衛、袁州衛、贛州衛、吉安衛。正德十六年（1521），南昌左、前二衛合併為南昌衛；吉安衛在此前已下降為千戶所，全省只有南昌、袁州、贛州三衛。千戶所，前期為饒州、安福、會昌、永新、南安、建昌、撫州、鉛山、廣信九個；後期增加吉安、信豐二個。另外，還設有九江衛，九江衛由朝廷直轄，和江西都指揮使司同屬於朝廷的前軍都督府。在行政區劃的基礎上，民政、財政、刑獄、軍事相互結合，形成完密的統治網路。

南贛巡撫

督撫，指總督、巡撫。為強化監督與事權專一的需要，明朝在部分地區派出總督、巡撫，多般是因事特命，事已即罷，不是制度化的常設官司。有的總督、巡撫長期駐守一地，自然演化成常設性的封疆大臣。涉及江西的督撫首先是南贛巡撫。

南贛巡撫的職權是巡撫南贛汀韶等處地方、提督軍務，一員。南贛巡撫對江西至關重要，也是明朝全國諸巡撫中最著名的一個。南贛巡撫的轄區，以江西南部為首要，兼及福建、廣東、湖廣三省交界的府縣。設置的時間，自弘治至崇禎，約一個半世紀。《明史·職官志》作弘治十年（1497）開始設南贛巡撫。據天啟《虔台志》、何喬新《贛州新建巡院記》，應是弘治八年（1495）。「南贛」，指南安府、贛州府。設南贛巡撫的目的，是強化對江西、福建、廣東、湖廣四省交界地區的統治。弘治八年（1495）下達給巡撫金澤的詔書稱：「江西南安、贛州、建昌，

福建汀州，廣東潮州、惠州、南雄、韶州各府，湖廣郴州地方交界去處，盜賊生發，事無統屬，難於緝捕⋯⋯特命爾通行巡撫江西並各府州縣交界地方，嚴督所屬，操練軍兵，修理城池，撫安軍民，捕滅盜賊，祛除奸貪。⋯⋯各省兵備、守備等官，俱聽節制調度。爾多在南、贛二府住紮，往來巡視。但有盜賊，即便設法剿捕。」正德十一年（1516），因農民軍勢力強盛，依據巡撫王守仁的奏請和兵部的覆議，在巡撫銜上加「提督軍務」，擴大其統轄調度、隨宜決斷的職權。統轄的地域，不同的時期會因需要作調整，相對穩定的是四省交接的八府一州，即江西南安府、贛州府，福建汀州府、漳州府，廣東潮州府、惠州府、南雄府、韶州府，湖廣郴州。周回數千里的山川府縣，長期劃為軍事鎮守區域，屬下軍馬錢糧，俱聽便宜區畫，有關文武官員，俱聽指揮調遣，其性質與地位已經超出一般的軍事防區。

此外，還有總管浙江、福建、江南兼制江西軍務，一員。嘉靖三十三年（1554）以倭寇侵犯杭州而置，四十一年撤去。總督九江地方兼制江西、湖廣軍務，一員。崇禎十六年（1643）設，旋即隨明朝滅亡而結束。巡撫江西地方兼理軍務，一員。永樂（1403-1424）以後間或設置，成化（1465-1487）以後定為巡撫，有時不設。嘉靖六年（1527）開始定設，四十年（1561）加兼理軍務。〔此據《明史·職官志》。清宋犖《題名記》：「巡撫都御史於明宣德間始設專官。」宣宗宣德（1426-1435），比嘉靖約早一百年。見光緒《江西通志》卷六十七，《建置略·廨宇一》。〕

二、五道的劃分與類別

　　布政司之下設「道」，以便增強對府縣地方及衛所軍隊的監控力度。「道」是省的派出機關，由布政司統轄的稱分守道，按察司統轄的稱分巡道，軍隊系統的稱兵備道。分巡開始於洪武二十九年（1396）設四十一道按察分司；分守起於永樂年間（1403-1424），派官「巡視民瘼」；兵備道全稱整飭兵備道，自洪熙元年（1425）實行，以武臣疏於文墨，派文官「往各總兵處整理文書，商榷機密」。分巡道由按察司的按察副使、僉事分司諸道；分守道由布政司的參政、參議分司諸道。江西分守道定製為五：

　　　　南瑞道，轄南昌府、瑞州府，道員駐南昌。

　　　　湖東道，轄撫州府、建昌府、廣信府，道員駐上饒。

　　　　湖西道，轄吉安府、臨江府、袁州府，道員駐清江。

　　　　九南道，轄饒州府、九江府、南康府，道員駐九江。

　　　　嶺北道，轄贛州府、南安府，道員駐大庾。

　　分巡道的區域劃分與分守道相同，道員的駐地則有異。據明張天夏《廣皇輿考》，南瑞分巡道駐省城，兼轄池州府；湖西分巡駐吉安，兼制湖廣茶陵、彬州、桂陽等處；湖東分巡駐南城；九南道分巡駐九江，兼制池州等府；嶺北道分巡駐贛州。

　　兵備道的劃分資料不全，《明史・職官志》只記有南瑞道、廣建首（即湖東分守道），道員駐地只在廣建道下註明在建昌（南城）。《廣皇輿考》只在南瑞道下注出「駐寧州，兼轄湖廣興國、通城等六縣」。寧州，今為修水。

　　分守、分巡、兵備道的轄地並非一定不變，在不同的階段會因時勢更變而有調整。明後期分守九江道王世懋《饒南九三府圖

說》稱：「先是，分守道駐南康（星子），分巡道兼兵備駐饒州（鄱陽），於三府皆得治。而九江最要害，獨以兵備道駐焉。邇以繁簡不均，始議請分屬。於是兩兵備各以所駐為巡地，而以南康之星子、都昌分隸饒州道，以建昌、安義分隸九江道。而分守道事稍簡，轄三府如故。」王世懋經歷過的九江道情況，其他道也可能存在。

各道的分守、分巡、兵備不是常設皆有，而是存在配一二個而兼管的情況。嘉靖三十六年（1557）十二月，南贛巡撫周滿奏請設專官分守嶺北道。據《重修虔台志》卷七記載，周滿說：江西五道「分巡俱有定員，而分守常繫帶管。嶺北當閩廣諸省之沖，專設兵備兼攝分巡事，而分守則寄於湖西，居處常在袁州，出巡始抵南安。後議將布政司督理黃冊參政改為分守參政，駐紮萬安」。他認為嶺北分守倚賴湖西帶管，有顧彼失此之弊，建議「將黃冊道右參政銓注為分守嶺北道，仍駐南安。依期巡歷贛屬，聽軍門節制」（軍門指南贛巡撫）。此議得到批准，從此專設分守嶺北道。

三、十三府一州七十七縣

明代將元代的「路」，統改稱「府」，明代江西的十三府就是元代的十三路。南豐、鉛山兩個直轄州仍降為縣。明代江西布政使司共轄十三府一州七十七縣，區劃簡明劃一，層次清晰。縣級行政區比元代增加九個。各府轄縣情況如下：

南昌府：元至正二十二年（1362），朱元璋打敗陳友諒，占有南昌，改龍興路為洪都府，第二年八月再改名南昌府。治南

昌，領七縣、一州：南昌、新建、豐城、進賢、奉新、靖安、武寧、寧州。明洪武九年（1376）改富州為豐城縣。洪武初年，改元代的寧州為寧縣。弘治十六年（1503），升寧縣為寧州。

瑞州府：洪武二年（1369）改瑞州路為府。治高安，領三縣：高安、上高、新昌。洪武初降新昌州為縣。

九江府：至正二十一年（1361），朱元璋占有江州路，改為九江府。治德化，領五縣：德化、德安、瑞昌、湖口、彭澤。

南康府：至正二十一年，朱元璋改南康路為西寧府，第二年再改南康府。治星子，領四縣：星子、都昌、建昌、安義。洪武初年降建昌州為縣。正德十二年（1517），析建昌地置安義縣。

饒州府：至正二十一年，朱元璋改饒州路為鄱陽府，不久又改名饒州府，由江浙行省劃歸江西省。治鄱陽，領七縣：鄱陽、餘干、樂平、浮梁、德興、安仁、萬年。洪武初降餘干州為縣。洪武初降樂平州為縣。洪武初降浮梁州為縣。正德七年（1512）析鄱陽、余干、樂平、貴溪地置萬年縣。

廣信府：至正二十年（1360），改信州路為廣信府，由江浙行省劃歸江西省。治上饒，領七縣：上饒、玉山、弋陽、貴溪、鉛山、永豐、興安。洪武初降鉛山直隸州為縣。嘉靖三十九年（1560），析弋陽、上饒、貴溪地置興安縣。

建昌府：至正二十二年（1362），朱元璋改建昌路為肇慶府，不久改名建昌府。治南城，領五縣：南城、南豐、新城、廣昌、瀘溪。洪武二年（1369）降南豐直隸州為縣。萬曆六年（1578）析南城地置瀘溪縣。

撫州府：至正二十二年，朱元璋改撫州路為臨川府，不久改

名撫州府。治臨川，領六縣：臨川、崇仁、金溪、宜黃、樂安、東鄉。正德七年（1512），析臨川、金溪、進賢、餘干、安仁等縣地置東鄉。

吉安府：至正二十二年，朱元璋改吉安路為府。治廬陵，領九縣：廬陵、泰和、吉水、永豐、安福、龍泉、萬安、永新、永寧。崇禎十六年（1463）九月，張獻忠占吉安，改吉安府為親安府，廬陵縣為順民縣。洪武二年（1369）改太和州為泰和縣。洪武二年降永新州為縣。洪武二年降吉水州為縣。洪武二年降安福州為縣。

臨江府：至正二十三年（1363），朱元璋改臨江路為府。治清江，領四縣：清江、新淦、新喻、峽江。洪武二年降新喻州為縣。洪武二年降新淦州為縣。嘉靖五年（1526）升新淦之峽江巡檢司置峽江縣。

袁州府：至正二十年（1360），朱元璋改袁州路為府。治宜春，領四縣：宜春、分宜、萍鄉、萬載。洪武二年降萍鄉州為縣。

贛州府：至正二十五年（1365），朱元璋改贛州路為府。治贛縣，領十二縣：贛、雩都、信豐、興國、會昌、安遠、寧都、瑞金、龍南、石城、定南、長寧。洪武二年降會昌州為縣。安遠縣，元屬寧都州，洪武初改屬贛州府。洪武初降寧都州為縣。瑞金縣，元屬會昌州，洪武初改屬贛州府。龍南縣，元屬寧都州，洪武初改屬贛州府。石城縣，元元貞元年十一月屬寧都州，洪武初改屬府。隆慶三年（1569），析龍南、安遠、信豐地置定南縣。萬曆四年（1576），析安遠、會昌地置長寧縣。贛州府曾轄

明 五道十三府沿革圖（二七）

圖例

▇ 黑粗線為道界

— 黑細線為府界

⋯ 虛點非江西境

◉ 道治

回 府治

註：圖中實線為明江西地區五道十三府所轄區域，虛線指 1947 年江西
　　省所轄各縣區域。

平遠縣，《明世宗實錄》卷五〇九載：嘉靖四十一年（1562）五月「設平遠縣，治於程鄉縣之太平營，隸江西贛州府，從南贛都御史陸穩奏也」。同治《贛州府志》卷二《疆域》稱：「（嘉靖）四十年（1561），析潮州程鄉縣，益以武平、安遠、興寧、上杭地，置平遠縣，隸贛州。四十二年（1563），從裡發奏，還三縣地，止以程鄉之義化等鎮，興寧之大信都為平遠縣，改隸潮州。」

　　南安府：至正二十五年，朱元璋改南安路為府。治大庾。領4縣：大庾、南康、上猶、崇義。正德十四年（1519），析上猶、大庾、南康地置崇義縣。

　　明代江西布政使司共轄十三府七十七縣一州，區劃簡明劃一，層次清晰。明代的縣級行政區比元代增加了九個，分別是萬年、東鄉、安義、崇義、峽江、興安、定南、長寧、瀘溪。

第八節 ▶ 清代江西省的十四府州

一、統轄制度的變易

兩江總督與江西巡撫

　　清朝沿用行省制度，依舊由各省的布政使司掌握民政，但同時在行省上增設總督、巡撫，加強朝廷對地方的控制力度。總督為一省或數省的最高軍政長官，巡撫次於總督，一省一員，協助總督實施統治。

　　江西在兩江總督統治之下。兩江總督，一人，全稱「總督兩

江等處地方、提督軍務、糧餉、操江、統轄南河事務」。兩江，指江南、江西。江南即明代以江寧府（今南京市）為中心的南直隸。順治二年（1645）以內閣大學士洪承疇總督軍務、招撫江南各省。四年置江南、江西、河南三省總督，駐江寧。九年移往南昌，稱江西總督。順治十八年（1661）江南、江西分別置總督。康熙四年（1665）併合為一。十三年後復分，二十一年又合，定名「兩江總督」，駐江寧。康熙六年（1667），江南省份為江蘇、安徽二省，所以，「兩江總督」是江西、江蘇、安徽三省的最高統治者。清朝後期，兩江總督的職權擴大，道光十一年（1831），兼兩淮鹽政；同治五年（1866），加五口通商事務，授為南洋通商大臣，與北洋大臣遙相對峙。

江西巡撫，一人，全稱「巡撫江西等處地方、提督軍務、節制各鎮、兼理糧餉」，順治元年（1644）置，駐南昌，轄十一府。同時置南贛巡撫，轄南安、贛州二府。康熙三年（1664），省去南贛巡撫，南安、贛州二府統由江西巡撫管轄。乾隆十四年（1749），江西巡撫加提督銜。

總督、巡撫之下，照舊設承宣佈政使司，布政使一人；提刑按察使司，按察使一人。另設提督學政一人，掌全省學校政令，科舉考試，巡視全省學校，「察師儒優劣，生員勤惰，升其賢者能者，斥其不帥教者。凡有興革，全督撫行之」。學政的職權與布、按二使相近，也是一省的長官。

寧都直隸州的建立

江西省下的府級行政區，乾隆以前和明代相同，乾隆十九年（1754）升寧都縣為直轄州。據道光《寧都直隸州志》卷三十一

之一《升寧都縣為直隸州會議奏疏》記載，當時，江西巡撫范時綏提出奏請，經朝廷部議，認為「贛州一府管轄十二縣，地方遼闊，甲於諸郡。界連閩粵，多崇山密菁。險僻奧區，易藏奸匪。民俗強悍，持械爭鬥，習以為常，實屬沖繁疲難之缺。而所屬之寧都、瑞金，距府三百七八十里，石城距府四百六十餘里，即知府精明強幹，亦桓慮鞭長莫及。若以寧都一縣改為直隸州，以瑞金、石城二縣，分隸管轄，裁去寧都知縣，設直隸知州，俾得就近查察彈壓，將寧都縣原有之縣丞改為州判，督理兩縣捕務；以典史改為吏目，仍管本州捕務；教諭改為學正。一轉移間，不必有增官設吏之繁，而於三縣吏治民生，均有裨益。且贛州一府分出三縣，則事務較簡，知府之精神才力，庶幾可照料周遍，不致辦理竭蹶。」此議獲得皇帝批准，於閏四月十三日下達實行。

道的劃分與變易

　　省、府之間的「道」，史料記載中的差異較大。現兩說並列。

　　光緒《江西通志》地理沿革表的記載是，分守、分巡沿用明制，劃南瑞、湖西、湖東、九江、嶺北五道。此外，有督糧道一，轄南昌、撫州、建昌三府。驛鹽道一，轄瑞州、袁州、臨江三府。兵備道二，據《嘉慶重修一統志》卷三〇七《江西統部》下記載，兵備道有分巡衛並兼管水利，分巡廣饒九南道轄廣信、饒州、九江、南康四府；分巡吉南贛寧道轄吉安、南安、贛州、寧都直隸州四府州。

光緒《江西通志》所記清朝江西各道變遷情況表

府別	道　別		康熙九年（1670）改隸	雍正九年（1731）改隸	乾隆十九年（1754）改隸
	分守	分巡			
南昌府	南昌道	南瑞道		督糧兼巡南撫建道	
瑞州府		南瑞道		驛鹽兼巡瑞袁臨道	
袁州府	湖西道	湖西道		驛鹽兼巡瑞袁臨道	
臨江府	湖西道	湖西道		驛鹽兼巡瑞袁臨道	
吉安府	湖西道	湖西道		分巡吉南贛道	分巡吉南贛寧兵備道
撫州府	湖東道	湖東道		督糧兼巡南撫建道	
建昌府	湖東道	湖東道		督糧兼巡南撫建道	
廣信府	湖東道	湖東道		分巡廣饒九南兵備道	
饒州府	九江道	九江道	分巡饒九南道	分巡廣饒九南兵備道	
南康府	九江道	九江道	分巡饒九南道	分巡廣饒九南兵備道	
九江府	九江道	九江道	分巡饒九南道	分巡廣饒九南兵備道	
南安府	嶺北道	嶺北道	分巡贛南道		分巡吉南贛寧兵備道
贛州府	嶺北道	嶺北道	分巡贛南道		分巡吉南贛寧兵備道
寧都州					分巡吉南贛寧兵備道

　　《清史稿》卷一一六《職官志三》記載，江西道員有：驛鹽道一人，康熙五年（1666）置。全省只一人則不分地區。亦稱鹽法道，駐南昌，管理全省鹽法，統轄瑞州、袁州、臨江三府。督糧道一人，駐南昌府，兼巡南昌、撫州、建昌。分守道項下，缺江西的內容。分巡道，江西全省有三個：瑞南臨道，轄瑞州、南

昌、臨江三府，由鹽法道兼，駐萍鄉；撫建廣饒九南道，轄撫州、建昌、廣信、饒州、九江、南康六府，兼關務、水利、窯務，駐九江；吉南贛寧道，轄吉安、南安、贛州、寧都四府州，兼關務、水利、驛傳、駐贛州。三個道都有兼管事務，表明道員的職責加重了。瑞南臨道駐萍鄉，而萍鄉縣在袁州下，南昌府是省會所在，有按察使坐鎮，可以不再派設道員，而袁州府不應置於分巡區之外，這裡可能記載有誤，或應為「瑞袁臨道」。「關務」，指九江、贛州二鈔關，明代前期已設。「窯務」，指景德鎮的御窯廠（亦稱官窯）。

軍隊與鎮營配置

全省駐軍防務，在明朝衛所制基礎上有新變革。據《嘉慶重修一統志》載，統轄全省防務的，有統標，長官為參將，下轄左右二營。另有九江鎮總兵官，駐九江府，轄前、後二營〔嘉慶五年（1800）以前為南昌鎮，五年改為九江鎮〕；南贛鎮總兵官，駐贛州府，轄中、左、右三營。九江、南贛二鎮，均聽巡撫節制。

各府的軍隊部署分三部分，即南昌協副將（舊為九江協、嘉慶五年改）、廣信營參將、饒州營參將、建昌營游擊、浮梁營都司、鉛山營都司、廣昌營都司、武寧營都司、瑞州營都司、撫州營都司、銅鼓營都司、南康營都司。廣信等十一營均歸九江鎮管轄，而鉛山營兼由廣信參將管轄，浮梁營兼由饒州參將管轄。

九江鎮下還管轄三個水師營，即鄱陽湖水師營都司（駐餘干縣康郎山）、南湖水師營都司（駐湖口）、九江水師營守備（駐九江。舊為南昌水師營，嘉慶五年改屬）。鄱陽湖水師營兼由饒

州營參將管轄。

　　南贛鎮管轄袁州協及寧都等十四營，即袁州協副將、寧都營參將、南安營參將、吉安營參將、臨江營都司、龍泉營都司、萬安營都司、永豐營都司、永新營都司、贛州城守營都司、興國營都司、文英營都司（崇義永安里）、永鎮營都司（瑞金壬田寨）、橫岡營都司（定南下歷鎮）、羊角營都司（會昌羊角水堡）。其中臨江營兼由袁州協管轄，龍泉、萬安、永豐、永新四營，兼由吉安營參將管轄。

　　以上軍隊部署表明，清朝對江西的軍事控制空前嚴密，重心是鄱陽湖區和贛南地區。

　　此外，還有漕運武裝，全省有守備二員、守禦千總八員、領運千總十六員，分別駐紮南昌、袁州、贛州、九江、吉安、撫州、廣信、饒州、安福、鉛山、永建等外，他們均由漕運總督辦統轄。

廳的設置

　　廳，是清代特有的地方行政區，分府級的直隸廳，由行省管轄；縣級的散廳，歸府管轄。江西的廳都是縣級的散廳，先後增置了蓮花、虔南、銅鼓三廳，後又將原定南縣改為廳。清朝增設「廳」，與明朝增設縣的背景相同，不是以生產墾闢為動因，而是以加強鎮壓為目的，是增強封建鎮壓力量的特別措施。

　　蓮花廳由吉安府同知駐守、虔南廳由贛州府通判坐鎮、銅鼓廳由瑞州府同知駐紮，定南由縣改廳後，裁汰知縣，將贛州府同知移駐。同知，是知府的佐貳官，分別駐守特定的地方，稱「分防同知」，職責是掌管徵糧、緝盜、海防、江防、水利等政務。

同知是正五品，比知縣高二品，有更大的權勢和更多的統治經驗。

二、十四府州的分轄

至清代末年，全省是十三府一直隸州，下轄七十五縣、一州、四廳。

南昌府：治南昌、新建，領一州、七縣、一廳：義寧州、南昌、新建、豐城、進賢、奉新、靖安、武寧、銅鼓廳。宣統二年（1910）正月銅鼓營改置銅鼓廳。

瑞州府：治高安，領三縣：高安、上高、新昌。

袁州府：治宜春，領四縣：宜春、分宜、萍鄉、萬載。

臨江府：治清江，領四縣：清江、新淦、新喻、峽江。

吉安府：治廬陵，領九縣、一廳：廬陵、泰和、吉水、永豐、安福、龍泉、萬安、永新永寧、蓮花廳。乾隆八年割永新、安福地置蓮花廳。撫州府：治臨川，領六縣：臨川、崇仁、金溪、宜黃、樂安、東鄉。

建昌府：治南城，領五縣：南城、南豐、新城、廣昌、瀘溪。

廣信府：治上饒，領七縣：上饒、玉山、弋陽、貴溪、鉛山、廣豐、興安。雍正十年（1732），因與吉安府之永豐同名，改廣信府永豐縣為廣豐縣。

饒州府：治鄱陽，領七縣：鄱陽、余干、樂平、浮梁、德興、安仁、萬年。

南康府：治星子，領四縣：星子、都昌、建昌、安義。

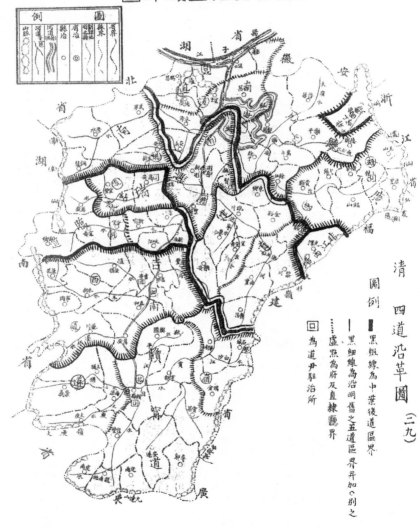

江西省現轄區域詳圖

圖　例

清　四道沿革圖（二九）

圖例

■ 黑粗線為中葉後道區界

— 黑細線為沿明舊之五道區界并加 ⌒ 別之

┊┊┊ 虛點為府及直隸廳界

回 為道尹駐治所

江西省現轄區域詳圖

圖例

清 府廳州縣沿革圖（三〇）

■ 黑粗線為府及直隸廳界
— 黑細線為廳州縣界
紅字縣名為民國仍置之縣
黑字縣名為前清舊置之縣

　　九江府：治德化，領五縣：〔咸豐四年（1854）三月，太平天國改湖口縣為九江郡，以九江府為江西省〕德化、德安、瑞昌、湖口、彭澤。

　　南安府：治大庾。領四縣：大庾、南康、上猶、崇義。

　　贛州府：治贛縣，領八縣、二廳：贛、雩都、信豐、興國、會昌、安遠、龍南、長寧、定南廳、虔南廳。乾隆三十八年（1773）改定南縣為定南廳。光緒二十九年（1903）以龍南觀音閣改置虔南廳。

　　寧都直隸州：領二縣：瑞金、石城。乾隆十九年（1755）以寧都縣升置。

第九節 ▶ 民國時期江西的行政區劃

一、道的設立與州廳的改縣

　　一九一九年辛亥革命推翻滿清王朝，中國存續二千餘年的封建帝制結束，建立了帶有現代國家性質的中華民國，為適應這一政治體制的巨變，在延續舊有的行政區劃分傳統的基礎之上，當時民國新政府對舊有的府縣二級相對低位的行政區制度進行了多次變革，江西行政區域體制也相應進行了調整。

　　民國元年（1912）冬，民國中央政府廢除了府一級的行政區設置，改省、府、縣三級製為省、縣二級制；並將清朝特殊設立的縣一級的直隸州和廳全部統一改為縣。江西省遵行這一政令，將寧都直隸州恢復為縣。民國二年（1913），義寧州及蓮花、定

南、虔南、銅鼓四廳都改為縣。各縣均直轄於省。

　　省管縣的這種行政區域管理體制，在剛剛只完成政治上的近代國家轉型的中國，顯然因為一則政治上的混亂如各種政治勢力在自己固有地盤上的盤根錯節，二則軍人（如北洋軍閥的出現）的干政，三則省級政府本身的能力欠缺等等因素，導致省管縣體制無法實現上級政府對縣級政府的監管，從而使縣級政府對本區域的治理出現了低效率乃至失控的情況，因此，到了民國三年（1914），民國中央政府規劃了在省、縣二級政府之間設置管理數縣並代表省政府行使一定行政權力的派駐機構，這種派駐機構在某些方面承續了明、清之際的「道」的功能並使用了同一名稱。並於當年，民國中央政府公佈各省的道的區劃表，全國共劃八十九道。民國江西省政府則頒布了本省的道、縣設置安排，全省共劃分豫章、潯陽、廬陵、贛南四道，分領八十一縣。道為省政府的派出機關，每道設道尹一人，為省政府派駐該道的最高官員，代表省政府行使一定的行政管理職能。而豫章道等四道的劃分，則表明省之下要完成上位政府的政令，完全靠省政府自身無法實現，必須有省、縣之間的中層機構分片督責各縣，方能提高縣級政府行政效率，同時也說明民國剛成立的次年，中央政府規劃的地方政府由省、縣二級行政區域設置的失敗。

　　當時江西各道分轄縣的詳情如下：

　　豫章道治南昌，領二十三縣：分別為南昌、新建、豐城、進賢、南城、黎川、南豐、廣昌、資溪、臨川、金溪、崇仁、宜黃、樂安、東鄉、餘江、上饒、玉山、弋陽、貴溪、鉛山、廣豐、橫峰。

潯陽道治九江，領二十縣：分別為九江、德安、瑞昌、湖口、彭澤、星子、都昌、永修、安義、鄱陽、餘干、樂平、浮梁、德興、萬年、奉新、靖安、武寧、修水、銅鼓。

盧陵道治吉安〔初治高安，旋移宜春，（民國）五年（1916）冬又移吉安〕，領二十一縣：分別為吉安、宜春、泰和、吉水、永豐、安福、遂川、萬安、永新、寧岡、蓮花、清江、新淦、新喻、峽江、分宜、萍鄉、萬載、高安、上高、宜豐。

贛南道治贛縣，領十七縣：分別為贛、雩都、信豐、興國、會昌、安遠、尋烏、龍南、定南、虔南、大庾、南康、上猶、崇義、寧都、瑞金、石城。

之外，由於我國地域遼闊，地方存在大量同名情況，縣名亦是如此。為了對此進行區分，民國三年（1914），民國中央政府下令更改各省之間名稱相同的縣名，江西也為此作了名稱的更改，其中，豫章道有四縣，潯陽道有三縣，盧陵道有四縣，贛南道有一縣。

現將這年江西縣名更改情況全部羅列在下表：

民國三年（1914）江西省縣名更改表

新縣名	舊縣名	新縣名	舊縣名
黎川	新城	修水	義寧
資溪	瀘溪	遂川	龍泉
餘江	安仁	寧岡	永寧
橫峰	興安	宜豐	新昌
九江	德化	尋烏	長寧
永修	建昌	吉安	盧陵（兼與盧陵道同名）

二、行政區的設置與劃分

民國政府由省政府派出機構——道來行使部分省政府的行政職能並督察各縣的區域分劃，只維持十二年，便又回歸省、縣二級地方行政設置。民國十五年（1926）民國中央政府決定廢除道、諸縣直轄於省。民國二十一年（1932）六月二日第四百七十一次江西省省務會議通過《江西省各行政區長官分署暫行規程》規定，實施行政區制度，全省劃為十三個行政區，每區設行政區長官一人，並兼領區所在地的縣的縣長。行政區長官分署具備一級政府的職能，它在省政府監督指揮之下，綜理轄區內行政及保安事宜，對各縣及保安部隊、警察等有指揮監督權，實行軍政一體化的措施，其特點為區域面積大為縮小，以便於上級政府嚴密控制使中央政府的政令順暢地貫徹到基層政府。這是國民黨政府針對江西紅色蘇區迅速發展的情況下，整合行政、軍事各方面的力量，以有利於圍剿、消滅紅色根據地的特設的行政區域制度。各行政區標以第一、第二直到第十三，不用專名。各行政區所轄縣如下表：

民國二十一年（1932）江西省行政區劃一覽表

行政區名	區治所在地名	轄縣名
第一行政區（下轄 8 縣）	南昌	南昌、新淦、新建、進賢、安義、高安、清江、豐城
第二行政區（下轄 7 縣）	萍鄉	萍鄉、宜豐、上高、新喻、分宜、宜春、萬載
第三行政區（下轄 7 縣）	武寧	武寧、永修、奉新、修水、銅鼓、瑞昌、靖安
第四行政區（下轄 6 縣）	九江	九江、星子、湖口、都昌、彭澤、德安

續上表

行政區名	區治所在地名	轄縣名
第五行政區（下轄6縣）	鄱陽	鄱陽、浮梁、樂平、德興、萬年、余干
第六行政區（下轄6縣）	上饒	上饒、玉山、廣豐、橫峰、弋陽、鉛山第
七行政區（下轄6縣）	臨川	臨川、東鄉、金溪、餘江、貴溪、資溪
第八行政區（下轄6縣）	宜黃	宜黃、崇仁、樂安、南城、黎川、南豐
第九行政區（下轄7縣）	吉安	吉安、吉水、峽江、永豐、泰和、萬安、興國
第十行政區（下轄5縣）	永新	永新、安福、蓮花、寧岡、遂川
第十一行政區（下轄6縣）	贛縣	贛縣、南康、信豐、上猶、崇義、大庾
第十二行政區（下轄6縣）	寧都	寧都、廣昌、石城、瑞金、雩都、會昌
第十三行政區（下轄5縣）	龍南	龍南、虔南、定南、安遠、尋烏

　　當時正值土地革命高潮時期，國民黨政府為了加強對革命根據地「圍剿」，首先在江西採取了這種細分行政區的嚴厲統治措施。兩個月後，民國政府將此制度稍加修訂，於八月六日公佈《行政督察專員暫行條例》，通行各省。江西各行政區長官相應改為行政督察專員。

　　民國二十三年（1934）一月，蔣介石南昌行營以江西「軍政形勢嚴重」為由，將十三區改組為十一區，各區行政督察專員兼任保安司令。民國二十四年（1935）四月，行政區縮減為八個，

各區轄縣調整如下表：

民國二十四年（1935）江西省行政區劃一覽表

行政區名	區治所在地名	轄縣名
第一行政區 （下轄 10 縣）	武寧	武寧、修水、銅鼓、奉新、靖安、安義、永修、南昌、新建、進賢
第二行政區 （下轄 11 縣）	萍鄉	宜春、萍鄉、萬載、宜豐、上高、新喻、分宜、高安、新淦、清江、豐城
第三行政區 （下轄 11 縣）	吉安	吉安、永豐、泰和、峽江、吉水、遂川、寧岡、蓮花、萬安、安福、永新
第四行政區 （下轄 11 縣）	贛縣	贛縣、大庾、信豐、安遠、尋烏、龍南、南康、上猶、崇義、虔南、定南
第五行政區 （下轄 12 縣）	浮梁	浮梁、彭澤、湖口、都昌、鄱陽、德興、樂平、婺源、九江、星子、德安、瑞昌
第六行政區 （下轄 10 縣）	上饒	上饒、玉山、廣豐、橫峰、弋陽、鉛山、貴溪、萬年、餘干、餘江
第七行政區 （下轄 11 縣）	南城	南城、臨川、南豐、東鄉、宜黃、崇仁、樂安、金溪、資溪、黎川、光澤
第八行政區 （下轄 7 縣）	寧都	寧都、廣昌、石城、瑞金、會昌、雩都、興國

說明：1934 年（民國 23 年）9 月，婺源由安徽省劃來，光澤由福建劃來。

三、第二次國內革命戰爭時期江西的特殊行政區劃

在第二次國內革命戰爭時期（1927-1937），民國政府出於圍剿紅軍的需要，對江西省緊靠蘇區地方的行政區域進行了特殊設置，在蘇維埃政權管轄的地域外圍，國民黨政府設立過一批「特別行政區」，以求增強反革命力量，加緊對蘇維埃政權的「圍

剿」。這些特別區是邊界性的，相當於縣級。它們是：

1. 東固特別行政區：1931 年 1 月設立，治吉安東固，轄吉安縣之純化鄉、儒林鄉的 74 都，以及永豐縣的部分地方。2 月，改為「平赤縣」。1933 年撤銷。

2. 慈化特別區政治局：1933 年 2 月設立，政治局設宜春縣慈化，轄區包括萬載、宜春、萍鄉 3 縣的交接地區。1935 年 4 月撤銷。

3. 藤田特別區政治局：1933 年 10 月設立，政治局設永豐縣藤田，轄永豐縣第 5、6、7 區，吉水縣第 3、8 區，樂安縣第 2 區。1935 年 4 月撤銷。

4. 龍岡特別區政治局：1933 年 10 月成立，政治局設永豐縣龍岡，轄永豐縣第 8 區，吉水縣第 7 區，吉安縣第 7 區。後併入藤田區。

5. 鳳岡特別區政治局：1933 年 10 月設立，政治局設崇仁縣鳳岡。轄崇仁縣第 5、7 區，宜黃縣第 2、3 區。1935 年 4 月撤銷。

6. 新豐特別區政治局：1933 年 10 月設立，政治局設宜黃縣新豐，轄宜黃、南豐、寧都 3 縣毗鄰區。1935 年 4 月撤銷。

7. 找橋特別區政治局：1934 年 2 月設立，政治局設宜豐縣找橋。轄奉新、宜春、修水、銅鼓 4 縣邊界地。1935 年 4 月撤銷。

8. 洋溪特別區政治局：1934 年 2 月設立，政治局設安福縣洋溪。轄安福、蓮花、永新、萍鄉邊界地。1935 年 4 月撤銷。

9. 大汾特別區政治局：1934 年 3 月設立，政治局設遂川縣大汾，轄江西遂川、湖南酃縣、桂東縣邊界地。1935 年 4 月撤

銷。

1937 年 6 月至 1938 年 6 月，還在九宮山、武功山 2 山區設立過特別區政治局。

四、蘇維埃區域的江西行政區劃

在 1927-1937 年間，中國共產黨領導的紅色武裝中國工農紅軍在贛、閩、湘、粵等地進行了堅苦卓絕的武裝割據鬥爭，這就是中國現代史和中共黨史上所稱的土地革命戰爭時期。

江西是當時工農紅軍和工農政權活動的最主要的區域，中國共產黨在這裡建立了大片的革命根據地，使之成為中國革命的搖籃。為了壯大革命隊伍，完成推翻三座大山的歷史任務。中國共產黨在江西建立了大量的紅色蘇維埃政權，此為江西省的行政區規劃帶來厚重的革命內容。1928 年 1 月，萬安縣工農兵蘇維埃人民委員會宣告成立，這是江西第一個縣級蘇維埃政權。以後隨著土地革命的迅猛發展，革命根據地內先後成立了一批由中國共產黨規劃的蘇維埃省級政府和縣級政府。其中蘇維埃政府裡的江西省、贛南省、閩浙贛省、湘鄂贛省、湘贛省、粵贛省、閩贛省 7 個，轄含有江西地方。所轄縣蘇維埃政府與江西地方相關的則有 110 個之多。

江西蘇維埃區域行政區劃的特點：一是紅色蘇維埃政府的建立和當時中國共產黨的軍事、政治鬥爭緊密相連。二是紅色蘇維埃政權主要由中央政府和省、縣、區、鄉五級構成。為了適應革命戰爭的需要，其所轄區域往往較小，這樣既便於紅色蘇維埃政令的貫徹執行，又利於革命事業的各種動員，比如擴紅等等。三

中央及省級蘇維埃在江西省的分布[267]

1 : 6 000 000

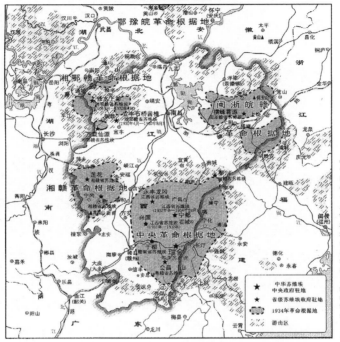

在漫长的革命战争年代，江西是中国共产党领导全国人民进行革命斗争的主要根据地之一。先后创建了中央、湘赣、湘鄂赣、闽浙皖赣4块连片的革命根据地，建立了中央苏维埃政权和江西、闽浙赣、湘赣、湘鄂赣、粤赣、赣南7个省级苏维埃及110个县级苏维埃政权。当时，革命根据地面积占江西全省总面积的三分之二，人口占全省总人口的二分之一以上。

是省縣兩級蘇維埃政權之間的隸屬關係多變，轄區範圍相應增減頻繁。這是由當時激烈的革命戰爭環境所決定的，因為紅軍和民國政府的激烈的軍事鬥爭，紅軍處於相對的弱勢地位，故軍事進退不定，根據地張縮無常。四是紅軍在前四次反圍剿戰爭中，根據地不斷擴充，一九三三年春天的第四次反「圍剿」勝利，更使

268 引自《江西省地圖集》，第 14 頁。

紅軍的軍事鬥爭達到了土地革命時期的最高潮，隨之而來的是革命根據地空前擴大，蘇區政權達到全盛階段。五是一九三四年十月第五次反「圍剿」失敗，中央紅軍被迫轉移，撤出江西，進行二萬五千里長征，革命進入了低潮，並導致江西各蘇區政權依次結束。中央及省級蘇維埃在江西的區域劃分的一般情形如下圖所示：引自《江西省地圖集》，第十四頁。

五、抗日期間江西省行政區域的變更

　　一九三七年抗日戰爭爆發，日軍不斷南下，對江西進迫日益加甚，一九三九年三月日軍侵占南昌，江西省政府被迫遷往吉安，又因一時形勢告緊，當年底再移泰和。日軍占領南昌後，有進一步將江西作為南下廣州、雲南，北進迫湖南、湖北的跳板，故妄想鞏固其占領區，並扶植汪偽勢力，在贛北部分縣、鄉淪陷區建立了傀儡政權，當時曾被日軍侵占並建立過偽市、縣政府的地區有一市十一縣，即南昌市、南昌縣、新建縣、安義縣、永修縣、德安縣、彭澤縣、湖口縣、九江縣、瑞昌縣、武寧縣。由於當時日本侵略者注重的是下層偽組織的發展，凡侵占一地，即設立維持會作為基層偽政權的行政權力組織形式，這些偽組織間各不相連，偽市縣政權一般也無統轄各屬地區維持會之權，他們聽命於當地日軍及相應特務機關。在無上一級偽政權的情況下，日軍在一九四三年五月偽江西省政府成立之前，曾將偽市縣政府的南昌、九江、星子、德安、瑞昌、新建、安義、永修八縣及南昌市廬山特別區暫劃歸偽湖北省政府管轄；湖口、彭澤二縣暫劃歸安徽省管轄。一九四三年五月六日汪偽政府正式任命鄧祖禹為偽

江西省省長，正式組建偽江西省政府，並將偽湖北、安徽省政府暫管的江西的偽市縣政權行政區域劃回江西，該年六月十九日偽江西省政府在九江宣告成立，至一九四五年八月覆滅。所管轄的地區皆是日軍侵占區，居民甚少，屬於日本侵略者扶植的具有殖民性質的偽政權和行政區劃，並不為中國人民所承認。

在抗日戰爭期間，一方面由於日軍的占領和進侵，江西省的行政區域被不同程度地分割，另一方面為了更好地動員地方人力、物力進行對日鬥爭，有效地進行地方行政管理，適應江西部分地區淪陷後的實際情況，尤其是這些淪陷區的管理，當時民國省政府遂將我省行政區域劃分為游擊區、鄰戰區和安全區三類區域，當然這種劃分更多的是出於一種政治和軍事考慮，作為一種行政區域劃分仍沿用了原行政區的稱謂，但對各區域的領縣作了相應的調整，並將原八個行政區增加至十一個，新增加的行政區域主要在淪陷區，目的當然是加強對日本侵略者的正義戰爭。其具體內容為原第三、四、六、七、八行政區保持不變，其他更變如下：

第一行政區專員公署駐銅鼓，下轄銅鼓、修水、武寧三縣。

第五行政區的九江、星子、德安、瑞昌四縣劃出組成第九行政區，專員公署駐九江、德安、瑞昌三縣交接處的岷山。

第十行政區下轄永修、奉新、安義、靖安、新建，專員公署駐奉新西部的上富。

為了加強對淪陷後南昌地區的管理，將鄰於南昌的第二行政區的豐城劃出，改屬第十一行政區，並作為對南昌地區日軍鬥爭的前沿區域。第十一行政區下轄豐城、南昌、進賢，專員公署駐

豐城。

在這十一行政區中，屬游擊區的是被日偽占領的淪陷區。贛北敵占後，南昌、九江、湖口、彭澤、星子、瑞昌、德安、永修、新建、安義、奉新、高安、靖安、武寧等十四市縣皆被日偽軍侵占和駐擾，這些地方的民國政府政權被迫轉移，當時省政府便將這些區域劃分為游擊區，增設了第九、第十、第十一行政區。並採用軍事化的行政區域編制，將這三個區專員公署和區保安司令部合署。各區下屬的縣區鄉組織形式，按照民國省政府一九三九年十一月頒布的《江西省游擊區縣份行政調整辦法》《江西省游擊戰區縣份區鄉鎮調整辦法》，依然採用縣政府、區署、鄉鎮公所、保辦公處。各縣並按其「行使職權範圍大小」，依次分為甲、乙、丙三類縣，甲種為新建、高安、武寧、奉新、靖安、南昌六縣；乙種為永修、湖口、瑞昌、彭澤四縣；丙種為九江、安義、德安、星子四縣。

毗鄰日軍侵占的淪陷區即為鄰戰區。包括贛東、贛東南、贛西北的部分縣區。在這些地區為國軍抗日的前線。駐有國軍第三戰區和第九戰區的大量軍隊。這些行政區域的各級政權的施政方針為「注重協助，以服務戰時各種任務，協助軍事」，支持國軍的對日作戰。

在游擊區、鄰戰區之外的地區即為安全區。它們離日軍占領區較遠並由民國政府穩定統治的地區，屬於當時江西抗日前線的後方。主要是以泰和為中心的贛西南和贛南等廣大區縣。

在抗日的這一階段與行政區域劃分相關的尚有：一、新縣制的實施。一九三九年九月，國民政府制訂了《縣各級組織綱

要》，正式實施要求全國各地三年內完成。至一九四一年六月，江西省在除游擊區之外的六十九縣依照《江西縣政組織規程及編制預算》實行新縣制。新縣制將全省各縣分為一、二、三等縣，各縣按照人口、面積等重新確定其縣府性質、事務和編制。二、基層行政區域的重新劃分和政權組織的調整。抗戰爆發後，民國江西省政府意識到過去廢除鄉鎮一級行政區域不利於抗戰，即於一九三八年二月頒布實施了《江西省改善區鄉鎮組織方案》，主要內容有：重新劃分鄉鎮，廢除保聯辦公處，設立鄉（鎮）公所，在鄉鎮內重編保甲；將區署改為督導機關，充實鄉鎮公所。區一級行政區域只作為縣府的輔助機關，只負責督導鄉鎮辦理行政及自治的責任。鄉鎮公所為縣以下的自治單位，鄉鎮為法人。這樣大大充實了鄉鎮一級政權組織的權力和建制。對實施抗日動員起到了很好的作用。

　　抗日戰爭進入艱難的相持階段時期，民國三十一年（1942）八月，當時民國政府又一次按照地理形勢、交通狀況、轄區面積及歷史習慣，對我省行政區重新進行調整，將原十一個行政區縮少為九個，第一至第九行政區分轄各縣如下：

民國三十一年（1942 年）江西省行政區劃一覽表

行政區名	行政區所駐地縣名	轄縣名
第一行政區（下轄 7 縣）	豐城	豐城、南昌、新建、進賢、清江、新淦、高安
第二行政區（下轄 9 縣）	宜春	宜春、修水、銅鼓、萍鄉、萬載、宜豐、上高、新喻、分宜

續上表

行政區名	行政區所駐地縣名	轄縣名
第三行政區 （下轄 11 縣）	吉安	吉安、永豐、泰和、峽江、吉水、遂川、寧岡、蓮花、萬安、安福、永新
第四行政區 （下轄 11 縣）	贛縣	贛縣、大庾、信豐、安遠、尋烏、龍南、南康、上猶、崇義、虔南、定南
第五行政區 （下轄 8 縣）	浮梁	浮梁、彭澤、湖口、都昌、鄱陽、德興、樂平、婺源
第六行政區 （下轄 10 縣）	上饒	上饒、玉山、廣豐、橫峰、弋陽、鉛山、貴溪、萬年、餘干、餘江
第七行政區 （下轄 11 縣）	南城	南城、臨川、南豐、東鄉、宜黃、崇仁、樂安、金溪、資溪、黎川、光澤
第八行政區 （下轄 7 縣）	寧都	寧都、廣昌、石城、瑞金、會昌、雩都、興國
第九行政區 （下轄 9 縣）	武寧	武寧、瑞昌、德安、星子、九江、永修、靖安、奉新、安義

六、南昌市的建立及婺源、光澤的改隸

　　元朝，南昌為江西行省的駐地。明代也是如此。清代同樣為江西巡撫駐地，亦為南昌府及南昌縣的駐地。民國成立後成為江西督軍及省長辦公所在，由於南昌悠久的歷史及其省會地位，借鑑西方國家城市建設和設置的經驗，為了加強全省城鎮建設，提升南昌對全省近代城市建設的示範意義，民國十四年（1925）七月，民國江西省政府成立了南昌市政處，為設市進行籌備事宜，此為江西省近代城市區域劃分的最早先例。民國十五年（1926）

底，南昌正式設市，由省政府直轄，原市政處擴充為市政廳，廳署設總鎮坡。

南昌市的管理制度也照搬西方小城鎮，不僅其名稱叫市政廳，且其首長稱謂及管理方式早期亦頻繁變更，最初市政廳首長稱為市長，民國十六年（1927）四月，南昌市政廳採用委員制。民國十七年（1928），市政廳改為市政府，恢復市長制。不久，再次改回委員制。民國二十六年（1937）六月，省務會議決定自七月一日起成立南昌市政府，任命龔學遂為市長，此後，南昌市首長的市長稱謂再無變動。

抗日戰爭時期，於民國二十八年（1939）三月下旬，日軍侵入南昌，南昌市遂成為淪陷區，南昌市政府隨同省政府最初撤退至泰和，接著在本年底又搬遷至寧都，由於市政府已無城市可管，按照省政府指示奉命遣散。民國三十四年（1945）八月，日本宣佈無條件投降，抗戰勝利結束，在南昌、九江間的全部日軍被解除武裝，南昌市重新回到了江西人民手中。本年九月，已無運轉達四年多的南昌市政府奉省政府之命恢復其管理南昌市的行政功能。

婺源縣位於江西西北部邊緣，東、南、西三面與傳統上的江西省區域內的浮梁、樂平、德興三縣為鄰。

該縣始建於唐玄宗開元二十八年（740），割歙州休寧縣回玉鄉、饒州樂平縣懷金鄉為其轄境，這表明婺源縣的成立在其最初期間就已和江西存在地域分屬離合的糾纏。縣治初設清華。隸歙州，屬江南東道。天復元年（901），縣治遷弦高（今縣城紫陽鎮）。

歙州在唐玄宗天寶元年（742）改為新安郡，唐肅宗乾元元年（758）復為歙州。五代十國期間，歙州先後屬吳、南唐，婺源縣隨歙州而隸屬之。北宋宣和三年（1121）歙州改名徽州，屬江南東路，婺源縣仍隸於徽州。元朝，婺源隨徽州路屬江浙行省。元貞元年（1295），婺源縣升改為婺源州。明洪武二年1369）復為婺源縣，隸徽州府。清順治二年（1645），婺源隨徽州府屬江南省。康熙六年（1667），江南省份為江蘇、安徽兩省，婺源隨徽州府屬安徽省，直到民國以後未變更。

　　上述對婺源縣沿革的回顧說明，傳統上其隸屬於安徽省，從未有劃屬江西的歷史。其隸屬江西省發生在民國土地革命戰爭時期，當時江西工農革命蓬勃興起，土地革命在共產黨領導下在贛東北各地迅猛發展，婺源縣也被席捲於此革命熱潮之中。從地理環境看，婺源縣「僻處山阪，層巒疊嶂」，是交通極為不便的山區，且其所屬鄉鎮大部分突入江西境內，為浮梁、樂平、德興三縣所環抱，更可怕的是其「匪藪難除」，為我贛東北紅軍游擊活動的活躍地區。民國政府基於圍剿贛東北革命根據地之目的，便於整合地方行政資源，用於圍剿紅軍，形成「事權屬於一省」的局面，統一地方各種政治和軍事勢力，故於民國二十三年（1934）九月中央政府決定將婺源縣自安徽劃歸江西。

　　光澤縣位於福建省西北部，武夷山西南麓，傳統上屬於閩省。與閩地武夷山市、邵武縣、建陽縣相鄰。與贛東北的黎川縣、資溪縣、貴溪縣、鉛山縣交界。這裡是贛、閩兩地相通的交通要道，早在唐宋時期，這裡便設關立卡，至今仍有險峻危立的「九關十三隘」。其地形為兩側中低山地所夾持的長谷形光澤盆

地。東南部系北東走向的杉嶺山脈，是武夷山主脈，北蜿蜒至浦城西北部，南迤邐至建寧西部，長約二百五十公里，是全省地勢最高大的山脈，深谷陡壁，雄偉壯觀。諸母崗為境內最高峰，海拔一千八百三十六米，由中生界凝灰熔岩組成。西北部為北東走向的武夷山脈，多由花崗岩、火山岩組成；是閩江和長江水系的分水嶺；中部為低山丘陵，光澤——桃林是發育在斷裂上的大谷地，是本縣主要農作區。

光澤於唐高祖武德七年（624）立鄉。析建州邵武縣地設洋寧鎮，轄光澤、鸞鳳二鄉。五代南唐時改名財演鎮。宋太宗太平興國四年（979）始升鎮為縣名光澤。歷屬邵武軍、邵武路、邵武府、建安道。

早在唐宋時期，這裡便設關立卡，至今仍有險峻危立的「九關十三隘」。近年，光澤出土的新石器時代文物、商周時期古墓等，都表明了我們的先祖在這塊古老的土地上所創造的東方文明。

第二次國內革命戰爭時期，光澤縣是紅軍閩贛根據地的主要區域之一。中國共產黨曾在一九三三年於此地建立了縣蘇維埃政府。一九三四年，基於同婺源從安徽劃出相同的目的，「為剿匪便利起見」，民國政府將傳統上隸屬於福建省的光澤縣劃歸至江西。所以，前述民國二十四年（1935）江西的行政區雖縮減為八個，而縣治卻增為八十三個，第五行政區轄婺源，第七行政區轄光澤。

婺源和光澤縣的這次因為政治上的特殊考慮所引起的行政區域隸屬的變更卻遭到了當地老百姓的強力反彈，婺源尤其為甚。

婺源紳商民眾動員各種資源千方百計欲回歸安徽省，他們不僅民間組織各種層面的請願活動，要求回皖，且在抗戰勝利以後，以婺源縣參議會為主，於一九四六年四月成立「回皖運動委員會」，形成民意和地方官方勢力結合眾志成城的局面，掀起五次請願高潮。尤其是第五次請願，從一九四六年四月持續至十一月，並通過胡適之等皖籍的高層的官、學、商、工、民力量，借三十二名皖籍國大代表在南京召開國民大會的機會，直接向國民政府主席蔣介石、行政院長宋子文、內政部長張厲生遞交請願書：國民黨中央鑒於「民情激昂」，決定由內政部方域司「詳加研究」，「查勘議復」。會勘期間，婺源縣組織五萬餘人迎送會勘人員，製造民眾確有「不回安徽心不休」的氣氛，在地方強大的民意壓迫下，加之當時婺源、光澤劃出安徽和福建的理由已不存在，結果在民國三十六年（1947）八月，由國民政府行政院通過行政命令的形式，恢復了婺源隸屬安徽、光澤仍隸福建的舊的行政歸屬關係。

一九四九年五月一日，中國人民解放軍解放婺源縣，「皖贛兩省商定，將婺源復劃隸江西，隸屬華東區贛東北行政區浮梁專區」。

附：　　　　《江西省古今政治地理沿革總略》
　　　　　　　吳宗慈、辛際周編
　　　　江西省為禹貢揚州之域，其北部一隅（漢柴桑、彭蠡縣地）則屬荊揚二州境，彭蠡以東屬揚州，以西屬荊州。春秋時，東部一隅（秦漢餘汗縣地）屬吳外，全部皆為吳之西

境，楚之東境，其界域不可考。七國時，越滅吳，楚滅越，全境屬楚。及秦滅楚，始皇二十六年，分天下為三十六郡，江西則屬九江郡。漢興，改九江郡為淮南國，領九江、廬山、衡山、豫章四郡。江西則為豫章郡。（《春秋左氏傳》所載豫章地在淮北，非江西境。）核今江西屬地，除舊有之玉山一部，割自會稽郡之太末，鉛山一部，割自會稽郡之冶縣，安福一部，割自長沙郡之安成。及民國二十三年（1934年），新未隸之婺源，原屬丹陽郡，光澤原屬建安郡外，幾全為漢豫章郡故地。故即就豫章郡，考其分析沿革，依年代為序，詳列如次：

漢

豫章郡屬揚州，領縣十八。（《漢書·地理志》）

南昌（郡治），今南昌、新建、豐城進賢地。

廬陵，今吉安、泰和、永豐、遂川、萬安、永新、蓮花、寧岡，及吉水之一部。

彭澤，今彭澤、湖口及都昌之一部、安徽省之東流縣一部亦屬之。據《寰宇記》，唐會昌初，於古和城（即今東流縣治）建東流場。南唐升場為縣，屬江州。宋太平興國三年，改屬池州。按和城，梁置，屬僑太原郡。隋平陳，郡縣並廢，置龍城縣，後改彭澤。

鄱陽，今鄱陽、浮梁及萬年之一部，安徽之至德及祁門之各一部亦屬之。（據《唐書·地理志》，代宗永泰二年（766年），平方清，因其壘析黟及饒州之浮梁，置祁門縣。至德見後。）

歷陵，今德安，據《漢書·地理志》，敷淺原即豫章歷陵縣傅陽山。水經亦云，敷淺原在豫章歷陵縣西。《明一統志》云，傅陽山，古文謂敷淺原也，根盤三十里，為德安一邑之鎮，是德安之原，為歷陵無疑。然頗疑德安幅員狹小，不足獨當漢時一縣，歷陵故地，或另有所入。歷陵故城，舊云在今德安縣東，其遺跡已莫可考。《大清一統志》，疑晉時歷陵與余干、鄡陽俱屬鄱陽郡，而柴桑則分屬武昌郡，不應歷陵反出柴桑之西。宋晃以道謂歷陵故縣及傅陽山，皆在今鄱陽縣界，其說近是。考《太平御覽》卷四十八引《吳志》，天璽元年鄱陽郡（今《三國志》奪「郡」字）言歷陵（今志，陵訛陽）山石有文理成字，其山即今鄱陽山，亦名力士山，又名石印山，江氏記所謂歷陵有石印山者也。在鄱陽西北一百十五里鄱陽湖中，是歷陵固當在鄱陽附近非即今之德安也。俟考。

餘汗，今餘干、樂平、德興、餘江、上饒、弋陽、貴溪、廣豐、橫峰及萬年、東鄉、玉山、鉛山之各一部。

柴桑，今九江、瑞昌、星子。

艾，今修水、銅鼓。

贛，今贛縣、興國。

新淦：今新淦、峽江及清江、吉水各一部。

南城，今南城、南豐、黎川、廣昌、資溪、臨川、崇仁、金溪、宜黃、樂安及東鄉之一部。

建成，今高安、上高、宜豐、萬載及清江之一部。

宜春，今宜春、分宜、萍鄉、新喻及清江之一部。

海昏，今永修、安義、奉新、靖安、武寧。

雩都，今雩都、會昌、安遠、尋鄔、瑞金、石城、寧都。

陽，今鄱陽與都昌之各一部。據顏監注《漢書》茲鄉為陽縣之鄉。按茲鄉，為餘汗三鄉（曰茲、曰義、曰善）之一，吳改曰大慈鄉，唐武德中於此置長城縣，尋省入餘干。後又析置興安縣，當今餘江縣地，不解何以又屬陽也。陽幅員狹小，亦如歷陵，似不足當漢之一縣。第界域難明，當俟續考。

南 ，今大庚、南康、上猶、崇義、信豐、龍南、定南、虔南。

安平，今安福及吉安之一部。按廬陵（今吉安）有安平鄉，西鄰安福。

新莽

改豫章郡曰九江。《漢書·地理志》注，劉歆曰：湖漢等九水入彭蠡，故言九江。水經贛水註：按此九江切指江西境，與秦漢治壽春之九江，及後漢治陰陵之九江，名同而地不相蒙也。隋改潯陽郡為九江，正取此義。

後漢

復曰豫章郡，隸揚州刺史部，領城二十一。（《後漢書·郡國志》）按《後漢書·郡國志》終於和帝，故永初以後所立縣不見於《志》，《三國志》又不志地理，故漢末郡縣建置，其說頗不一，今以可考者別著於圖。

南昌，郡治。建城（即建成）、新淦、宜春、廬陵、

贛、雩都、南野（即南壄）、南城、鄱陽、歷陵、餘汗、陽、彭澤、柴桑、艾、海昏、平都（永元八年，安平改名）、石陽（永元八年，折新淦置，此從名勝志。《水經注》則謂和帝永平、九年分廬陵置。考和帝無永平年號，平蓋元之訛，八年九年亦徵異，或石陽初置時，實折新淦廬陵兩縣地，其後廢石陽時，析自新淦者後入巴邱，析自廬陵者後隸吉水，說似近是。）臨汝（永元八年，分南城西北境置。）建昌（永元十六年，分海昏置，治在今奉新縣境。）

三國

三國，豫章郡屬吳，又增置廬陵、鄱陽、臨川、安城（一作成）四郡及廬陵南部都尉。（洪亮吉補《三國疆域志》，據《吳志·呂范傳》，領彭澤太守，以彭澤、柴桑、歷陽（疑歷陵之訛）為奉邑，是彭澤亦曾置郡，年月及置廢始末不可考。又孫權傳，魏黃初三年四月，孫權置武昌郡，以柴桑為之屬，故豫章領縣中不列柴桑。）

（一）豫章郡領縣十六，治南昌。

南昌、海昏、新淦、建城、上蔡（中平中，析建城立）、永修（中平中，析海昏立）、建昌（設都尉，移治海昏）、吳平〔本名漢平，中平二年（185年），極宜春立。吳改吳平，今清江縣地〕、西安（析海昏立）、彭澤、艾、宜豐（析上蔡立）、陽樂（析上蔡立）、富城（析南昌立）、新吳（中平二年，析海昏立）、鐘陵（析南昌立）。

（二）廬陵郡領縣十，治西昌。按廬陵立郡之年，其說不一。云興平元年（194年）立者，雷次宗之豫章記也。云

興平元年孫策立者，《晉書·地理志》，《宋書·州郡志》也。云初平二年策立者，《水經注》也。云建安四年（199年）孫策立者，通鑑也。考請置廬陵鄱陽之議，發於揚州刺史劉繇，時在靈帝末年或至興平中，增郡之制始定，而豫章在紛擾割據中，至建安四年孫策定豫章，始實行增置，亦未可知，初平則又恐係興平之訛耳。光緒修《江西通志》，但以後漢末立紀之，聊免無謂之爭論。又按《大清一統志》，以高昌為廬陵郡治，蓋本《太平寰宇記》，然記文云，孫策分立廬陵群，改縣高昌為石陽縣，脫誤不可通。記又有云西昌故城，在縣（太和）西三里，漢時為廬陵縣，後改為西昌，正與《舊唐書》所稱後漢改廬陵為西昌合。《一統志》謂，《舊唐書》西昌乃高昌之誤，非也。《晉書·地理志》，列廬陵各縣亦首西昌，其為郡治可識。蓋故廬陵縣治改高昌，而廬陵郡治實在西昌（今泰和治西門外所稱上街城下等處，皆西昌故城也），當從《唐書》及《晉書》。

西昌（析廬陵立）、高昌（漢廬陵縣治）、石陽、巴邱（地析新淦立，按《寰宇記》引顧野王《輿地誌》云，吳後主分新淦、石陽兩縣置巴邱縣。洪亮吉據《吳志·周瑜傳》留鎮巴邱語，謂縣與廬陵郡同立，極有見地）、南野、東昌（析廬陵立）、新興（析廬陵立）、吉陽（吳後主二年，析廬陵地立）、興平（析廬陵立）、陽城（析廬陵立）。

（三）鄱陽郡領縣九，治鄱陽，據《吳志·孫權傳》建安十五年，分豫章立。《饒州府志》云，領縣七，鄱陽、余汗、陽、歷陵、樂安（孫策立，原名樂平），又析余干置葛

興、葛陽，蓋以廣晉為晉置，又漏建平也。又《廣信府志》及《上饒縣志》，俱以上饒之名為肇於武德，由未檢《吳志·孫權傳》，建安十年（205年），分上饒立建平縣之文耳。

鄱陽、廣昌（析鄱陽北境立，今鄱陽地）、樂安（析余汗立，今德興、樂平）、餘汗、陽、歷陵、葛陽（析余汗立）、上饒（析餘汗立）、建平（建安十年，析上饒立）。

（四）臨川郡，領縣十，治臨汝。梁載言《十道志》云，吳太平二年分豫章之臨汝、南城縣立臨川郡。補《三國疆域志》則云，分豫章東部都尉立，然都尉置廢不可考。

南城、臨汝、西平（是年析臨汝立）、東興（是年析南城立）、南豐（是年析南城立，縣志云，是太平二年，析南城之南東鄙為南豐。初名縣曰豐，以徐州有豐縣，乃加南字）、永城（是年析南城立）、宜黃（是年析臨汝立）、安浦（是年析臨汝立）、西城（是年析臨汝立）、新建（是年析臨汝立，今崇仁地）。

（五）安成郡，領縣六，治平都。吳寶鼎二年，分豫章、廬陵、長沙三郡地立。

平都、宜春、永新〔後漢末分廬陵立，此據《大清一統志》，以縣為寶鼎二年析立，益從《寰宇記》吳寶鼎中立之語。縣志云，興平元年孫策立（按：指長沙），時即建此縣。考《吳志·呂岱傳》，建安二十年，督孫茂等十將從取長沙三郡，又安成、攸、永新、茶陵四縣，吏共入陰山城合眾拒岱，岱圍即降，三郡克定。是建安時已有永新之名矣。

又以地形論之，永新似不合為廬陵縣地，或是由安成析置，初隸長沙郡，而後隸安成郡，著此一說備考〕、新渝（是年析宜春立）、安成（漢縣，原屬長沙郡）、萍鄉（是年析宜春立）。

（六）廬陵南部都尉，領縣六，治雩都。按《晉書·地理總序》云，嘉禾五年立，分序又云孫皓立，互異。

雩都、贛、陽都（寶鼎三年，析雩都立。《贛州府志》，以立縣事屬嘉禾五年）、平陽（析贛縣立）、安南（《宋書·州郡志》作安南，建安中析南野立，亦作南安）、揭陽（嘉禾五年，析雩都立。贛州府志云，析陽都、陂陽地置陂陽縣，尋改揭陽。又按同治南康縣志，作領縣六，有南野無揭陽。查是時南野，為上猶、崇義、大庾三縣地，仍隸廬陵郡。安南為析南野，則隸南部，揭陽為今石城地，自應隸南部，縣志蓋誤）。

合計為縣五十有七。

晉

元康（《宋書·州郡志》訛作大康）元年，割揚州之豫章、鄱陽、廬陵、臨川、南康（太康三年廬陵南部都尉改置）、建安、晉安，荊州之武昌、桂陽、安成，合十郡置江州，治豫章。《晉書·地理志》。按自此江西始不隸荊揚二州。元帝時，江州移治武昌，尋還豫章，咸康中，移尋陽。

（一）豫章郡統縣十六，治南昌，永嘉元年，彭澤改屬尋陽，應少一縣。

南昌、海昏、新淦、建城、望蔡、永修、建昌、吳平、

豫寧（太康中西安改名）、彭澤、艾、康樂（陽樂改名）、豐城（富城改名）、新吳、宜豐、鐘陵。

（二）鄱陽郡，統縣八，治廣晉。《寰宇記》引徐湛《鄱陽記》云，永嘉七年，分餘汗置興安，尋廢。州府志謂，宋初，晉興改名新安。檢宋書，無新安縣名。又云，晉改葛興為晉興，亦不知何據。且云宋仍舊，不知宋但有六縣也。

廣晉（廣昌改名）、鄱陽、樂安、餘汗、陽、歷陵、葛陽（省上饒入之，建平或亦省入）、晉興（析餘汗東南地置）。

（三）廬陵郡，統縣十，治石陽。按《一統志》，太康中，改南安曰南康，與南野俱屬南康郡，《寰宇記》引《晉志》記略同，則南野似不當繫廬陵郡下，十疑作九。

西昌、高昌、石陽、巴邱、南野、東昌、遂興（新興改名）、吉陽、興平、陽豐（陽城改名）。

（四）臨川郡，領縣十，如吳，治臨汝。西平，改名西豐，據《宋書·州郡志》，太康元年改名。《撫州府志》謂，始建縣曰西豐，後更曰西平，尋復舊，皆繫之三國吳，未知何據。西城，改名西寧，府志繫之元康元年置江州時。按改西城為西寧，本出《寰宇記》，然《記》又云，西寧縣吳太平二年置，以寧水為名，故洪亮吉譏其牴牾。

（五）南康郡，太康三年罷都尉立。領縣五，此依《晉書·地理志》，今據《宋書·州郡志》補寧都，從《大清一統志》補南野，共為七縣。初治雩都；永和五年，移治贛。

雩都、贛、寧都（陽都改名）、平固（平陽改名）、南

康（南安改名）、陂陽（揭陽改名）、南野。

（六）安成郡，領縣七，治平都。按《晉書·地理志》，武帝平吳，以揚州之安成郡，改屬荊州。

平都、宜陽（宜春改名）、新喻（喻一作諭，亦作渝、俞、古字通假）、永新、安復（安成改名）、萍鄉、廣興（析永新置）。

（七）尋陽郡，永興元年分廬江之尋陽，按此尋陽，在江北，今湖北黃梅縣境，尋陽本漢縣，屬廬江郡。《吳志·孫權傳》，魏黃初二年，權自公安都鄂，改名武昌，以武昌、下雉、尋陽、陽新、柴桑、沙羨六縣，為武昌郡，尋陽乃屬武昌，不知何時移屬蘄春。晉太康元年，以尋陽還屬武昌，二年復屬廬江郡。武昌之柴桑置，屬江州。初領縣二，治柴桑（按初治尋陽，咸和中移治柴桑）。永嘉元年以後，彭澤由豫章未屬之，領縣三。元帝渡江，增置九江，上甲三縣，領縣五。尋省九江入尋陽，領縣四。義熙八年，省尋陽入柴桑，領縣二。後又省上甲入彭澤，領縣二〔柴桑（治）、彭澤〕。

合計為郡七為縣五十有八。

附錄江左以來在江州之尋陽僑置郡縣如左：

西陽郡，本屬豫州。荊州刺史庾翼奏移西陽、新蔡二郡荒民就陂田於尋陽，原領二縣，邾、光城。（《晉書·地理志》）

新蔡郡，本屬豫州。宋後加南字以示僑置之郡。雖寄尋陽郡，而仍屬豫州也。梁末乃改屬西江州，領縣三，襃信、

慎、宋。(《晉書·地理志》)

又同治志「豫州」條下云，孝武因新蔡縣流人於漢九江之黑京布舊城，置南新蔡郡。又《宋書·州郡志》以南新蔡太守隸屬江州，東晉時領有褒信、慎、宋三縣。徐文范《南北朝輿地表》亦以南新蔡附東晉尋陽郡下。

安豐郡，晉武帝立，與松滋郡並遙隸揚州。安帝時，兩郡並省為縣，屬尋陽郡。按《晉書·地理志》揚州條下云，胡寇南侵淮南，百姓皆渡江……成帝初，蘇峻、祖約為亂於江淮，胡寇又大至，百姓南渡者轉多，乃於……尋陽僑置松滋郡，遙隸揚州。安帝時，何無忌以司州之弘農，揚州之松滋二郡，寄在尋陽、人戶雜居，並宜建督。安帝從之。後又省松滋郡為松滋縣，屬尋陽郡。又《宋書·州郡志》江州尋陽太守下云，江左流民寓尋陽，僑立安豐、松滋二郡，遙隸揚州，安帝省為松滋縣。尋陽又有弘農縣流寓，宋文帝元嘉十八年省並松滋。

松滋郡，見安豐郡下。

弘農郡，舊隸司州。東晉時，僑立。安帝省為弘農縣。宋文帝元嘉十八年省，併入松滋。又東晉《地理志》司州下云，元帝渡江……後以弘農人流寓於尋陽者，僑立為弘農郡。

太原郡，屬西江州，在彭澤縣東北五十里。梁武帝僑置，領彭澤、天水、晉陽、和城四縣。彭澤為太原僑郡治，天水縣治在彭澤縣東五十里。讀《史方輿紀要》謂彭澤縣東又有西水廢縣，亦梁時所置，西字疑為天誤。晉陽、和城則

為今安徽境與彭澤為接壤者。

南朝宋

（一）豫章郡，領縣十二，治南昌。《宋書·州郡志》。按鐘陵在晉時已省入南昌。

南昌、新淦、豐城、建城、望蔡（《一統志》云，宋初省宜豐、望蔡。瑞州府志則云，晉太元中省）、吳平、永修、建昌（元嘉二年，廢海昏，移建昌居之）、豫寧、康樂、新吳、艾。

（二）鄱陽郡，領縣六，治廣晉。據《一統志》，歷陵，永嘉初省。德安縣志云，梁省入柴桑，恐誤。晉興宋廢，未詳所入，疑入餘干也。徐湛《鄱陽記》永初二年廢陽，其地當是入鄱陽縣（明《一統志》云省入彭澤）。貴溪縣志沿革表，自晉元康元年起，歷宋、齊、梁、陳皆列晉興。隋開皇九年始省入餘汗，為晉興鄉。考《宋書》已不見晉興名，縣志蓋誤。府志又云大業間省入餘汗，亦誤。

廣晉、鄱陽、餘干（即餘汗，去水旁留干）、上饒（宋復置）、葛陽、安樂。

（三）廬陵郡，領縣十，去南野則宜作九，治石陽，如晉。

（四）臨川郡，領縣九，治臨汝。

臨汝、西豐、新建（永初元年省西寧入之）、永城、宜黃、南城、南豐、東興、安浦。

（五）南康國，永初元年南康郡改稱。領縣八，治贛。

贛、寧都、雩都、平固、南康、陂陽、南野、虔化（大

明五年以寧都縣虔化屯置縣）。

（六）安成郡，領縣七，治平都。如晉。

（七）尋陽郡，領柴桑，彭澤二縣，治柴桑。檢《宋書・州郡志》，無彭澤縣。然《齊書・呂安國傳》，泰始二年，封彭澤縣男，又《陳顯達傳》亦云於宋泰始中封彭澤縣子，則《宋志》乃奪去彭澤也。

合計為六郡、一國，縣五十有三。並廬陵郡之南野，則為縣五十有四。

南朝齊

（一）尋陽郡，領縣二，治柴桑。如宋（《齊書・州郡志》）。

（二）豫章郡，領縣十二，治南昌。如宋。

（三）臨川郡，領縣九，治南城。

南城，建元元年徙治此。臨汝、新建、永城、宜黃、南豐、東興、安浦、西豐。

（四）廬陵郡，領縣九，治石陽。如宋。

（五）鄱陽郡，領縣六，《一統志》云，還治鄱陽。

（六）安成郡，領縣七，治平都。如宋。

（七）南康國，永明元年仍為南康郡。領縣八，治贛。如宋。檢《齊志》「虔化」下云，永明八年，罷安遠併入，是齊曾析置安遠，但不詳何時耳。

合計為縣五十有三，如宋。

南朝梁

（一）改豫章郡為豫章王國，領縣八，屬江州。（《補梁

疆域志》）按《梁書》《陳書》皆不立州郡志，此從洪亮吉補志。又按梁末豫章為江州刺史治（太平中移），大寶元年曾以豫章置豫州，尋廢。

南昌、新淦、建城、望蔡、吳平、宜豐（復置）、康樂、鐘陵（復置）。

（二）豫寧郡，梁末，於豫寧縣置。領縣五，治豫寧，屬高州。《補梁疆域志》。按太平元年，割江州（舊訛西）之臨川、安城、豫寧（舊訛章）、巴山四郡置高州，治巴山，見《南史・黃法䑼傳》。

豫寧、艾、建昌、新吳、永修。

（三）吳州（承聖二年，鄱陽郡改），領縣六，治鄱陽。（《元和郡縣志》）按《寰宇記》作天監初置郡，陳初廢。

（四）廬陵郡，領縣七，治石陽，屬江州。（《補梁疆域志》）

石陽（省高昌入之）、西昌、東昌、吉陽、巴邱、陽豐、遂興。

（五）臨川郡，領縣九，還治臨汝，屬高州。（《補梁疆域志》）按《補志》援宜黃入巴山郡，失核。

臨汝、南城、宜黃、永城、南豐、東興（府縣志俱缺此縣，據南史沈恪傳補列）、安浦、西豐、定川（大通二年，分臨汝北境置）。

（六）巴山郡，大同二年，分臨川、豫章、廬陵三郡地別置郡，領縣七，初屬江州；太平元年，割屬高州，為州治。（《補梁疆域志》）按府縣志以立巴山郡事系之普通三

年誤。

巴山郡治（普通中，分新建置）、西寧（是年復置）、新建、興平、豐城、廣豐（府縣志作大豐，是年分豐城置）、新安（與廣豐同分置）。

（七）南康郡，領縣九，治贛，屬江州。（《補梁疆域志》）按增安遠一縣，《元和郡縣志》謂梁置，據《齊志》「虔化」下云云，似齊已置而罷並耳。《一統志》云齊初所置，其地在今都界中。梁所置在今安遠縣七十里安遠水，非一地也。

（八）安成郡，領縣七，治平都。如舊。梁末屬高州。（《補梁疆域志》）按《宜春縣志》云，太平元年，割臨川、安成、豫章（豫寧之訛）、巴山四郡置高州，尋廢。安成仍隸江州，又廢平都縣地，分與廬陵、安福、宜春三縣，未知何據。

（九）尋陽郡，領縣三，屬西江州，為州治。（《補梁疆域志》）按太平二年於尋陽郡置西江州，領尋陽郡及太原、齊昌、高唐、新蔡四僑郡。齊昌、高唐皆非今江西地，太原、新蔡則為僑郡之在尋陽者，故梁末西江州所屬，惟尋郡及太原僑郡之彭澤縣為今江西省之實地。汝南，郡治析柴桑立。柴桑、上甲，復置，按梁肖韶曾封上甲侯，彭澤改屬太原僑郡。

九郡合領縣六十有一。又梁、陳之際，曾於臨川置寧州，於新吳置南江州，皆不久廢省，史文莫詳矣。

南朝陳

（一）豫章郡，仍梁江州，還治尋陽郡。永定二年（558年），割新淦屬巴山。

（二）光大二年（《一統志》作元年誤），罷吳州，仍置鄱陽郡。（《元和郡縣志》）太建十三年後，仍改吳州，《宣帝紀》。按《饒州府志》云，太建末，復吳州，旋罷為鄱陽郡，不審何據。天嘉中，改樂安曰銀城，又分餘干地於興安故地，置安仁。府志云，陳改興安曰安仁。按興安，晉永嘉中立，尋廢，府志既云齊改晉興曰新安（疑即興安），又云改葛興為晉興，皆不可信。又按廣晉廢，蓋入鄱陽。

（三）廬陵郡，屬江州，省西昌縣。按《隋書·地理志》，泰和下云，平陳置，曰西昌。明是省後復置。考《陳書》列傳，有東昌縣侯毛喜，而無西昌，其言西昌，皆在梁世，故知縣為陳時省也。又考《樊毅傳》，太建初封高昌縣侯，是宣帝時復置高昌矣。

（四）臨川郡，仍梁。天嘉四年，高州省，郡仍屬江州。

（五）巴山郡，領縣六，仍屬江州。據《寰宇記》，陳初省新安入廣豐，府縣志於陳代仍列新安，失考。

（六）豫寧郡，仍屬江州。

（七）安成郡，仍屬江州。據《武帝紀》，永定二年，以安成所部廣興六洞置安樂郡，永新縣志，謂即今蓮花地。領縣及廢省不可詳。

（八）南康郡，領縣八，屬江州。贛與南康互易縣名，

雩都廢。《隋書·地理志》雩都下云，舊廢，平陳置。據寰宇記，陳永定初，遷治大昌村，未言廢省，故府縣志陳領縣，仍列雩都，此從隋地誌。

（九）尋陽郡，仍為江州治。天嘉六年（《元和志》作元年）。省西江州，所領尋陽、太原、齊昌、高唐、新蔡五郡，皆還屬江州。

九郡合領縣五十有九。其寧州、南江州，陳時並省，計存江州領八郡及吳州鄱陽郡。

隋

（一）平陳，罷豫章郡，置洪州總管府。大業初，廢州，復置豫章郡。統縣四，治豫章。（《隋書·地理志》）

豫章（南昌改名，鐘陵省入之）、豐城（與巴山郡同廢，後改置為廣豐，還屬豫章。仁壽中，改豐城）、建昌（罷豫寧郡，豫寧、艾、新吳、永修皆省入建昌）、建成（望蔡、宜豐、康業，皆省入之）。

（二）平陳，罷尋陽郡，置江州。大業三年，州廢，改九江郡。統縣二，治溢城。《隋書·地理志》。按上甲蓋省入彭澤。

溢城，初廢汝南、柴桑二縣立尋陽縣。開皇十八年，改曰彭蠡。大業初，更名溢城。彭澤，廢舊，置今湖口縣之彭澤，而置龍城縣於今彭澤縣西二里。開皇十八年，改龍城名彭澤。

（三）開皇九年，鄱陽郡改稱饒州。大業初，復為鄱陽郡。領縣三，治鄱陽。（《隋書·地理志》）

鄱陽（銀城廢入之）、餘干（省安仁入之）、弋陽（平陳，廢上饒入葛陽。開皇十二年，更名弋陽。按隋平陳，省上饒入葛陽，見寰宇記。記云，開皇十二年移治弋江之北，因名弋陽，乃府縣志云，大業三年，復析葛興入葛陽，置弋陽縣。又云，武德四年，復析葛陽置上饒，又析葛陽西境置玉亭、長城二縣，均誤。）

（四）平陳，廢臨川郡為撫州，又廢巴山郡及領縣為崇仁縣，屬撫州。大業三年，復為臨川郡。領縣四、治臨川。（《隋書·地理志》）

臨川（臨汝改名西豐、定川，省入之）、南城（永城、東興、南豐省入之）、崇仁（宜黃、安浦省入之）、邵武（開皇十二年，自建州來屬）。

（五）平陳，廢廬陵郡，置吉州。大業初，復為廬陵郡。領縣四，治廬陵。《隋書地理志》。按《寰宇記》云，廢吉陽郡之陽豐、興平、高昌入廬陵吉陽郡、無考。《永豐縣志》云，及五代陳立吉陽郡，隋復改郡為吉州，不知何據。或陳時曾析廬陵郡置吉陽郡耶？

廬陵（石陽改名吉陽，陽豐及巴山郡之興平省入之）、泰和（平陳，復置西昌。開皇十一年，改泰和，省東昌、遂興及安成郡之永新、廣興入之）、安復（廢安成郡，省安復入平都，改平都曰安成，屬吉州。開皇十八年，又改安成曰安復）、新淦（開皇十年，巴山郡廢，徙治來屬）。

（六）平陳，廢南康郡，置虔州。大業初，復為南康郡。領縣四，治贛。（《隋書·地理志》）贛（陳改名南康。

隋初仍之。開皇九年，省平固入之。大業中，復舊名贛）、
虔化（初廢虔化入寧都。開皇十三年，省陂陽入之。十八
年，又改寧都曰虔化）、雩都（省安遠入之）、南康（陳改
名贛。隋初仍之，省南野入焉。大業中，復舊名南康）。

（七）平陳，廢安成郡，置袁州。大業初，改名宜春
郡。領縣三，治宜春。（《隋書・地理志》）

宜春（開皇十八年，宜陽復舊名）、萍鄉、新喻（平陳
省入吳平，屬洪州。十一年，廢吳平入宜春。十八年，復置
新喻）。

七郡，合計為縣二十有四。

唐

武德五年，置洪州總管府，領洪州，豫章郡改置。饒，
鄱陽郡改置。撫，臨川郡改置。吉，廬陵郡改置。虔，南康
郡改置。南平，五年於泰和縣置。復置永新，廣興、東昌二
縣屬之。六州。七年，改都督府。又建昌縣置南昌州總管
府，管南昌，領建昌、龍安、永修、新吳四縣。西吳，析新
喻置，領縣不詳。五年，置始平縣。靖，於建成縣置，領高
安（建成改名）、望蔡、華陽、宜豐、陽樂（四縣皆復置）
五縣。孫，於豫章縣石頭渚（今新建地）置南昌縣，於縣置
孫州，領縣不詳。四州，原云管南昌、西吳、靖、米、孫五
州。按米州為七年靖州改名，不當並見。七年，西吳州廢，
入吉州。靖州改米州，旋改筠州。八年，南昌、筠、孫、南
平諸州皆廢。據安義東岡楊氏家譜，稱其始楷以貞觀庚子十
四年貢舉，補守孫州，遂卜居焉。似孫州貞觀時猶存，與唐

地誌不合，意尚有廢置，不見於史者，姑錄之以備考。又於彭澤起縣置浩州，領彭澤、都昌、樂城、廣晉四縣。八年，廢。又於安復置穎州，七年，州廢，改安復曰安福。又改宜春郡為袁州郡，四年置，又改九江郡，四年置。為江州，領潯城、潯陽、彭澤三縣。置總管府，管江、鄂（江夏郡改置）、智（未詳）。浩四州。鄂、智二州，非江西地。並管昌洪四總管府。（新、舊《唐書·地理志》）按贛州府志，武德七年置南康州大都督府，統領外十一縣。九年罷，未詳所出，附錄備考。昌洪四總管府亦未詳。

貞觀初，諸府並罷。分天下為十道，八曰江南道，江西屬之。統洪、饒、撫、吉、虔、袁、江、鄂八州。（《舊唐書·地理志》）

開元二十一年，又分天下為十五道。江南為東、西道，置採訪使。乾元，原作上元訛。元年，改觀察使。（《舊唐書·地理志》）

江南西道觀察，管州八：洪、饒、虔、吉、江、袁、信（乾元年置，領縣五）。撫（天寶初，州皆改郡，乾元初，復為州），管縣三十有八。《元和郡縣志》。按《新唐書·方鎮表》，饒州一郡隸浙江，宣歙不屬江南西道，信州亦隸江南東道。

咸通六年，升鎮南軍節使。乾符元年，軍廢。龍紀元年，復置。《新唐書·方鎮表》。按能改齋漫錄云，咸通六年，安南久屯，兩河銳士死瘴毒者十七。宰相楊收議罷北軍，以江西鎮南軍募強虜二萬建節度，且地便近，易調度，

詔可。

（一）洪州，領縣七，治南昌。《唐書·地理志》。按乾元二年，於洪州置南昌軍。元和六年，軍廢入洪州。

南昌（初仍隋，名豫章。寶應初，改鐘陵。貞元中，改南昌州治）、豐城〔天祐二年，勅改吳皋（皋一作高）〕、高安（建成改名，初屬筠州。武德八年，廢筠州，並省望蔡、宜豐、陽樂諸縣入高安，還屬洪州）、建昌、新吳（武德五年復置，屬南昌州。八年，省入南昌。永淳二年，復置）、武寧（長安中，析建昌置。景雲元年，改名豫寧。寶應元年，復故名）、分寧（貞元十六年，析武寧置。）

（二）饒州，武德五年，復置，領縣九，治鄱陽。（《唐書·地理志》）

鄱陽，州治。新平（四年，於昌水之南新平鎮置縣，即今之景德鎮也）、廣晉（五年，析鄱陽復置，旋隸浩州）、餘干、樂平（以銀城故壤置，在今德興縣界）、長城（分餘干置）、玉亭（分餘干置）、弋陽、上饒（是年析弋陽復置廣豐。縣志云，武德七年析葛陽置，誤。）

七年，省上饒入弋陽，省玉亭入長城，八年，省長城入餘干，省新平、廣晉，（是年浩州廢，縣同省）入鄱陽。九年，又省樂平。開元四年，復置新平縣，改名新昌。天寶元年，更新昌為浮梁。按《樂平縣志》，開元四年，廉訪使韋珍，即長樂水口建樂平。新縣盡統樂安故地。乾元元年，以弋陽改隸信州，由是，饒州領縣四。（《唐書·地理志》）

鄱陽（州治）、餘干、樂平（徙置今樂平縣地）、浮梁

〔按《舊唐書·地理志》云，割秋浦浮梁黟二（疑訛）縣置石埭縣，治古石埭城。《新書》則云，永泰三年，析青陽秋浦置，稍異。〕

（三）虔州，領縣七，治贛。《唐書·地理志》。按天寶元年改虔州為南康郡，乾元元年復為虔州。

贛（州治）、虔化、南康、雩都、信豐（永淳元年，析南康東南地更置南安。天寶元年，改名）、大庾〔神龍初，析南康地置。據《南安府志》，縣蓋由大庾鎮升置，鎮立於開皇初，初屬始興郡，十六年，始興郡廢，鎮併入南康，至是析置為縣。《一統志》謂開皇十年，分置大庾縣，十六年（596 年）廢為鎮，未知何據〕、安遠（貞元四年復置）。

（四）吉州，武德五年，復置，領廬陵（州治）、新淦二縣。是年，以安復置潁州，以泰和置南平州。七年，廢潁州，以安福（安復改名），來屬。八年，廢南平州，以太和（改泰為太），來屬。顯慶三年，復置永新，《寰宇記》以為四年事。由是領縣五，治廬陵。（《唐書·地理志》）

廬陵、太和、安福、新淦、永新。

（五）江州，武德四年，復置。領縣三。湓城（州治）、潯陽（復置，尋加水）、彭澤（五年，析湓城置楚城。貞觀八年，仍廢湓城。八年，省湓城八潯陽）。乾元後，領縣三，治潯陽。（《唐書·地理志》）按《舊唐書》都昌下有至德縣，云至德二年置。考至德為析鄱陽郡之鄱陽、宣城之秋浦二縣地置，隸潯陽郡。乾元元年（759 年），改隸饒州，永泰元年，又屬池州，已非江西地矣，故不列之。

潯陽、彭澤（武德八年，廢浩州，省樂城入之）、都昌（武德五年，析彭澤置，屬浩州。八年，浩州廢，改屬。）

（六）袁州，領縣三，治宜春。（《唐書‧地理志》）

宜春（州治）、萍鄉、新喻〔武德五年，析置始（一作治）平，七年，與西吳州同廢入新喻〕。

（七）信州，乾元元年，析饒州之弋陽，衢州之常山，玉山，乃建州之三鄉，撫州之一鄉置，隸江南東道，領縣五，治上饒。

上饒（乾元元年，析弋陽復置）、弋陽（以建州之三鄉，撫州之一鄉益之。後析置鉛山，或稱撫建之三鄉）、永豐（是年，析上饒之永豐鎮置，割須江之西北益之）、常山（旋還衢州）、玉山（證聖中，析衢之常山、須江及饒之弋陽地置，屬衢州）。

永泰元年，析弋陽置貴溪。按實兼有餘干地。元和七年，省永豐入上饒。由是，領縣四。唐書地理志

上饒（州治）、弋陽、貴溪、玉山。

（八）撫州，武德五年，平林士宏復置。領縣八，治臨川。

臨川、南城（據《名勝志》，武德二年，省南城入邵武，隸建州。檢《唐書》未見）、邵武、宜黃、崇仁、永城（復置）、東興（復置）、將樂（三國吳永安年置，屬建安郡。隋開皇九年，至是析邵武復置。七年，省東興、永城、俱入南城。將樂，還入邵武。三縣，以邵武還隸建州。據《撫州府志》云，是年以興平故地歸吉州。然考隋廢巴山郡

時，興平早廢入廬陵矣。）八年，省宜黃入崇仁。由是，領縣四。（《唐書·地理志》）

臨川（州治）、南城、崇仁、南豐（景雲二年徙置，先天二年，省入南城，開元八年復置。）

八州合計為縣三十有七。元和志於信州下列永豐，故多一縣也。

五代楊吳

初屬楊吳，後屬南唐。（《一統志》）皆歸鎮南軍節度轄。（光緒《江西通志》）

（一）洪州，治南昌，領縣如故。《南昌府志》按，順義元年，分高安四鄉置萬載，應增一縣。又順義二年，吳高復名豐城，初屬新淦都制置使，未幾還隸洪州。

（二）饒州，治鄱陽，領縣如故。（《江西通志》）

（三）虔州，唐，光啟元年為盧光稠所據，後遣使附梁，開平四年，於虔、韶（屬廣東）二州置百勝軍節度使。治贛縣。貞明四年，入楊吳（《一統志》），領縣如故。（《江西通志》）

（四）吉州，治廬陵，領縣如故。五代史職方考。按後樑開平四年，楊吳既得吉州，欲遂圖虔州，以新淦為都制置使治所，置兵城守，移吉水（按吉水置縣，其說不一。宋白《續通典》云，隋大業末，分廬陵置，然不見隋唐書，府縣志云，南唐保大八年置。《九域志》則云，宋太平興國元年置。《宋史·地理志》及《通考》又云雍熙元年置。今按楊吳已有此縣，則南唐置宋置二說均不足恃矣），新喻、豐城

（按順義三年，復改吳高為豐城，此時應仍稱吳高）三縣隸之，尋廢。

（五）江州，領縣四，治潯陽。《江西通志》按，順義七年，升潯陽之浦塘鎮為德安縣，故增一縣。

（六）袁州，領縣如故，治宜春。（《江西通志》）

（七）信州，領縣如故，治上饒。（《江西通志》）

（八）撫州，順義元年（《寰宇記》作九年訛），升昭武軍節度使，治臨川，領縣如故。（《江西通志》）

五代・南唐

（一）洪州，初，仍舊。周顯德六年（南唐中主交泰二年），升為南昌府，號曰「南都」。（馬令《南唐書》）按州府皆治南昌，領縣七。（《江西通志》）

南昌、豐城、奉新（升元元年，新吳改名）、靖安（升元元年，析建昌、奉新、武寧三縣地置）、武寧、分寧、建昌。

（二）筠州，保大十年，復置。領縣四，治高安。（《瑞州府志》）按高安、萬載，均由洪州來屬。

高安、上高（保大十年，分高安置）、萬載、清江（升元二年，析高安及新淦地置、直隸鎮南軍節度使，至是來隸）。

（三）饒州，為永平軍（以有永平監故），領縣五，治鄱陽。（《饒州府志》）據《婺源縣志》，升元二年，以劉津為都制置使，巡轄婺源、浮梁、德興、祁門四縣。

鄱陽、餘干（據縣志，唐天祐三年，析餘干之習善、泰

安、安樂、福應四鄉屬進賢。南唐升元元年，復還餘干。按其時進賢尚未置縣，方為南昌屬地，縣志不足信）、樂平、德興、浮梁（昇平間，升樂平之鄧公場置）。

（四）虔州，初為百勝軍，南唐末，改昭（縣志作招，誤）。信軍，按《寰宇記》云，後唐長興二年，升虔州為昭信軍節度使，與通鑑及五代史不合。領縣十一，治贛。（《一統志》）

贛、虔化、南康、雩都、信豐、大庾、安遠、上猶（保大十年，析南康之上猶場置）、瑞金（保大十一年，改雩都之瑞金監置）、龍南（保大十一年，析信豐之虔南場置）、石城（保大十一年，析虔化之石場置）。

（五）吉州，領縣六，治廬陵。（《江西通志》）按吉州實領七縣，當以龍泉置縣晚，漏列之耳。

廬陵、吉水、太和、安福、龍泉（宋建隆元年，南唐析太和置）、永新、新淦（按南唐復於新淦設都制置使，復領吉水、新喻、豐城三縣。升元二年，還隸吉州）。

（六）江州，為奉化軍，領縣六，治德化。（《江西通志》）

德化（潯陽改名）、德安、瑞昌（升元三年，析潯陽之赤烏場置）、湖口（保大中，升彭澤之湖口戍置）、彭澤、都昌。

（七）袁州，領縣三，治宜春。（《江西通志》）

宜春、萍鄉、新喻。

（八）信州，領縣五，治上饒。（《江西通志》）

上饒、弋陽、貴溪、玉山、鉛山（《一統志》云，升元四年置，府縣志云，保大間升弋陽之鉛山場置，益以上饒三鄉）。

（九）撫州，開元元年，復故名，領縣四，治臨川。（《江西通志》）

臨川、崇仁、南豐、宜黃（宋開寶三年，南唐後主升崇仁之宜黃場後置）。

（十）建武軍，宋開寶二年，南唐後主於撫州之南城置。按《南城縣志》引《南唐書》，晉天福二年，南唐取吳，復置撫州，以南城置建武軍，東興、永城併入南城，為附郭二縣，不知何時復置，計領縣三。

六州、四軍，合計為縣五十有四。

宋

天禧四年，分江南為東、西路，西路領洪、虔、吉、袁、撫、筠六州，及臨江、建昌、南安三軍。其江、饒、信三州及南康軍則屬東路。建炎元年，以江寧府，洪州府並升帥府。四年，合江東西為江南路，以鄂岳東屬。又置三帥，鄂州路統鄂、岳、筠、袁、虔、吉州及南安軍；江西路統江、洪、撫、信州及興國（屬湖北）、南康、臨江、建昌軍，而饒州則屬建康府路。紹興元年，復分東西路，以建康府、池、饒、徽、宣、撫、信、太平州及廣德、建昌軍，為江南東路（中惟饒、撫、信三州及建昌軍為今江西地），以江、洪、筠、袁、虔、吉州及興國（屬湖北）、南康、臨江、南安軍，為江南西路。尋以撫州及建昌軍還隸西，以南

康軍還隸東。（《宋史·地理志》）

（一）洪州豫章郡，稱曰鎮南軍節度使。隆興二年，升隆興府，領縣八（《宋史·地理志》），治南昌、新建。

南昌、新建（太平興國六年分南昌西北境置，與南昌分治郭下）、奉新、豐城、分寧（建炎四年升為義寧軍，尋即復故）、武寧、靖安、進賢（崇寧二年，析南昌、新建二縣置）。

（二）瑞州，初為筠州，兼軍事。紹興十三年，賜名高安郡，十八年復舊名。寶慶元年，避理宗嫌名改。領縣三，治高安。（《一統志》）

高安、上高、新昌（太平興國六年分高安、上高置，蓋舊宜豐縣地）。

（三）袁州宜春郡。領縣四，治宜春。

宜春、分宜（雍熙元年，析宜春十鄉置）、萍鄉、萬載（開寶八年，自筠州來屬。宣和中，改名建城，紹興初復故）。

（四）臨江軍，淳化三年置。領縣三，治清江。

清江（自筠州來屬）、新淦（自吉州來屬）、新喻（自袁州來屬）。

（五）吉州廬陵郡兼軍事。領縣八，治廬陵。按吉州為州兼郡，廬陵縣志作吉州軍，誤。

廬陵、吉水、安福、太和、龍泉（宣和三年，改泉江，紹興初，復故名）、永新、永豐（至和元年，析吉水置。據歐陽修《瀧岡阡碑陰世譜圖序》，蓋二年事）。萬安（熙寧

四年，析龍泉置）。

（六）撫州臨川郡兼軍事。領縣五，治臨川。

臨川、崇仁、宜黃、金溪（淳化五年，升臨川之金溪場置）、樂安（紹興十八年，析崇仁及吉之永豐地置。據文忠烈樂安縣進士題名記云，紹興十八年置樂安縣，撫州府敘請立縣事在十七年，而永豐縣志沿革表則列之二十一年）。

（七）建昌軍，太平興國四年建武軍改名，領縣四，治南城。

南城、南豐（淳化二年，自撫州來屬）、新城（紹興八年，析南城東南五鄉置）、廣昌（紹興八年，析南豐南三鄉置。以道通二廣而屬建昌故名）。

（八）信州上饒郡，兼軍事。領縣六，治上饒。

上饒、玉山、弋陽〔《通考》云，淳化五年，升弋陽之寶豐場為縣。景祐（宋史作景德）元年，廢為鎮。康定復置。慶曆三年，仍廢〕、貴溪、鉛山、永豐（熙寧七年復置。《郡縣釋名》云，永豐縣以西北有永豐山、又有永豐溪得名。吉安亦有永豐，每科試錄，分吉永豐、廣永豐以別之）。

（九）饒州鄱陽郡兼軍事，領監一（永平監）、縣六，治鄱陽。

鄱陽、餘干、樂平、浮梁、德興、安仁（端拱元年，升餘干之安仁場置）。

（十）南康軍，太平興國七年，以江州之星子縣建。領縣三，治星子。

星子（太平興國三年，升德化之星子鎮置）、建昌（七年，自洪州來屬）、都昌（七年，自江州來屬）。

（十一）江州潯陽郡，開寶八年，降為軍事。大觀三年，升為望郡。建炎元年，升定江軍節度。二年，置江州路，以州屬焉。紹興二年，路省，江州仍隸江南西路。領監一（廣寧監）、縣五，治德化。

德化、德安、瑞昌、湖口、彭澤。

（十二）南安軍，淳化元年，以虔州大庾縣建。領縣三，治大庾。

大庾、南康（淳化元年，自虔州來屬。見《元豐九域志》。然《志》又云，南安軍領縣二，《崇寧地理志》不載南康縣，是南康在崇寧以前未屬南安軍，也不解何自相牴牾如此）、上猶（自虔州來屬，嘉定時，改名南安縣）。

（十三）贛州，初為虔州，南康郡昭信軍節度（按此與洪州鎮南軍節度，皆為軍建號）。大觀元年，升為望郡。建炎四年，曾屬鄂州路。紹興初，仍屬江南西路。紹興三十二年，改虔州曰贛州，嫌虎頭，城名不佳也。領縣十，治贛。據《國朝會典》太平興國九年詔，以虔州虔村（未詳，疑虔化之訛）為永通軍，割南劍州游溪、泉州、德化隸焉，尋廢。附識於此。

贛、虔化（紹興二十三年，改寧都，應名寧都）、興國（太平興國七年，析贛縣之七鄉於瀲江鎮置）、信豐、雩都、會昌（太平興國中，析雩都之六鄉於九州鎮置，紹定四年，升縣為軍。咸淳五年，復為縣。）瑞金、石城、安遠、

龍南（宣和三年，改名虔南。紹興二十三年，復名龍南）。

九州，四軍，合計為縣六十有八。

元

元世祖至元十二年，設行都元帥府及安撫司於隆興路（隆興府改，二十一年又改龍興路）。十四年，改江西道宣慰司，立行中書省，本路為總管府。十五年，移省治於贛州，轄福建江西廣東諸省。十六年，復還隆興。十七年，併入福建行省，止立宣慰司。十九年，復罷宣慰司，立行省。凡隸江西等處行中書省者，為路一十八，州九，屬州十三，屬縣七十有八。今江西境內屬江西行省者，為龍興、吉安、瑞州、袁州、臨江、撫州、江州、南康、贛州、建昌、南安十一路及南豐州皆隸焉。其饒州、信州二路暨鉛山州，別屬江浙行省。（《元史‧地理志》）按江浙行省乃江浙等處行中書省簡稱。

（一）龍興路，領錄事司一，縣六，州二，治南昌、新建。

六縣：南昌、新建、進賢、奉新、靖安、武寧。

二州：富州（至元二十三年，豐城縣升置。）寧州（至元二十三年，於武寧置，領武寧、分寧二縣。大德八年，州徙治分寧）。

（二）瑞州路，至元十四年州升。領錄事司一、縣二、州一，治高安。

二縣，高安、上高。

一州，新昌州，元貞元年升。

（三）袁州路，至元十三年於袁州置安撫司。十四年改總管府隸湖南行省。十九年升路，隸江西行省。領錄事司一，縣三，州一，治宜春。

三縣：宜春、分宜、萬載。

一州，萍鄉州，元貞元年升。

（四）臨江路，至元十三年，臨江軍隸江西行省都元帥府。十四年，改臨江路總管府。領錄事司一、縣一、州二、治清江。

一縣，清江。

二州，新淦州（元貞元年升）、新喻州（元貞元年升）。

（五）吉安路，至元十四年，吉州升吉州路總管府，領一司五縣。元貞元年改吉安路。五縣，廬陵、永豐、萬安、龍泉、永寧（至順初，析永新州勝業鄉置）。

四州，吉水州、安福州、太和州、永新州，諸州皆元貞元年升。

（六）撫州路，至元十四年升，置總管府。領錄事司一、縣五，治臨川。

臨川、崇仁、金溪、宜黃、樂安。

（七）建昌路，至元十四年升，置總管府。領錄事司一、縣三，治南城。

南城、新城、廣昌。

（八）南豐州，至元十九年，南豐縣升，直隸江西行省。

（九）信州路，至元十四年，升隸江浙行省。領錄事司

一、縣五，治上饒。

上饒、玉山、弋陽、貴溪（元至二十二年，自須溪口徙今治）、永豐。

（十）鉛山州，至元二十九年，鉛山縣升，直隸於江浙行省。

（十一）饒州路，至元十四年升，置總管府。領錄事司一，縣三、州三，治鄱陽，隸江浙行省。

三縣，鄱陽、德興、安仁。

三州，餘干州、樂平州、浮梁州，皆元貞元年升。

（十二）南康路，至元十四年，南康軍升，隸江淮行省。二十二年，割屬江西。

錄事司一、縣二、州一，治星子。康熙《南康府志‧沿革表》，謂至正十四年改軍為路，隸江西行中書省，年事均誤。

二縣，星子、都昌。

一州，建昌州，元貞元年升。

（十三）江州路，至元十二年，於江州置江東西宣撫司。十三年，改為江西大都督府，隸揚州行省。十四年，罷都督府，升江州路，隸龍（按當作隆，時尚未改龍興）興行都元帥府。後置行中書省，江州直隸焉。十六年，隸黃蘄等路宣慰司。二十二年，復隸行省。領錄事司一、縣五、治德化。

德化、瑞昌、彭澤、湖口、德安。

（十四）南安路總管府，至元十四年，南安軍改。十五

年，割大庾縣在城四坊，設錄事司。十六年司廢。領縣三，治大庾。

大庾、南康、上猶（宋嘉定後，改名南宋。至元十六年，改永清。十年，復舊名上猶）。

（十五）贛州路總管府，至元十四年升。十五年，設錄事司，領一司、十縣。初為江西行省治。十七年，還省於隆興。至大三年後，領錄事司一、縣五、州二，州又共領三縣，治贛。

五縣：贛、興國、信豐、雩都、石城。

州二：寧都州（《元史》作大德元年升，《明史》作元貞元年）、會昌州（大德元年升，府志作元貞二年）。

州領縣三：寧都州領縣二，龍南（至元二十四年，併入信豐。至大三年，復置）安遠（至元二十四年，併入會昌。至大三年，復置）。

會昌州領縣一：瑞金。

十三路，二州、直隸行省之州，合計屬州十六，縣五十有一。

明

初仍元舊，以行省治吉安府（壬寅年，吉安路改），旋還治洪都府（壬寅年，龍興路改）。洪武三年，置江西都衛，與行省共治。八年，改都衛為都指揮使司。據雍正《吉安志》，領四尉十一守禦千戶所。九年，廢行中書省，設江西等處承宣佈政使司，領十三府，又置江西等處提刑按察使司，並治南昌。分全省為五道，南瑞轄南昌、瑞州二府、九

江道轄饒州、南康、九江三府，湖東道轄廣信、撫州、建昌三府。湖西道轄吉安、袁州、臨江三州一府，嶺北道轄贛州、南安二府。（《名勝志總序》）

（一）南昌府，元至正二十二年壬寅，明太祖至隆興（隆應作龍），改為洪都府。次年八月，復改南昌府。洪武十年後，隸布政使司。領縣七，治南昌、按建行省於南昌子城內。新建

一州，寧州，洪武三年，改寧州為寧縣，省州入焉。弘治十六年，升寧縣為寧州。

七縣：南昌、新建、豐城（洪武九年，富州改）、進賢、泰新、靖安、武寧。

（二）瑞州府，洪武二年，瑞州路改。領縣三，治高安。

高安、上高、新昌（洪武初，降州復為縣）。

（三）九江府，明太祖辛丑年，江州路改。領縣五，治德化。

德化、德安、瑞昌、湖口、彭澤。

（四）南康府，明太祖辛丑年，改南康路為西寧府。壬寅，改南康府。領縣四，治星子。

星子、都昌、建昌（洪武初，建昌州降）、安義（正德十三年，析建昌五鄉置）。

（五）饒州府，明太祖辛丑年，改饒州路為鄱陽府，隸江南行省。洪武二年，改饒州府。九年，隸江西行省。領縣七，治鄱陽。

鄱陽、餘干（洪武初，餘干州降）、樂平（洪武初，樂平州降）、浮梁（洪武初，浮梁州降）、德興、安仁、萬年（正德七年，析鄱陽東南、餘干東、樂平西南、貴溪北境置，按《貴溪縣志·沿革表》，正德七年，姚源諸寨平，請允撫、建、饒、廣四郡，添一縣，割貴溪之北鄉四都，入饒之德興，置萬年縣。檢《明史·地理志》，萬年置縣，與德興無涉，縣志誤）。

（六）廣信府，明太祖庚子年，改信州路為廣信府，洪武四年，自江浙改屬江西行省。領縣七，治上饒。

上饒、玉山、弋陽、貴溪、鉛山（洪武初，鉛山州降）、永豐、興安（嘉靖二十九年，分弋陽、上饒、貴溪地建置）。

（七）建昌府，太祖壬寅年，改建昌路為肇昌府。是年九月，改建昌府。領縣五，治南城。

南城、南豐（洪武二年，南豐州降）、新城、廣昌、瀘溪（萬曆六年，析南城二鄉置。據《建昌府志》，萬曆八年，析南城東北十七都置瀘溪。八，蓋六之訛）。

（八）撫州府，太祖壬寅年改撫州路為臨川府。尋改撫州府。領縣六，治臨川。

臨川、崇仁、金溪、宜黃、樂安、東鄉（正德七年，析臨川、金溪、進賢、餘干、安仁等縣地置）。

（九）吉安府，太祖壬寅年，吉安路改。領縣九，治廬陵。

廬陵（崇禎十六年九月，張獻忠陷吉安，改吉安府為親

安府，廬陵縣為順民縣。十一月，江督呂大器收復之，附記於此，以備掌故）、泰和（洪武二年，太和州降，太覆書泰）、吉水（洪武二年，吉水州降）、永豐、安福（洪武二年，安福州降）、龍泉、萬安、永新（洪武二年，永新州降）、永寧。

（十）臨江府，太祖癸卯年，臨江路改。（《嘉靖林志》云，洪武元年改。《光緒通志》，於統部沿革中，則云癸卯年改。於臨江府沿革中，則云洪武二年改路為府。前後乖迕。）領縣四，治清江。

清江、新淦（洪武二年，新淦州降）、新喻（洪武二年，新喻州降）、峽江（嘉靖五年，升新淦之峽江巡檢司置）。

（十一）袁州府，太祖庚子年，袁州路改。領縣四，治宜春。

宜春、分宜、萍鄉（洪武二年，萍鄉州降）、萬載。

（十二）贛州府，太祖乙巳年，贛州路改。領縣十二，治贛。據府志，嘉靖四十年，析潮之程鄉縣，益以武平、安遠、興寧、上杭地置平遠縣，隸贛州。四十三年，以平遠改隸潮州。又南明時（清順治三年），萬元吉、楊廷麟合力守贛州，以拒清兵。唐王特賜郡名曰忠誠，以旌其義。

贛、雩都、信豐、興國、會昌（洪武二年，會昌州降）、安遠（洪武初，由寧都州還屬）、寧都、瑞金（洪武初，由會昌州還屬）、龍南（洪武初，由寧都州還屬）、石城、定南（隆慶三年，析龍南、安遠、信豐地置）、長寧

（萬曆四年，析安遠、會昌地置）。

（十三）南安府，太祖乙巳年，贛州路改。領縣四，治大庾。

大庾、南康、上猶、崇義（正德十四年，析上猶、大庾、南康地置）。

十三府合計，屬州一、屬縣七十有七。

清

初因明制，設江西等處承宣佈政使司。《光緒通志》，按初設左右二布政，康熙六年，裁右布政使，歸併一官，為布政使。康熙二十一年，裁各道，分守南昌道、分巡南瑞道、分巡兼分守湖西道、分巡兼分守湖東道、分巡兼分守九江道、分巡兼分守嶺北道，除分守南昌道外，五道分轄十三府，如明制。

惟分巡饒南九道、嶺北道存。雍正九年，以督糧兼巡南撫建道，領轄南昌、撫州、建昌三府。以驛鹽兼巡瑞袁臨道，領轄瑞州、袁州、臨江三府。饒南九道增轄廣信一府，為分巡廣、饒、南、九、道（兵備道）。嶺北道增轄吉安一府，為分巡吉南贛道。乾隆十九年，吉南贛道增轄寧都一州，為分巡吉南贛寧兵備道。合領十三府一州。

（一）南昌府，領州一、縣七、廳一，治南昌、新建。

一州，義寧州，嘉慶六年，特旨改寧州為義寧州。

七縣，南昌、新建、豐城、進賢、奉新、靖安、武寧。

一廳，銅鼓，清宣統元年，由義寧州之銅鼓營改置。據光緒三十年十月二十一日《申報》志議改官制一條有云，將

義寧州升為直隸州，其瑞州府屬駐寧銅鼓營同知裁撤，改為縣治，由義寧直隸州管轄。升州改縣之議，其後並未實行也。改廳事，即在此後，詳《縣沿革考略》。

（二）瑞州府領縣三，治高安。

高安、上高、新昌。

（三）袁州府領縣四，治宜春。

宜春、分宜、萍鄉、萬載。

（四）臨江府領縣四，治清江。

清江、新淦、新喻、峽江。

（五）吉安府領縣九、廳一，治廬陵。

九縣、廬陵、泰和、吉水、永豐、安福、龍泉、萬安、永新、永寧。

一廳，蓮花，乾隆八年，割永新、安福地置，以吉安府同知移駐。

（六）撫州府領縣六，治臨川。

臨川、崇仁、金溪、宜黃、樂安、東鄉。

（七）建昌府領縣五，治南城。

南城、南豐、新城、廣昌、瀘溪。

（八）廣信府領縣七，治上饒。

上饒、玉山、弋陽、貴溪、鉛山、廣豐（雍正十年，以與吉安府之永豐同名改。按謝巡撫旻請改名為九年五月事，奉旨允改，則十年也）、興安。

（九）饒州府領縣七，治鄱陽。

鄱陽、餘干、樂平、浮梁、德興、安仁、萬年。

（十）南康府領縣四，治星子。

星子、都昌、建昌、安義。

（十一）九江府領縣五，治德化。按咸豐四年三月，太平軍改湖口縣為九江郡，以九江府為江西省。見吳宗慈編《太平軍在江西省軍事編年紀》引張宿煌《備志紀年》。《備志紀年》，原書存蔚挺圖書館。

德化、德安、瑞昌、湖口、彭澤。

（十二）南安府領縣四，治大庾。

大庾、南康、上猶、崇義。

（十三）贛州府領縣八、廳二，治贛。

八縣：贛、雩都、信豐、興國、會昌、安遠、龍南、長寧。

二廳，定南（乾隆三十八年，改縣為廳，移贛州府同知駐轄）、虔南〔光緒二十九年，准巡撫魏光燾於龍南之觀音閣城置。按閣城原轄龍南之三堡與信豐之四堡。置廳時，太平堡仍隸龍南，即信豐之回坽（一作戈）、步口兩堡，今亦仍屬信豐〕。

（十四）寧都直隸州，乾隆十九年寧都縣升置。領縣二。

瑞金（是年自贛州府來屬）、石城（是年自贛州府來屬）。

十三府一州直隸州，合計屬縣七十有五，屬州一，屬廳四。

民國

元年冬，廢府及直州。三年，劃全省為四道，分領八十一縣。三年，袁大總統令劃一全國縣制，以前所有州廳，一律改縣。

（一）豫章道，領縣二十三，治南昌。

南昌、新建、豐城、進賢、南城、黎川（三年，避河北同名之新城而改，同是浙江之新城，改新登。貴州新置之新城，亦改名，為興仁）、南豐、廣昌、資溪（三年，避河南同名瀘溪而改，稱資溪）、臨川、金溪、崇仁、宜黃、樂安、東鄉、餘江（三年避湖南同名之安仁而改）、上饒、玉山、弋陽、貴溪、鉛山、廣豐、橫峰（二年避廣西同名之興安，改名）。

（二）潯陽道，領縣二十，治九江。

九江（三年，避福建同名之德化改，其新置川滇務之德化澤，改稱德格）、德安、瑞昌、湖口、彭澤、星子、都昌、永修（三年，避四川同名之建昌道改，河北之建昌則改凌源）、安義、鄱陽、餘干、樂平、浮梁、德興、萬年、奉新、靖安、武寧、修水（二年州改縣，避廣西同名之義寧縣而改）、銅鼓（二年，由廳改縣）。

（三）盧陵道領縣二十一，治高安。改治宜春，三年，移治吉安。

吉安（三年七月一日，奉內務部飭改，蓋嫌與盧陵道同名）、宜春、泰和、吉水、永豐、安福、遂川（三年，避浙江同名之龍泉而改，貴州之龍泉，則改稱鳳泉）、萬安、永

新、寧岡（三年，避四川同名之永寧道改，河南之永寧，改洛寧，山西新置之永寧改離石）、蓮花（二年，由廳改縣）、清江、新淦、新喻、峽江、分宜、萍鄉、萬載、高安、上高、宜豐（二年，避浙江同名之新昌改）。

（四）贛南道領縣十七，治贛。

贛、雩都、信豐、興國、會昌、安遠、尋鄔（三年，避四川同名之長寧縣改，廣東之長寧，則改新豐）、龍南、定南（二年，廳復改縣）、虔南（二年，由廳改縣）、大庾、南康、上猶、崇義、寧都（二年由州改縣）、瑞金、石城。

十五年道廢，各縣均隸於省。二十一年，劃全省為十三行政區，區設行政長官。

（一）第一行政區轄縣八，駐新淦。

南昌、新建、進賢、安義、高安、清江、豐城、新淦。

（二）第二行政區轄縣六，駐武寧。

武寧、永修、靖安、奉新、修水、銅鼓。

（三）第三行政區轄縣七，駐瑞昌。

瑞昌、德安、九江、星子、湖口、都昌、彭澤。

（四）第四行政區轄縣六，駐鄱陽。

鄱陽、浮梁、樂平、德興、萬年、餘干。

（五）第五行政區轄縣六，駐臨川。

臨川、東鄉、金溪、餘江、貴溪、資溪。

（六）第六行政區轄縣六，駐上饒。

上饒、玉山、廣豐、橫峰、弋陽、鉛山。

（七）第七行政區轄縣六，駐南城。

南城、黎川、南豐、宜黃、崇仁、樂安。

（八）第八行政區轄縣七，駐萍鄉。

萍鄉、宜春、萬載、分宜、宜豐、上高、新喻。

（九）第九行政區轄縣八，駐吉安。

吉安、吉水、峽江、永豐、泰和、萬安、興國、平赤。

二十年一月，設東固特別行政區，將吉安之純化鄉及儒林鄉之七十四都劃歸其管轄（內有永豐屬地）。七月，改為平赤縣。二十二年，省（新修之《吉安縣志》作二十三年廢，誤）。附考，東固地屬吉安縣凸出部之南隅，東為永豐龍岡，東南為興國城岡，西南為興國縣，城西為泰和固陂，又西為泰和縣城，西北為本縣富田，北為吉水水南水北二市，東北為吉水之白沙與豐之沙溪。

（十）第十行政區轄縣五，駐永新。

永新、安福、蓮花、寧岡、遂川。

（十一）第十一行政區轄縣六，駐寧都。

寧都、廣昌、石城、瑞金、雩都、會昌。

（十二）第十二行政區轄縣六，駐贛縣。

贛、南康、信豐、上猶、崇義、大庾。

（十三）第十三行政區轄縣五，駐龍南。

龍南、虔南、定南、安遠、尋鄔。

二十年至二十四年，中央軍駐江西剿匪時，在政治區劃上，有一應時之重要措施，曾特設縣治特別區政治局。二十四年四月，悉省撤之。慈依其設立先後為次述如下：

（一）平赤縣，見上第九區注。

（一）慈化特別區政治局　二十二年二月設，局長白烜。附考，分劃萬載、宜春、萍鄉三縣地，設局於慈化。其地屬宜春西北境，東北為萬載縣城，南為萍鄉蘆溪，北為湘省瀏陽境，東北為萬載之潭部與大橋。

（二）藤田特別區政治局　二十二年十月設，局長彭尚。二十三年十二月，彭尚辭，易李琦。附考，分劃永豐、吉水、樂安三縣地，設局於藤田。其地屬永豐第五、六、七三區，吉水第三、八兩區，樂安第二區，臨烏江之兩岸，烏江乃入贛州之支流。

（三）龍岡特別區政治局　二十二年十月設，局長余正東。附考，分劃吉安、吉水、永豐三縣地，設局於龍岡，其地屬永豐第八區、吉水第七區、吉安第七區，其後併入藤田政治局兼理。

（四）鳳岡特別區政治局　二十年十月設，局長葛芝岩。附考，分劃崇仁、宜典二縣地，設局於鳳岡。其地屬崇仁第五、七兩區，宜黃第二、三兩區。

（五）新豐特別區政治局　二十二年十月設，局長劉千俊。附考，分劃宜黃、南豐、寧都三縣地，設局於新豐。其地屬宜黃縣南部，在南豐之北，宜黃之西，再西南為寧都。

（六）找橋特別區政治局　二十三年二月設，局長朱興曙。附考，分劃奉新、宜豐、修水、銅鼓四縣地，設局於找橋。其地屬宜豐北境。東為奉新上富鄉，南為宜豐縣城，西南銅鼓縣城，西北修水山口，東北為奉新之九仙湯。

（七）洋溪特別政治局　二十三年二月設，局長柏式

諾。附考，分割安福、永新、萍鄉、蓮花四縣地、設局于洋溪。其地屬安福西部，在蓮花東，永新東北，萍鄉東南。有洋溪水，東南流經吉安，入於贛江。

（八）大汾特別區政治局　二十三年四月設，局長羅元鎮。附考，其地屬遂川西部，與湖南酃、桂東二縣交界。（下略附政治局設置原委及組織條例）

二十三年，婺源縣自安徽省來屬。光澤縣自福建省來屬。

二十四年四月二十四日，縮改全省為八行政區，區設行政督察專員。按，南昌別立市。

（一）第一行政區轄縣十，治武寧。

武寧、修水、銅鼓、奉新、靖安、安義、永修、南昌、進賢、新建。

（二）第二行政區轄縣十一，治萍鄉。

萍鄉、宜春、萬載、分宜、上高、宜豐、新喻、高安、新淦、清江、豐城。

（三）第三行政區轄縣十一，治吉安。

吉安、吉水、峽江、永豐、泰和、萬安、遂川、寧岡、永新、蓮花、安福。

（四）第四行政區轄縣十一，治贛縣。

贛縣、南康、上猶、崇義、大庾、信豐、虔南、龍南、定南、尋鄔、安遠。

（五）第五行政區轄縣十二，治浮梁。

浮梁、婺源、德興、樂平、鄱陽、都昌、彭澤、湖口、

九江、星子、德安、瑞昌。

（六）第六行政區轄縣十，治上饒。

上饒、廣豐、玉山、橫峰、鉛山、弋陽、貴溪、餘江、萬年、餘干。

（七）第七行政區轄縣十一，治南城。

南城、南豐、宜黃、樂安、崇仁、臨川、東鄉、金溪、資溪、光澤、黎川。

（八）第八行政區轄縣七，治寧都。

寧都、廣昌、石城、瑞金、會昌、雩都、興國。

合計為縣八十有三。

二十六年，復設湘鄂贛邊區特別區政治局四處，不久皆廢。內天岳關，黃金洞二區，分隸湘鄂，故不詳紀其置廢。屬江西省者，二區。

（一）九宮山，山綿互於江西武寧、修水等縣及鄂省通山、陽新等縣界。二十六年六月一日成立，局長吳都駿，保安第三團團長兼任。月支一千九百一十三元，由湘鄂贛三省平均分擔。二十七年六月一日撤銷。未完事件，分移有關武寧、銅鼓、萍鄉、安福、修水、萬載、蓮花、宜春等縣辦理。

（二）武功山，山綿互於江西萍鄉、安福、蓮花等縣及湘省茶陵、醴陵等縣界內。二十六年六月一日成立，局長陳銳，保安第九團團長兼任。經費與九宮山同。二十七年六月一日撤銷，未完事件，分移有關之茶陵、攸縣、萍鄉、安福、蓮花等縣辦理。

自中日戰事起，南昌於二十八年三月告陷，省政府移駐吉安。是年冬，復移泰和。時贛北各縣，頗為寇踞，因時制宜，增行政區為十一區。除第三、第四、第六、第七、第八區仍舊外，其第一、第二、第五各區屬縣，略有變更如下：

第一行政區轄縣三，武寧，修水，銅鼓。專署駐此。

第二行政區之豐城，別屬第十一區。第五行政區之九江、星子、德安、瑞昌四縣，別劃為第九行政區，專署設岷山。

新增第十行政區轄縣五，永修、奉新（專署設於縣之上富）、安義、靖安、新建。

第十一行政區轄縣三，豐城（專署設此）、南昌、進賢。

三十一年八月，因地理形勢沿革習慣及交通面積等狀況，經一四八九次省務會議加以調整，改劃為九個行政區。

第一區，轄南昌、新建、進賢、豐城、清江、新淦、高安，共七縣。專署駐豐城。

第二區，轄修水、銅鼓、萍鄉、萬載、宜豐、上高、新喻、分宜、宜春共九縣。專署駐宜春。

第三區，轄峽江、永豐、吉水、吉安、泰和、萬安、遂川、寧岡、蓮花、永新、安福共十一縣。專署駐吉安。

第四區，轄贛、南康、上猶、崇義、大庾、信豐、安遠、尋烏、龍南、定南、虔南共十一縣。專署駐贛縣。

第五區，轄彭澤、湖口、都昌、鄱陽、浮梁、婺源、德興、樂平共八縣。專署駐浮梁。

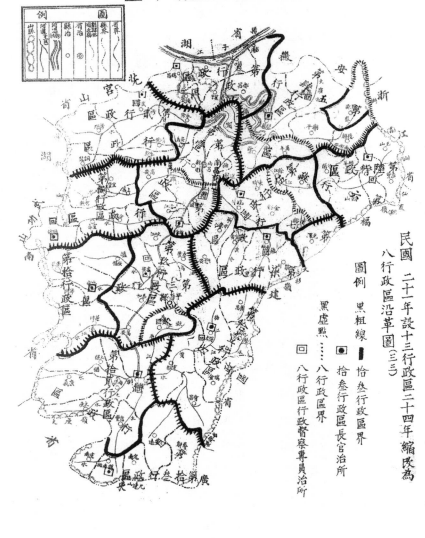

江西省現轄區域詳圖

民國二十一年設十三行政區二十四年縮陝為八行政區沿革圖（三三）

圖例

　黑粗線 ▬　拾叁行政區界
　　　　 ◉　拾叁行政區長官治所
　黑虛點 ‥‥　八行政區界
　　　　 回　八行政區行政督察專員治所

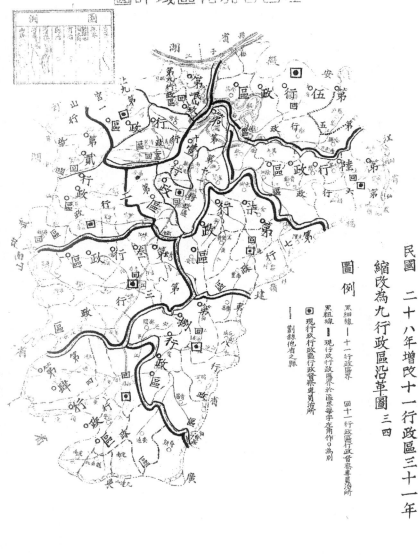

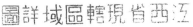 江西省現區轄域詳圖

民國 二十八年增改十一行政區三十一年

縮改為九行政區沿革圖三四

圖例

黑細線—十一行政區界

黑粗線 現行政區界於區界每字左角作○為別

◎現行政區行政督察專員治所

⊙十一行政區行政督察專員治所

劃隸他省之縣

　　第六區，轄玉山、廣豐、上饒、橫峰、弋陽、鉛山、貴溪、萬年、餘干、餘江，共十縣。專署駐上饒。

　　第七區，轄南城、南豐、東鄉、臨川、宜黃、崇仁、樂安、金溪、資溪、光澤、黎川共十一縣。專署駐南城。

　　第八區，轄寧都、廣昌、石城、瑞金、會昌、雩都、興國共七縣。專署駐寧都。

　　第九區，轄武寧、瑞昌、九江、德安、星子、永修、安義、靖安、奉新共九縣。專署駐武寧。

　　附註：三十六年七月，奉行政院令，婺源縣仍劃歸安徽省，光澤縣仍劃歸福建省。

（江西省文獻委員會 1947 年鉛印本）

第十節 ▶ 當代的江西行政區劃

　　一九四九年四月二十一日，中國人民解放軍渡過長江，向全國進軍。當天，解放軍第二野戰軍的四兵團第十三軍三十七師進入江西，攻占馬當要塞，旋即解放彭澤縣。同時，第二野戰軍的第十六軍四十八師直抵婺源，於五月一日解放婺源縣。同月，皖贛二省商定，將婺源縣劃隸江西省。

　　江西全境解放大致分三個階段。第一階段自一九四九年四月至五月，解放軍挺進贛東北，於半個月內解放上饒等廣大地區，五月十七日解放九江，五月二十二日解放南昌市。第二階段自七月十日湘贛戰役開始至月底止，解放贛江沿岸及浙贛鐵路兩側諸縣，全國聞名的工礦重鎮萍鄉縣於七月二十三日解放。第三階段

自八月八日贛南戰役開始，八月十四日解放贛州，至九月底解放贛南全境。

六月十六日，江西省人民政府成立。九月六日省人民政府公佈全省行政區劃。此後，隨著四十多年間社會主義建設事業的飛速發展，行政區劃相應進行調整變動，發展成行政區單位增多、層次提高、隸屬關係複雜的新格局。

當代江西行政區劃的特點：一是行政區劃名稱變革頻繁，這既和特定時期的社會政治變革有關（如人民公社的成立），也和經濟發展、行政機構的改革有密切聯繫；二是承繼了我國傳統的地方政府組織結構的層級形式，雖然其稱謂時有變替，即省、市（地區）、縣（區、縣級市）、鄉（鎮、公社）；三是新中國的成立，發展經濟成為政府的主要使命，從經濟地理出發進行行政區劃調整成為主要視角，如市、鎮的不斷增加便是如此。

一、地區專署的劃分與調整

一九四九年九月至一九五二年九月

新中國成立後，地方政府的層級構成最大變更是地區專署的設立，江西也不例外，在全省轄區內劃分若干個地區，實施分片管理，這是明清時代行省下面設「道」的繼承與發展，也是民國時期的行政區制度的變更，民國江西曾劃分十三個行政區，後縮減為九個。一九四九年九月六日江西省人民政府公佈：「省行政區劃正式確定，設九個專署，一省轄市，五市八十二個縣」。省轄市為南昌市，九專署與所轄市、縣如下：

南昌專署治地為南昌市，轄南昌（縣）、豐城、高安、新

建、進賢、清江、奉新、新淦、安義、靖安十縣。

九江專署治地為九江市，轄九江市、九江（縣）、瑞昌、武寧、永修、星子、德安、修水、湖口、彭澤、都昌一市十縣。

袁州專署治地為宜春，轄宜春、萬載、萍鄉、宜豐、分宜、新喻、銅鼓、上高八縣。

撫州專署治地為撫州市，轄撫州市、臨川、崇仁、南城、樂安、黎川、南豐、宜黃、金溪、資溪一市九縣。

吉安專署治地為吉安市，轄吉安市、吉安（縣）、吉永、泰和、遂川、永新、萬安、安福、蓮花、峽江、寧岡、永豐一市十一縣。

贛州專署治地為贛州市，轄贛州市、贛縣、龍南、大庾、信豐、南康、上猶、尋烏、安遠、崇義、虔南、定南一市十一縣。

瑞金專署治地為瑞金，轄瑞金、寧都、會昌、興國、雩都、石城、廣昌七縣。

樂平專署治地為樂平，轄景德鎮市、樂平、德興、萬年、餘干、鄱陽、浮梁、婺源一市七縣。

上饒專署治地為上饒，轄上饒、玉山、弋陽、橫峰、鉛山、廣豐、東鄉、餘江、貴溪九縣。

專署，全稱為省人民政府的行政督察專員公署，是省級人民政府的派出機構，代表省人民政府行使省府委派的各項治理地方事物的權力。

需要指出的是，在確定這個行政區域的時候，贛南各縣還沒有完全解放。隨著形勢的發展，與贛南相關的專署的名稱與駐地時有改變。據新版《瑞金縣志》《寧都縣志》及《贛州地區志》

的記載，瑞金專署實際上沒有設在瑞金，而是設在寧都，其名稱也稱做寧都專署。《寧都縣志》大事記寫道：一九四九年八月，「成立中共寧都地委和寧都分區專員公署」。

其次，九月六日《江西日報》公佈的決定中沒有設立贛西南行政公署的條文，而在這之前的八月二十七日已成立中共贛西南區黨委、贛西南行政公署。爾後，贛州專區、寧都專區、吉安專區統轄於贛西南行政公署之下。這種在行政專署之上尚設更大層級相當於省級地方政府機構區劃的做法，是和當時贛南的特殊政治軍事形勢密切相關的，贛南與廣東接壤，當時贛南各縣剛剛解放（石城縣 9 月 30 日解放），而準備解放廣東和華南的工作正在加緊進行。九月七日至二十日，葉劍英在贛州先後主持召開作戰會議；中共中央華南分局擴大會議和華南分局會議，確定了有關作戰部署和工作事宜。

一九四九年十一月二十三日，贛州專署宣佈撤銷，所轄各縣由贛西南行政公署直接領導。

在贛東北地區，一九四九年六月已成立贛東北行政公署，駐上饒市，六月六日發佈第 3 號通令，決定設立上饒、鄱陽、貴溪、浮梁四個行政督察專員公署和景德鎮市政府。贛東北行署隸屬於華東軍區。九月三日，中共中央指示贛東北地區劃歸華中區江西省管轄。十日，撤銷贛東北行署，所屬四專區歸江西省管轄，景德鎮市由樂平專區管轄。上饒、貴溪兩專區合併為上饒專區，駐上饒；鄱陽、樂平兩專區合併為浮梁專區，駐景德鎮。

根據省民政廳編制的《江西省 1949-1983 年行政區劃統計表》，一九四九年有瑞金專區而無寧都專區。建制變更和改名都

在一九五〇年，具體情況是：撤銷贛州專區，省委是一九五〇年六月九日報告備案；樂平專區改名浮梁專區，瑞金專區改名寧都專區，省委都是一九四九年九月四日報告，中南軍政委員會一九五〇年批准。由此看來，有關地區志、縣志記述上的時間差異，可能是依據本地政府上報的文件簽署的日期，所以比上級政府批准日期更早。下級報告與上級批准的時間距離小，以報告之時為事情的開端是可以的，如果間距較長，則以批准的年月為始更妥。因為待批期間政府的活動，一般仍在原有機構內運作。

一九五〇年，全省共劃分八個專區，即南昌、袁州，九江、撫州、上饒、浮梁、吉安、寧都。吉安、寧都兩專區之上有贛西南行政公署。

一九五一年八月九日，政務院批准江西撤銷贛西南行政公署，設立贛州專區，領導原行署所轄的贛州市、贛縣、南康、大庾、信豐、上猶、崇義、龍南、定南、虔南、安遠。吉安、寧都、贛州三專區均由省直轄。據當年七月十日省政府關於撤銷贛西南行署成立贛州專署的決定，這個變更的理由是：「贛西南行政公署自成立以來，在將近兩年的時期內，統一領導進行贛西南地區的支援前線、接管城鄉、清剿土匪、恢復與發展生產、政權建設、生產自救、土地改革、抗美援朝、鎮壓反革命，以及其他各項社會改革工作中，均獲得了很大的成績，完成了它所負擔的任務。現因贛西南地區已大部分土改，群眾已相當發動，秩序交通均已穩定正常，情況已有新的變化，為了工作方便，經中南軍政委員會六月廿九日批准，決定將贛西南行政公署撤銷，並批準成立贛州專署。」

由於贛州專署的成立，全省恢復為九專區。

一九五二年十月至一九七八年

一九五二年對專區作了大調整，全省的專區縮減為六個。當年十月八日政務院批准，撤銷袁州專區，所轄八縣劃歸南昌專區領導。撤銷浮梁、上饒兩專區，合併設立鷹潭專區，駐貴溪縣鷹潭鎮。不久，鷹潭專區更名上饒專區，駐地遷上饒市（政務院1952年12月6日批准）。撤銷寧都專區，原所轄的廣昌、石城、寧都三縣劃歸撫州專區，雩都、會昌、瑞金、興國、尋鄔五縣劃歸贛州專區。約兩月後，石城、寧都二縣改劃歸贛州專區領導（政務院1952年12月6日批准）。

在上述同一時期內，還曾改撫州專區為南城專區，駐地遷南城縣。約兩月之後，再恢復原名，駐地遷回撫州市。

縣級行政區隸屬關係方面的另一變更是新淦縣脫離南昌專區，改屬吉安地區。

一九五四年五月，國務院批准設立贛南行政公署，撤銷贛州專區，原屬贛州專區的市縣統歸行政公署領導。六月三日，江西省人民政府發佈成立贛南行政公署命令，隨令頒發省政府關於成立贛南行署的決議。決議稱：「隨著國家社會主義工業化大規模經濟建設計劃的進行，我省贛南地區的工礦生產建設正在迅速地發展，在該地區的交通運輸、動力設備及合作供應等也必須有與此相應的發展。為了適應該地區的工礦生產建設的發展並加強其領導，特決定：一、設立江西省人民政府贛南行政公署，在行政公署成立時，現在贛州專署即行撤銷，專署工作應即移交行署接受。二、江西省人民政府贛南行政公署領導原屬贛州專署之一市

十七縣及該地區工礦的建設和生產，保證生產和建設任務的按時完成。」

　　贛南是江西工礦生產的重點基地。一九五三年初已分別建立大吉山、西華山、歸美山、盤古山、畫眉坳五個國營鎢礦，其中大吉山、西華山、歸美山鎢礦並列為國家第一個五年建設計劃的重點工程。為了保證工礦企業生產的電力供應，在上猶江興建我國第一座壩內廠房水力發電站，該電站也列入國家「一五」計劃重點工程。贛南行署的成立，適應了大規模經濟建設的需要，有利於該地建設任務的完成。

　　當年，將撫州專區的廣昌縣劃歸贛南行政區，省人民政府於六月二十三日向國務院報告備案。

　　一九五八年，南昌專區更名為宜春專區，駐地遷往宜春縣。省民政廳於當年十二月八日向國務院報告備案，具體執行早於這個時間。八月二十三日，「南昌縣從南昌專區（當時已改為宜春專區）劃歸南昌市管轄」。同時，將進賢縣劃歸撫州專區領導。一九六○年，進賢縣重又劃回宜春專區。

　　一九六四年六月八日，國務院批准贛南行政區更名為贛州專區。這樣，全省共為宜春、九江、撫州、上饒、吉安、贛州六個專區。

　　「文化大革命」的一九六八年中，吉安專區更名為井岡山地區（駐地仍在吉安市）。當年又將進賢縣劃歸撫州專區領導。一九七○年，宜春、九江、撫州、上饒、贛州五專區都更名為地區，專員公署更名為行政公署。

一九七九年至一九九七年

一九七九年七月十日，國務院批准井岡山地區恢復原名為吉安地區。

一九八三年七月二十七日國務院批准，撤銷九江地區，所屬的九江、彭澤、湖口、都昌、星子、水修、德安、瑞昌、武寧、修水十縣劃歸九江市領導（九江市於 1980 年升格為地級市，由省直轄）。從此，全省只有五個地區，九江市成為江西轄縣最多、轄區最大的地級市。

1949-1999 年全省行政區劃統計一覽

年份	專（地）區	行政（署）區	地級市	縣級市	縣	市轄區	管理區（特別區）
1949	9	1	1	3	82		
1950	8	1	1	5	82		
1951	9		1	5	82		1
1952	6		1	5	82		1
1953	6		2	4	82		1
1954	5	1	2	5	82		1
1955	5	1	2	5	82	4	1
1956	5	1	2	5	82	4	1
1957	5	1	2	5	82	4	1
1958	5	1	2	5	81	5	1
1959	5	1	2	5	81	5	1
1960	5	1	3	6	77	5	1
1961	5	1	3	6	77	6	2
1962	5	1	3	6	78	6	2

續上表

1963	5	1	2	6	79	6	2
1964	6		2	5	80	6	2
1965	6		2	5	80	6	
1966	6		2	5	80	6	
1967	6		2	5	80	6	
1968	6		2	5	80	6	
1969	6		2	6	80	6	
1970	6		3	5	80	6	
1971	6		3	5	80	6	
1972	6		3	5	80	6	
1973	6		3	5	80	6	
1974	6		3	5	80	6	
1975	6		3	5	80	6	
1976	6		3	5	80	10	
1977	6		3	5	80	10	
1978	6		3	5	80	10	2
1979	6		3	7	80	12	2
1980	6		4	6	80	15	1
1981	6		4	6	81	16	
1982	6		4	6	81	16	
1983	5		6	5	80	18	
1984	5		6	6	79	17	
1985	5		6	6	78	17	
1986	5		6	6	78	17	
1987	5		6	6	77	17	

續上表

1988	5		6	8	76	15	
1989	5		6	9	75	15	
1990	5		6	10	74	15	
1991	5		6	10	74	15	
1992	5		6	11	73	15	
1993	5		6	12	72	15	
1994	5		6	13	71	15	
1995	5		6	14	70	15	
1996	5		6	15	69	15	
1997	5		6	15	71	13	
1998	5		6	15	71	13	
1999	5		6	15	71	13	

1999 年江西省行政區劃一覽

地市名稱	轄區	轄市	轄縣
南昌市	東湖 西湖 青雲譜 灣里		郊區 南昌 新建 進賢 安義
景德鎮市	昌江 珠山	樂平	浮梁
萍鄉市	安源 湘東		蓮花 上栗 蘆溪
新余市	渝水		分宜
九江市	廬山 潯陽	瑞昌	九江 星子 武寧 彭澤 永修 湖口 德安 都昌
鷹潭市	月湖	貴溪	餘江
上饒地區		上饒 德興	上饒 廣豐 波陽 婺源 鉛山 餘干 橫峰 弋陽 玉山 萬年
宜春地區		宜春 豐城 樟樹 高安	銅鼓 靖安 宜豐 奉新 萬載 上高

續上表

地市名稱	轄區	轄市	轄縣
撫州地區		臨川	南豐 樂安 金溪 南城 東鄉 資溪 宜黃 廣昌 黎川 崇仁
吉安地區		吉安 井岡山	吉安 永豐 永新 新幹 泰和 峽江 遂川 安福 吉水 寧岡 萬安
贛州地區		贛州 瑞金 南康	石城 安遠 贛縣 寧都 尋鄔 興國 定南 上猶 于都 龍南 崇義 信豐 虔南 大庚 會昌
合計 地區 5	地級市 6	縣級市 15	縣 71 直轄區 13

二、地級市的設置與增設

　　我國地方政府市層級的設置分為三等：省級、地級、縣級。我省只存在地、縣兩個層級的市。在市管縣行政區劃改革之前，江西省有地級市六個、縣級市十五個。眾多市的設立，是社會經濟進步、城市建設發展的需要。國務院一九五五年六月九日通過的《關於設置市、鎮建制的決定》中規定：「市、鎮是工商業和手工業的集中地」；「聚居人口十萬以上的城鎮，可以設置市的建制。聚居人口不足十萬的城鎮，必須是重要工礦基地、省級地方國家機關所在地、規模較大的物資集散地或者邊遠地區的重要城鎮，並確有必要時方可設置市的建制」。一九九三年五月十七日，國務院批轉民政部《關於調整設市標準的報告》，對縣級市、地級市規定了更具體的標準數據，其中主要是非農業人口在總人口中的比例、工業產值在工農業總產值中的比例、第三產業在國內生產總值中的比例三者比較高，城區公共基礎設施較完善（《報告》全文見本書附錄）。江西已經設置的地級市、縣級市，

除南昌市為省級國家機關駐地之外，其他全部是工礦業基地、規模較大的物資集散地，符合國家規定的設市條件。

二十世紀末，在我省實施取消行政專署改為地級市之前，我省共有地級市六個，即南昌市、景德鎮市、萍鄉市、九江市、新喻市、鷹潭市。其行政區劃的特點：一是均由省政府直轄，經濟相對發達、城市人口眾多；二是其下領轄若干個縣或代管縣級市。

南昌市

南昌正式設市，始於一九二六年（民國十五年）。一九四九年解放以後，省人民政府於九月六日公佈的第一份全省行政區劃中，南昌市為省直轄市，地區級。

一九五五年，南昌市分設東湖區、勝利區、撫河區、西湖區。這些區屬於縣級行政單位。

一九五八年三月，省人民委員會決定，南昌、新建二縣由南昌專區劃歸南昌市管轄。同時，市內增設青雲譜區。市領導縣的體制是根據建設事業發展的需要而出現的，一九五九年九月全國人民代表大會常務委員會通過的《關於直轄市和較大的市可以領導縣、自治縣的決定》指出：「為了適應我國社會主義建設事業的迅速發展。特別是去年以來工農業生產的大躍進和農村人民公社化，密切城市和農村的結合，促進工農業的相互支援，便於勞動力的調配，決定：直轄市和較大的市可以領導縣、自治縣。」這樣，省縣二級制之中發展出部分的省市縣三級制。

一九六一年九月十六日，國務院批准南昌、新建二縣劃歸宜春專區。南昌市再增設郊區，與前此設立的東湖、西湖、勝利、

撫河、青雲譜區合計六區。

景德鎮市

景德鎮在一九二七年（民國十六年）春稱市，成立市政公署，七月撤銷。一九二八年初成立政府，一九二九年撤銷，仍為鎮，歸浮梁縣領導。

一九四九年四月二十九日，浮梁縣景德鎮獲得解放，並即就鎮置市，稱景德鎮市，直屬贛東北行署，從此脫離浮梁縣管轄。九月，景德鎮市改為縣級市，與浮梁縣同屬樂平專區。一九五三年六月十五日，政務院批准景德鎮市升為地級市，由省直轄。省政府關於景德鎮市歸省直接領導的命令稱：「查景德鎮市原委託浮梁專屬代管，上饒、浮梁兩專屬合併後，該市仍委託上饒專署代管。由於該市距離目前的專署所在地上饒市較遠，專署領導不便，景市與專署聯繫亦較困難，經省府呈報中央人民政府政務院批准，將該市由省直接領導。」凡政法、文教等系統均於六月十五日起與省直接發生關係；有關財政經濟的問題，原與上饒專署的關係，一律至六月底結清手續，於七月一日起與省直接發生關係。

一九五八年十月，上饒專區的浮梁縣劃歸景德鎮市領導。從此根本改變了景德鎮與浮梁縣的隸屬關係。當時省委省政府決定，「將浮梁縣委託景德鎮市人民委員會領導，縣的建制不變」。一九六〇年九月，撤銷浮梁縣，將其行政區域併入景德鎮市。

一九七九年三月十四日，江西省革命委員會批准，景德鎮市區分設昌江區、珠山區，均為縣級行政區。一九八〇年四月十六日，省人民政府又批准景德鎮市設立鵝湖區、蛟潭區。這兩區不

在市區，大致相當原浮梁縣轄區。

一九八三年七月二十七日，國務院批准將上饒地區的樂平縣劃歸景德鎮市領導。

一九八八年十月十一日，國務院批准撤銷蛟潭區和鵝湖區，恢復浮梁縣。十一月二日，省政府下達關於恢復浮梁縣建制的通知。復建後的浮梁縣仍歸景德鎮市領導，以原蛟潭區、鵝湖區的行政區域為轄區，縣城駐舊城鄉。鑒於浮梁縣治在一九一六已遷往景德鎮，舊城已經沒有駐縣所必須的房屋設施，所以建縣籌備領導小組確定縣政府機關新建在大石口（位於舊城南面六公里處）。一九八九年七月，省地名委員會批准，舊城區更名為浮梁鎮。一九八九年八月十二日，浮梁縣第四屆（復縣後第一屆）人民代表大會第一次會議召開，選舉產生了浮梁縣人民政府。

從此，景德鎮市轄昌江、珠山二區，樂平、浮梁二縣。

萍鄉市

萍鄉是我國著名的煤礦重地。一九四九年七月解放以後，成立了萍鄉煤礦公司。一九五〇年三月，煤礦公司改組為萍鄉礦務局，隸屬華南軍政委員會工業部。自一九五二年開始，改屬國家燃料工業部（煤炭工業部）。一九六〇年九月三十日，國務院批准設立萍鄉市，縣級，撤銷萍鄉縣，以其轄區為萍鄉市的行政區域，仍由宜春專區領導。

一九七〇年三月十日，國務院批准宜春地區的萍鄉市升為地級市，由江西省直轄。一九七六年二月，設立城關、湘東、上栗、蘆溪四個縣級行政區。

一九九二年六月二十日，國務院批准將吉安地區的蓮花縣劃

歸萍鄉市管轄。改轄的理由是萍鄉市有領導蓮花的有利條件，它是贛西經濟、科技、文化中心，有很強的實力和發展優勢；把蓮花改隸萍鄉將有利於進一步促進區域經濟的發展。蓮花是農業縣，是國家定點扶貧縣，劃歸萍鄉市以後，可以減少地域廣、人口多、貧困面大的吉安地區的貧困縣數，減輕其扶貧負擔，也使蓮花能夠依託萍鄉的工業基礎、交通條件、技術力量、科學文化優勢，加快礦產資源開發利用，加快工業、鄉鎮企業和農業的全面發展。同樣，蓮花的資源必將促進萍鄉的工、農業進一步發展。

一九九三年五月，萍鄉市城關區更名為安源區。

一九九七年十一月十三日，國務院批准撤銷萍鄉市的上栗區，設立上栗縣，縣人民政府駐上栗鎮；撤銷蘆溪區，設立蘆溪縣，縣人民政府駐蘆溪鎮。上栗、蘆溪二縣的行政區域即原二區的轄區，建縣後仍由萍鄉市領導。

至此，萍鄉市共轄安源、湘東二區，蓮花、上栗、蘆溪三縣。

九江市

九江是襟江帶湖的港口城市，歷來為長江中下游地區的交通樞紐和戰略要地。一九二七年三月曾經設市政廳，一九二八年改設市政府，一九三四年再改為市政委員會。隨後併入九江縣。一九四九年五月十六日，中國人民解放軍解放九江。不久，市區與九江縣分開，六月四日，以城區潯陽鎮設九江市，縣級，十五日，成立九江縣人民政府，市縣同隸屬九江專區，九江市、縣和專區機關都設在市區。

一九六〇年九月撤銷九江縣，其行政區域併入九江市。一九六二年十月，恢復九江縣，以九江市的部分行政區域為其轄區。一九六八年九月，九江縣機關遷出九江市區，新建縣治於市南的沙河街。

一九八〇年三月二十八日，國務院批准九江地區的九江市升為地級市，由省直轄。四月，國務院批准九江港承辦外貿運輸業務。五月，省人民政府批准九江市設立三個縣級區：廬山區、潯陽區、郊區。

一九八三年七月二十七日，國務院批准撤銷九江地區，所屬的九江、彭澤、湖口、都昌、星子、永修、德安、瑞昌、武寧、修水十縣劃歸九江市領導。

江西實施市領導縣的體制，始於一九五八年南昌縣、新建縣劃歸南昌市，但是由於經濟基礎薄弱，客觀條件侷限，僅維持兩年，一九六一年南、新二縣仍劃回宜春專區。間隔十年之後，一九七一年才又將南、新二縣劃歸南昌市領導。延續至一九八三年，全面推行市領導縣的體制，九江、景德鎮、新喻、鷹潭4市都有隸屬的縣，而九江市取代九江專區，統管十縣，成為江西轄縣最多、行政區域最大的地級市。

一九八七年，九江市的郊區撤銷。一九八九年，九江市的瑞昌縣改為縣級市，省直轄，由九江市代管。

新余市

新余是江西省內迅速崛起的鋼鐵工業基地。它的前身新余縣，早在明朝就有比較發達的冶鐵生產。一九五七至一九五八年，地質部門發現以新余良山為中心的贛中鐵礦田。一九五八年

冶金部確定在「二五」計劃期間開發贛中鐵礦，興建鋼鐵聯合企業。江西省人民委員會於同年九月組建新余鋼鐵基地建設規劃委員會。十月，良山鐵礦、新余鋼鐵廠開工興建，來自全國各地的建設者頓時增至一萬多名。為了加強對新余建設事業的領導，一九六〇年九月三十日國務院批准，撤銷新余縣，設立新余市，地級，以新余縣的行政區域為新余市的行政區域，由省直轄。

新余由於基建中生產系統不配套，虧損嚴重，又恰值國民經濟三年調整，一九六二年停止基建。於是，新喻市在一九六三年撤銷，恢復新余縣建制（國務院於該年 9 月 14 日批准），屬宜春專區。

經過二十年的整頓改造，新余鋼鐵工業不斷發展起來。一九八三年七月二十七日，國務院批准撤銷新余縣，恢復新余市，地級，由省直轄，同時將宜春地區的分宜縣劃歸新余市領導。當年十月，省政府批准在原新余縣轄區內設渝水區。從此，新余市下轄渝水區、分宜縣。

鷹潭市

鷹潭原是貴溪縣轄的鎮，後因浙贛鐵路、鷹廈鐵路、皖贛鐵路先後建成，鷹潭成為三條鐵路幹線的交匯樞紐，發展為華東交通重鎮；它在行政區劃中的地位相應大變。

一九五七年一月，鷹潭至廈門的鐵路建成通車，江西省人民委員會決定；鷹潭鎮升為縣級鎮，由上饒專區直轄。一九五八年四月劃回貴溪縣。一九六〇年七月重新定為上饒專區直轄鎮。此後的二十年間，鷹潭的建設事業蓬勃發展：至一九七八年七月底人口達九萬五千餘人，非農業人口超過二分之一，為四萬九千餘

人；有中小型工廠企業四十多個。計劃在二三年內新增職工達一萬餘人。為此，國務院一九七九年三月九日批准，設立鷹潭市，縣級，由上饒地區領導，以原鷹潭鎮的行政區域為其行政區域。

嗣後不久，我國最大的銅冶煉企業——貴溪冶煉廠於一九八〇年七月底開工興建，華東地區重要鐵路幹線——皖贛鐵路於一九八二年十月通車營運，鷹潭在交通和工礦建設中的戰略地位進一步提高。一九八三年七月二十七日，國務院批准鷹潭市升為地級：由省直轄，同時將上饒地區的貴溪縣、餘江縣劃歸鷹潭市領導（1996 年貴溪縣改為縣級市，省直轄：由鷹潭市代管）。鷹潭市區內設立月湖區。

三、縣級市的增設

在二十世紀末市管縣行政區劃改革之前我省共有縣級市十五個，它們分別隸屬於景德鎮、九江、鷹潭三省轄市（共 3 個）和上饒、撫州、宜春、吉安、贛州五地區（共 12 個）。下面依其隸屬關係分別記述設市的沿革。

（一）縣級代管市

瑞昌市

瑞昌市，省直轄，由九江市代管。一九九九年十二月二十日國務院批准，撤銷九江市領導的瑞昌縣，「設立瑞昌市（縣級），由省直轄，以原瑞昌縣的行政區域為瑞昌市的行政區域，不增加機構編制」。

瑞昌市是縣級市，實際上仍在九江市領導下。但是，瑞昌市

享有「計劃單列」待遇。這種待遇的具體內容,共有七方面是:

「一、從一九九一年一月一日起,實行計劃單列,享受省轄市,一級的經濟管理權限。國民經濟和社會發展的各項計劃全部在省計劃(包括省政府各部門及金融部門的有關計劃)中單列,計劃指標在九江市總數內的『其中』項單獨列出。」

「二、九江市要繼續加強對瑞昌的領導和支持,把瑞昌的經濟和社會發展納入九江市的中長規劃。」

「三、在瑞昌的省屬、九江市屬工商企業,凡有條件的,都要儘快下放給瑞昌市。」

「四、瑞昌市的城市總體規劃由省政府審批。」

「五、糧食、棉花『三掛鉤』的物資、預付定金均實行計劃單列。」

「六、原則同意享受商品二級批發權。」

「七、經過充分論證,一些亟須建設的基建、技改項目,可由瑞昌市同省計委、省經委商定後先做前期準備工作。」

瑞昌市在省直轄與九江市代管的雙重領導下,擴大對經濟管理的權限,有利於社會經濟建設事業的發展,這是其他縣市不可比的。

樂平市

樂平市,省直轄,由景德鎮市代管。一九九二年九月二十一日國務院批准撤銷景德鎮市領導的樂平縣,「設立樂平市(縣級),由省直轄,以原樂平縣的行政區域為樂平市的行政區域,不增加機構和人員編制」。當年十月二十六日省長吳官正指示:「樂平市計劃單列,屬景德鎮市管轄。」所以樂平市不屬省轄

市，歸景德鎮市管轄，但是財政上「計劃單列」，享有與瑞昌市相同的特殊待遇。

貴溪市

貴溪市，省直轄，由鷹潭市代管。貴溪縣升改為貴溪市，國務院批准於一九九六年五月二十六日。貴溪市為縣級，其行政區域即原貴溪縣行政區域，仍屬鷹潭市領導。

貴溪在改革開放大勢推動下，社會經濟發展加快，城市建設迅速改觀，一九九五年財政收入列全省縣市第三位。當年的工業產值占全縣工農業總產值的百分之八十七點九二；國內生產總值中的第三產業產值占百分之三十點二一；非農業人口占全縣總人口的百分之二十一點五；縣城的非農業人口比例高達百分之九十八點九，自來水普及率達百分之八十八，道路鋪裝率達百分之九十三。

（二）縣級地區轄市

上饒市

上饒市，隸屬上饒地區。一九四九年五月三日上饒解放，十四日立上饒市，以上饒縣治廣平鎮及附近地區為轄區。一九五〇年四月，撤市，復為鎮。一九五〇年十一月二十三日，政務院批准設立上饒市，縣級，以上饒縣的部分行政區域為其行政區域。一九〇三年三月，上饒市與上饒縣合併為上饒市。一九六四年三月，從上饒市析分上饒縣，一九七九年上饒縣遷治於旭日鎮。上饒市成立以後，一直是上饒地區的首府，經濟、文化中心地，至一九九七年仍舊。

德興市

德興市，隸屬上饒地區。一九九〇年十二月二十六日，國務院批准撤銷德興縣，設立德興市，縣級，以德興縣的行政區域為德興市的行政區域，不增加機構和編制。

德興地處贛東北丘陵地區，礦產資源豐富，唐宋時代已是著名的冶銀、煉銅基地。現代的德興銅礦，是全國有色金屬工業重點基地。林業興旺，林業用地占總土地面積的百分之八十，是全省二十個林業重點縣之一。水電建設發展很快，是全國農村電力化初級階段驗收達標縣。一九九〇年社會總產值十一點四一億元，其中工業產值六點五三億元，占百分之五十七點二，農業產值二點三一億元，占百分之二十點二。縣治銀城鎮一九九〇年人口三三五六八人，非農業人口二七二八九人，占百分之八十一，道路鋪裝率與自來水普及率，均達百分之九十八以上。

宜春市

宜春市，隸屬宜春地區。一九七九年十月八日，國務院批准設立宜春市，縣級，以宜春縣的部分行政區域為其行政區域。當時從宜春縣析出的區域包括宜春鎮、下浦公社的八個大隊、渥江公社的三個大隊、樟樹公社的一個大隊、南廟公社的一個大隊、油茶林場的一個大隊，共十六個大隊。一九八五年三月，宜春縣撤銷，其行政區域併入宜春市。

宜春市為宜春地區行署駐地，持續發展至今。

豐城市

豐城市，隸屬宜春地區。一九八八年十月四日，國務院批准，撤銷豐城縣，設立豐城市，縣級，以原豐城縣的行政區域為

豐城市的行政區劃，不增加人員編制，仍屬宜春地區管轄。豐城設市是由於當地豐富的礦產資源，其煤、鎢、銅的蘊藏量在江南都較為豐富，解放後得到了迅速開採，其煤化工、發電業、廢品收購和加工也頗為發達，符合國家的設市條件。當年十二月二十五日，豐城市首屆人民代表大會第一次會議召開，選舉產生市人民政府。通過關於將「豐城縣人民代表大會」改稱為「豐城市人民代表大會」，「縣人民代表」改稱為「市人民代表」，縣國家機構名稱及組成人員改稱為市國家機構名稱及組成人員三個決定。二十六日，豐城市委、市人民政府舉行縣改市掛牌儀式大會。

樟樹市

樟樹市，隸屬宜春地區。一九八八年十月十三日，國務院批准撤銷清江縣，設立樟樹市，縣級，以原清江縣的行政區域為樟樹市的行政區域，不增加人員編制，仍屬宜春地區領導。

樟樹市得名是由於樟樹鎮，樟樹鎮原為清江縣治所在地，是江西省傳統的商埠和手工業重鎮之一，它沿贛江而設，具有交通優勢，歷史上更以藥材加工和貿易著稱，生產的四特酒暢銷全國，解放後附近又發現豐富的岩鹽礦藏並興起了與之相關的采鹽業和鹽化工業。清江縣人民政府於一九八七年十一月十八日向宜春地區行署提出縣改市的報告，認為「樟樹鎮將以藥材加工、四特酒和鹽化工為三大經濟支柱，逐步形成藥都、酒鄉、化工城，經濟發展前景廣闊。為了加快樟樹鎮的開放搞活步伐，特請求將清江縣改設樟樹市（縣級市）」。同年十二月九日，省政府在清江召開了現場辦公會議，對清江縣提出的幾個問題作出六點決定。省政府同意「撤縣改市。……在報經國務院批准建市後，實

行計劃單列，並賦予省轄市一級的經濟管理權限。在批准建市前，從一九八八年一月一日起，先實行縣計劃單列」，享有九項經濟管理權。清江縣改為樟樹市，擴大其經濟管理權限的改革措施，不僅對加快樟樹市經濟發展，而且對全省的改革開放進一步深入，促進經濟發展都起到積極的作用。

高安市

高安市，隸屬宜春地區。一九九三年十二月八日，國務院批准撤銷高安縣，設立高安市，縣級，以原高安縣行政區域為高安市行政區域，仍由宜春地區管轄。高安改市的條件充分，完全符合國家的相關規定，一九九二年全縣總人口七十一點九七萬，其中從事非農業的 19.99 萬人，占 27.78％，比設市標準高 2.78％；縣城人口 13.69 萬，其中從事非農產業 11.79 萬人，占 86‧12％，比設市標準多 1.79 萬人。全縣國民生產總值 10.16 億元，其中第三產業產值 2‧35 億元，占 22％；全縣工農業總產值 21.54 億元，其中鄉鎮以上工業總產值 15.89 億元，占 73.77％。這些經濟指標，全部超過設市標準要求的數值。縣城的建成面積：已經超過總體規劃面積的一半，占 58.68％；自來水普及率達 95%；道路鋪裝率達 100％；排水系統也比較好。一九八五年：高安縣被列為全國商品糧基地縣、生豬出口基地縣、烏龍茶三大基地之一、六十個義務植樹重點縣之一、食品、工業重點縣之一。一九九二年被國務院批准為對外開放縣。提出設市報告之後，隨即獲得批准。

臨川市

臨川市：隸屬撫州地區。1987 年 8 月 22 日，國務院批准撤

銷臨川縣和撫州市，設立臨川市。臨川市為縣級市，以原臨川縣和撫州市的行政區域為其行政區域，市人民政府駐原撫州市贛東大道。仍由撫州地區領導。

臨川縣是贛東大縣，析建撫州市始於解放初期，而變動比較頻繁：1949 年 5 月 9 日，臨川縣解放，7 月，組建臨川市。1950 年 4 月 16 日。臨川市併入臨川縣。1951 年 6 月，臨川縣將城關區改為撫州市（縣屬）。1953 年 2 月，撫州市改為撫州鎮。i954 年 4 月 15 日，撫州鎮劃歸撫州專署管轄。同年 12 月 18 日，國務院批准設立撫州市，縣級，以臨川縣的部分行政區域為行政區域。

1964 年 10 月 31 日，國務院批准撤銷撫州市，其行政區域併入臨川縣。原市區改設撫州鎮，仍舊為臨川縣治。1958 年，臨川縣治遷出撫州鎮，建治於上頓渡鎮。

1969 年 10 月 10 日，國務院批准設立撫州市，縣級，以臨川縣的撫州鎮為其行政區域。1987 年國務院批准撫州市和臨川縣合併，設臨川市。

然而，由於種種原因，臨川縣與撫州市合併工作未能實現，成為一個被擱置的遺留問題。隨著形勢的發展，中共撫州地委、撫州地區行署於 1995 年 3 月成立縣市合併工作領導小組，向省委、省政府報告《關於落實國務院〔1987〕147 號批文精神，進行臨川縣與撫州市合併，設立臨川市幾個原則問題的請示》。省委、省政府原則同意這個請示，要求力爭在 1995 年上半年完成。至此，合併工作基本就緒。新成立的臨川市有四十四個鄉鎮場：近一百萬人口，下設兩個副縣級區：一個是文昌橋區，管轄

原撫州市的行政區域；一個是上頓渡區，管轄原臨川縣的行政區域。區設管理委員會：是過渡性的工作機構，過渡期為二至三年。新的臨川市委設在原臨川縣上頓渡鎮，市政府設在原撫州市贛東大道。

吉安市

吉安市，隸屬吉安地區。吉安為贛中首府，素來是郡、州、路、府的治所。吉安市的設立由來很久，而變動較多。1927 年春，設吉安市政廳，籌建市政府。1928 年 5 月吉安市政府成立，直屬於省。同年 10 月，以城市人口不足二十萬，改設吉安市政局。1929 年 3 月，撤銷市政局。

1930 年 10 月 5 日至 11 月 18 日，中國工農紅軍占領古安，成立江西省蘇維埃政府；同時成立吉安市、吉安縣蘇維埃政府，省，市、縣治均在吉安市區。

1949 年 6 月，吉安解放，析吉安縣石陽鎮成立吉安市：直屬吉安專區。1950 年 11 月 23 日，政務院批准設立吉安市，縣級。這個「批准」，應是對已有事實的認可，不是自批准之日才成立。1953 年吉安市一度降為鎮，旋即復為市。1958 年 11 月，省人民委員會批准吉安市和吉安縣合併，稱吉安市。次年 6 月，吉安市縣又分開。從此以後，吉安市的建制沒有變更。

井岡山市

井岡山市隸屬吉安地區。井岡山是新興的山區城市，五百里井岡山區，在第二次國內革命戰爭時期是毛澤東、朱德、陳毅、彭德懷等老一輩無產階級革命家建立的中國第一個土地革命根據地。解放以後，山區建設事業飛速發展，人口相應增加。1961

年國務院批准井岡山為全國重點文物保護單位，設立井岡山管理局，縣級，以寧岡縣的部分行政區域為其行政區域，直轄於省政府。1965 年撤銷井岡山管理局，其行政區域併入寧岡縣。

1978 年 7 月，重新設立井岡山管理局，為縣級行政單位，以寧岡縣的井岡山鎮為其行政區域，政府機關設茨坪，由省直轄。1981 年 10 月 22 日，國務院批准，撤銷井岡山行政建制，設立井岡山縣，由吉安地區行署管轄，縣治茨坪鎮。1982 年，國務院將井岡山列為第一批國家重點風景名勝區。由於井岡山特殊的紅色旅遊資源和在中華人民共和國建立過程中的特殊作用，為了加強對井岡山風景名勝區的統一領導，加速井岡山的開發和建設，1984 年 12 月 13 日國務院批准，撤銷井岡山縣，設立井岡山市，縣級，仍由吉安地區領導。此後，穩定發展至今。

贛州市

贛州市，隸屬贛州地區。贛州市為贛南的政治、經濟、文化中心，市的建制開始於解放初。1949 年 8 月 14 日贛州解放，15 日，成立贛州市軍事管制委員會，20 日，發佈《贛州市軍事管制委員會通令》，維護革命紀律，迅速建立革命秩序。9 月 5 日，正式成立贛州市政府，將贛縣的贛州鎮劃出作為贛州市的行政區域，屬贛州專署領導。贛州市作為贛南地區的首府，長期穩定發展，已經是發達的中等城市，1996 年市區的非農業人口為 21.18 萬人；有工業企業二千餘家；工業總產值占工農業總產值的 93.28％；第三產業的產值占國內生產總值的 42％；市區建成面積為 21 平方公里，道路鋪裝率為 100％，自來水普及率為 98％。這些成績表明，贛州完全具備了設市條件。

瑞金市

瑞金市，隸屬贛州地區。國務院 1994 年 5 月 18 日批准，撤銷瑞金縣，設立瑞金市，縣級，以原瑞金縣的行政區域為瑞金市行政區域，仍由贛州地區領導。瑞金是革命老區的首府，經過近半個世紀的艱苦建設，社會面貌大為改觀。1992 年全縣人口 52 萬餘，其中非農業人口占 26．5％；工業生產發展較快，產值占工農業總產值的 70.4%；第三產業的產值已占國內生產總值的 25％。市區建成面積為 12 平方公里，道路鋪裝率為 100％，自來水普及率達 95％。這些數據滿足了國家對縣改市的規定，故得到迅速批准。

南康市

南康市，隸屬贛州地區。國務院 1995 年 3 月 7 日批准，撤銷南康縣，設立南康市，縣級，以原南康縣的行政區域為南康市的行政區域，仍由贛州地區領導。南康縣歷史上是以糧、蔗為主的農業縣，新中國成立以後發展較快，尤其是改革開放以來鄉鎮企業蓬勃興起，工業門類很多，產值大增。1992 年全縣人口 70．45 萬人，其中非農業人口占 26．97％；工農業總產值 19．33 億，其中工業產值占 70．41％；國內生產總值 12．56 億元，其中第三產業產值占 24．04％；財政收入 1．42 億，是全省少數幾個超億元的市縣之一，按照國務院相關文件的要求，完全符合設市條件。

四、縣的廢置和增減

在取消地區專署之前，我省縣一級政府區劃基本穩定。但也

存在一些變動情況，一是縣改為市，屬於升級性質，是該地工業化、城鎮化水平發展到較高程度的具體反映，這在上面已作描述。二是廢而復置的縣有四個：浮梁、寧岡、九江、上饒。三是新增設的縣為三個：井岡山、上栗、蘆溪。井岡山縣還進一步改為市，上一節已作了交代，本節不贅述。盧山地區，曾經是省轄縣級行政區，此處一併交代。

廢而復置的縣二十世紀五〇年代末期，由於「大躍進」的緣故，當時出於發展經濟的考慮，希望工業發達的市能夠帶動以農業為主的縣的經濟，我省對縣層級行政區劃亦作了些微調整。江西省經國務院批准，於 1958 年撤銷寧岡縣，併入永新縣；1960 年撤銷新喻縣，設立新喻市；撤銷萍鄉縣，設立萍鄉市；撤銷浮梁縣，併入景德鎮市；撤銷上饒縣，併入上饒市；撤銷九江縣，併入九江市。

寧岡縣國務院 1958 年 12 月 20 日批准撤銷，其行政區域併入永新縣。1959 年 7 月 1 日，從永新縣析出原寧岡縣，從遂川縣劃出井岡山鄉，再以原寧岡縣的瀚江鄉對換永新縣的拿山鄉，合併組設井岡山管理局。四個月後，11 月 17 日，恢復寧岡縣建制，以井岡山管理局的行政區域為寧岡縣的行政區域，縣治設茨坪，寧岡縣人民委員會與井岡山管理局合署辦公。

1961 年 12 月 6 日，江西省委決定，寧岡縣與井岡山管理局分治；寧岡縣由吉安專區領導，井岡山管理局由省直轄，以寧岡縣的部分行政區域為井岡山管理局的行政區域。隨後，寧岡縣治由茨坪遷回龍市。

九江縣 1960 年 9 月 30 日經國務院批准撤銷，其行政區域劃

歸九江市。1958 年以來的大躍進，要求加強對工農業生產的規劃，進一步搞好城鄉協作，促進建設事業發展，根據省人民委員會 1958 年 12 月 2 日的決定，九江市、縣人委會和所屬各工作部門，從 1959 年 1 月開始合署辦公。經過一年多的實踐，「執行情況良好」，「市區工業建設逐漸增多，城市人口日益增加，而市區面積必將相應隨之擴大」，為便於進一步加強領導，統一管理，九江市人委會和九江縣人委會聯合「建議撤銷九江縣建制，劃歸九江市統一領導」並獲得批准。但由於當時九江市市區的經濟輻射能力有限，無法對其鄉村地區產生足夠影響，考慮到這些地區的社會經濟的農業性質，為加強對農業的領導，1962 年 10 月 20 日，國務院批准恢復九江縣建制，以九江市的部分行政區域為九江縣的轄區，機關仍設九江市。1968 年九江縣治遷往沙河鎮。

上饒縣 1960 年 9 月 30 日經國務院批准撤銷，其行政區域併入上饒市。當時這樣設置目的是希望上饒市的城市經濟輻射能力可短時間內延伸到其農村地區，但實際上並沒實現。故 1964 年 10 月 31 日國務院批准恢復上饒縣，以上饒市的部分行政區域為其行政區域，縣治駐地仍為上饒市。1979 年 3 月縣治遷往董田公社旭日村（1984 年稱旭日鎮）。

浮梁縣浮梁縣的廢置和重新設置，則是和其社會經濟發展不足以成為城市區級政府的性質所決定。其於 1960 年 9 月 30 日撤銷縣，成為景德鎮市下轄的一個區。1988 年 11 月 2 日又恢復縣設置，以景德鎮市鵝湖區、蛟潭區的行政區域為浮梁縣轄區，仍歸景德鎮市管轄。

新增加的縣上栗、蘆溪二縣均自萍鄉市析出。它們原是萍鄉市的區，1997 年 11 月 13 日國務院批准，撤銷上栗區，設立上栗縣，縣人民政府駐上栗鎮；撤銷蘆溪區，設立蘆溪縣，縣人民政府駐蘆溪鎮。這二個縣的設立，是因為這些地區的社會經濟性質依然是傳統的農業經濟與社會，其原因有五。其一，上栗、蘆溪二區舊為萍鄉市所轄的山區邊境區，距市區均在二十五公里以遠，本地群眾的經濟社會生活尚不具備城市性質，且萍鄉市對其社會經濟生活的輻射影響有限；其二，二區的居民中鄉村人口比重過大，非農業人口少，農村人口都在全區總人口的百分之八十四以上，而非農業人口均不足百分之十，故將其設為地級市下的帶城市性質稱謂的區人口條件不足；其三，該二區的經濟狀況也不具備城市性質的縣級行政區劃——區的條件，它們經濟結構單一仍以農業經濟為主，1996 年的農業產值都占全區工農業總產值的百分之九十八點五；其四，從縣級區區劃面積的要求看，該二區政府建成面積上栗只有五平方公里，蘆溪三點五平方公里，顯然過小；其五，按照城市設置的公共基礎條件看，當時該兩區也不符合相關規定，其通路、通電等皆不具備城市規定。因此，上栗、蘆溪作為城市的區是不相稱的，改設為縣，將有利於政府職能的正常發揮，增強政府的領導權威，打破條塊分割，促進區域經濟實力的增強和邊境貿易的發展。

盧山的管理機構與級別盧山，是中外聞名的風景名勝區，開發歷史悠久，對其實施有效的行政管理成為省政府的特殊考慮。其行政區劃的命名和管理體制帶有顯著的省級政府對本地行政區劃設置與管理的獨立行使權力的特徵，並和其歷史沿革的影響密

切相關。

從地理沿革看，盧山位於九江縣東南，星子縣西北。西漢以後隸屬柴桑縣，隋為潯城縣，唐為潯陽縣，南唐為德化縣。北宋太平興國三年（978）升江州星子鎮為縣，七年（982）以星子縣置南康軍，成為與江州對等的州級行政區，盧山隨著分屬兩州（軍）管轄，吳障山以北隸德化，以南隸星子。此後相沿無改變。1926 年，設盧山管理局，隸屬九江市。1930 年，九江市撤銷，省政府決定盧山管理局由省直轄，以九江、星子二縣所屬的盧山山地為管理局的轄區。因當時時局影響，盧山管理局的行政《組織規程》沒有完全實行。

盧山自清末以降，由於其良好的避暑地理條件，民國和新中國成立後大量建設了一批上級機關的療養院、托兒所等單位。此外，在華外國人為了避暑在此地建有大量別墅，並且不少外國人在山上居住，其性質與清末和民國時期的沿海城市的租界相近。

新中國成立之初，江西省人民政府針對盧山管理工作中存在的問題，於 1950 年 9 月 27 日作出六項處理決定，其中有：劃清轄區，明確責任。過去有大小盧山之分（以範圍大小而言），現決定小盧山為管理局轄區，大盧山在九江者為九江轄區，在星子者為星子轄區。組織大盧山名勝古蹟風景森林保護委員會，負責有關保護工作。盧山管理局「即為該區內最高政權機關，直屬九江專署領導，行使其職權。在該區內行政管理、房產、用具及各種行政上的規定，不論屬於任何一級的機關，既在該區內都應遵守。如果有意見可以向該局提出，但只有九江專署才有改變該局決定之權」。

為了進一步提高管理局的職責權威，不久，將廬山管理局定為縣級，由省直轄。1951 年 12 月 25 日中南軍政委員會批准，撤銷廬山管理局，設立廬山特別區（縣級），成立特別區人民政府。

　　1955 年 4 月 30 日，國務院批准撤銷廬山特別區，設立廬山管理局（縣級），仍由省直轄。1965 年 11 月撤銷廬山管理局，其行政區域併入九江市。

　　1978 年 7 月，設立「廬山」（縣級），以九江市的廬山鎮為其行政區域，由省直轄。1980 年 3 月 28 日，國務院批准撤銷廬山行政建制，其行政區域併入九江市。五月，省政府批准設立九江市廬山區，與潯陽區、郊區並列。

　　縣治、縣名的變更近半個世紀以來，隨著建設事業的發展，有幾十個縣治變更地址，或更改名稱，還有一批縣名因用字比較冷僻，改用更簡明的常用字，現表列如下：

1949-1999 年全省縣域變遷、更名一覽

縣名	舊縣治	新縣治	搬遷時間	更名時間
1・鉛山縣	永平鎮	河口鎮	1949.7	
2.南昌縣	謝埠街	蓮塘鎮	1949.8	
3.武寧縣	古艾鎮	新寧鎮	1970	
4.永修縣	涂家埠鎮 山下渡	涂家埠鎮 新城	1980	
5.九江縣	九江市	沙河街鎮	1968	
6.彭澤縣	城關鎮	龍城鎮		1982
7.德安縣	永興鎮	蒲亭鎮		1983
8.新建縣	生米鎮	長堎鎮		1961

續上表

縣名	舊縣治	新縣治	搬遷時間	更名時間
9. 豐城市	城關區	劍光鎮		1984
10. 新幹縣	城關鎮	金川鎮		1983
11. 分宜縣	鈐陽鎮	分宜鎮	1960	
12. 南豐縣	城關鎮	琴城鎮		1983
13. 黎川縣	城關鎮	日峰鎮		1984
14. 資溪縣	瀘陽鎮	鶴城鎮		1984
15. 崇仁縣	城關鎮	巴山鎮		1953
16. 上饒縣	上饒市	旭日鎮	1979	
17. 餘江縣	錦江鎮	鄧家埠鎮	1961	
18. 玉山縣	城關鎮	冰溪鎮		1982
19. 浮梁縣	景德鎮	浮梁鎮	1989	
20. 婺源縣	城關鎮	紫陽鎮		1984
21. 萬年縣	城廂鎮	陳營鎮	1959	
22. 餘干縣	城關鎮	餘干鎮		
23. 吉安縣	吉安市	敦厚鎮	1979	
24. 萬安縣	城關鎮	芙蓉鎮		1984
25. 蓮花縣	琴水鎮	琴亭鎮		1983
26. 峽江縣	巴邱鎮	水邊鎮	1994	
27. 贛縣	贛州市	梅林鎮	1969	
28. 安遠縣	城關鎮	欣山鎮		1983
30. 定南縣	城管鄉	歷市鎮		1952
31. 廣昌縣	城關鎮	邘江鎮		1983
32. 于都縣	城關鎮	貢江鎮		1984
33. 會昌縣	城關鎮	湘江鎮		1983
34. 寧都縣	城關鎮	梅江鎮		1983

縣名	舊縣治	新縣治	搬遷時間	更名時間
35. 興國縣	城關鎮	瀲江鎮		1983
36. 尋鄔縣	城關鎮	長寧鎮		1983

1949-1999 年全省縣名用字更改一覽

縣名	簡化名	簡化時間	縣名	簡化名	簡化時間
大庾縣	大庾縣	1957	尋鄔縣	尋烏縣	1957
新淦縣	新幹縣	1957	餘干縣	余干縣	1966
鄱陽縣	波陽縣	1957	新喻縣	新余縣	1957
雩都縣	于都縣	1957	金谿縣	金溪縣	1956（？）
虔南縣	虔南縣	1957	餘江縣	余江縣	1956（？）

五、市管縣體制下的江西省行政區劃變遷

　　進入二十一世紀，中國相對低位的行政區劃受經濟影響越來越顯著，其中區域區劃的整合有如下三個特點；其一，為了促進縣域經濟的發展，二〇〇〇年始市管縣成為全國省、縣之間政府區劃層級的普遍舉措。不僅保留了原來的經濟相對發達的市，還普遍將舊行政公署取消，改為與其層級相當的市，取名往往採用原行政公署駐地縣級市名，而將原縣級市改為其下轄的一個區。這種地級市也不斷調整擴大其城市區域，並管轄原行政公署下的縣。其二，從省至縣各個層級大量分設各類帶有准政府性質的經濟開發區、高新技術開發區、工業園等如雨後春筍般層出不窮，其中一些後來發展為一級政府。其三，從經濟地理角度整合區劃資源也偶有發生，地方政府往往將一些鄉、縣歸屬進行局部調整。其四，中國鄉一級政府機構改革得到推進，其主要內容為鄉

鎮數量的縮減和合併。

在這一經濟地理視角下的行政區劃調整中，江西省也不例外作了許多區劃變動，現將其更改情況慨述如下：

南昌市

二〇〇二年，南昌市郊區更名為青山湖區。

二〇〇四年九月七日，國務院批准（國函〔2004〕70號）調整南昌市市轄區部分行政區劃：

（1）將西湖區朝陽洲街道的西船居委會，青山湖區塘山鎮的永和、公園、賢湖、永溪、長巷、七里六個村劃歸東湖區管轄。將青山湖區的桃花鎮和湖坊鎮的同盟村劃歸西湖區管轄。將西湖區十字街街道的谷市街、洪城路、南關口、九四、新豐五個居委會，上海路街道的草珊瑚集團、南昌腸衣廠、電子電腦廠、江西滌綸廠、江地基礎公司、曙光、商標彩印廠、南昌市染整廠、江南蓄電池廠、四機床廠、二進、國樂新村十二個居委會，南站街道的解放西路東居委會，青山湖區湖坊鎮的楞上、太和、熱心三個村劃歸青雲譜區管轄。將東湖區彭家橋街道的一八七、高新、南大北院、青山湖、謝家村、星光、上坊路、江大南路、南大南院、南昌水專、北京東路十一個居委會，青山路街道的潘坊、電化、塘山北、塘山南、紡園一、紡園二、紡園三七個居委會，西湖區上海路街道的輕化所、洪鋼、省人民檢察院、電信城東分局、安康、省機械施工公司、省水利設計院、省安裝公司、南方電動工具廠、江西橡膠廠、上海路北、南昌電池廠、東華計量所、南昌搪瓷廠、上海路新村、華安針織總廠、江西五金廠、三波電機廠、水文地質大隊、二六〇廠、省衛生學校、新世紀、

上海路住宅區北、塔子橋北、南航、上海路住宅區南、沿河、南昌閥門廠二十八個居委會，西湖區丁公路街道的新魏路、半邊街、師大南路、順化門、岔道口東路、師大、廣電廳、手錶廠、鴻順九個居委會，南站街道的工人新村北、工人新村南、商苑、洪都中大道、鐵路第三、鐵路第四、鐵路第六七個居委會劃歸青山湖區管轄。（2）調整後，東湖區轄董家窯、大院、公園、百花洲、墩子塘、豫章、八一橋、滕王閣、沙井、青山路、彭家橋十一個街道，區人民政府駐疊山路；西湖區轄繩金塔、桃源、朝陽洲、廣潤門、南浦、西湖、繫馬樁、十字街、丁公路、南站十個街道和桃花鎮，區人民政府駐孺子路；青雲譜區轄三家店、洪都、京山、徐家坊、岱山五個街道和青雲譜鎮，區人民政府駐井岡山大道；青山湖區轄湖坊、京東、羅家、塘山、蛟橋五個鎮和上海路街道、揚子洲鄉，區人民政府駐南京東路。

　　二〇〇五年南昌市又調整了兩區行政區劃，涉及兩區三鎮四街道：青山湖區塘山鎮、湖坊鎮、上海路街道、青山路街道以及西湖區桃花鎮、桃源街道、十字街街道。

　　（1）將上海路街道的路北、新村、安康、沿河四個社區居委會和輕化所、洪鋼、省檢察院、南昌電信城東分局、省水利設計院、省機械施工公司、南昌航空學院、華安針織總廠、江西五金廠、水文地質大隊、三波總廠控制屏分廠、江西衛校、東華計量所、南昌搪瓷廠、南方電動工具廠、南昌電池廠、省安裝公司南院、江西豐華橡膠廠十八個家委會，塘山鎮的北京東路社區居委會劃歸湖坊鎮管轄。調整後，湖坊鎮管轄湖坊、肖坊、張燕、長春、石泉、永人、彭橋、順外、進順、進明、李巷、秦勝、洪

都、進外、辛家庵十五個村委會，御錦城、現代莊園、盧山花園、宏利、洪明、洛陽東路、順化門西、順化門、路北、新村、安康、沿河、北京東路十三個社區居委會，省廣電局、輕化所、洪鋼、省檢察院、南昌電信城東分局、省水利設計院、省機械施工公司、南昌航空學院、華安針織總廠、江西五金廠、水文地質大隊、三波總廠控制屏分廠、江西衛校、東華計量所、南昌搪瓷廠、南方電動工具廠、南昌電池廠、省安裝公司南院、江西豐華橡膠廠十九個家委會，鎮政府駐洛陽東路七十九號；塘山鎮管轄塘山、永紅、星輝、星光、青湖、南鎮、五聯、涂黃、羅萬九個村委會，湖景、燕鳴、高新、星光、上坊路、青山湖、江大南路、謝家村八個社區居委會，南昌工程學院、一八七、南大南院、南大北院四個居委會，鎮政府駐青山湖北大道四四〇號。（２）將湖坊鎮的工人新村北、工人新村南、商苑、洪都中大道、新魏路、半邊街、岔道口東路、師大南路八個社區居委會和鐵路三、鐵路四、鐵路六、手錶廠、師大五個居委會劃歸上海路街道管轄。調整後，上海路街道管轄上海路住宅區北、上海路住宅區南、新世紀、塔子橋北、工人新村北、工人新村南、商苑、洪都中大道、新魏路、半邊街、岔道口東路、師大南路十二個社區居委會，鐵路三、鐵路四、鐵路六、手錶廠、師大、二〇六廠、南昌閥門廠七個家委會，街道辦事處駐上海路住宅區內。（３）將塘山鎮管轄的丹霞路和民豐路以北的區域範圍劃歸青山路街道管轄。調整後，青山路街道管轄塘山北、塘山南、潘坊三個社區居委會和紡園一、紡園二、紡園三、電化廠四個家委會，街道辦事處駐塘山街二十二號。（４）將桃花鎮的三道閘居委會

劃歸桃源街道管轄。調整後，桃源街道管轄香江、金源、桃苑、撫河園、苑中園、福田、桃花苑、新填洲、振中、警園、心雨、空港、東方、遠東、廣廈、桃苑湖庭、桃花路、百福園、萬福園、工貿城、三道閘二十一個居委會，街道辦事處駐桃苑二區十四棟。（5）將桃花鎮的星加坡花園居委會、原青山湖區湖坊鎮的同盟村劃歸十字街街道管轄。調整後，十字街街道管轄罈子口、上窯灣、福山花園、十字街、膠皮巷、司馬廟、前進路、建設橋、星加坡花園、江電、省公路局、中行、江印十三個居委會和同盟村委會，街道辦事處駐十字街五九九號。同時，調整後，桃花鎮管轄一村、三村、五村、漁業、大脊、觀洲、觀魚、三角、十里、十里廟、老洲、雷池十二個村委會，鎮政府駐桃花路三三九號。

紅谷灘新區於二○○一年成立。二○○二年一月，市委、市政府及時調整區劃，將新建縣、南昌經濟技術開發區部分區域劃歸紅谷灘新區管轄，將紅谷灘新區的區域面積由四點二八平方公里擴大到五十平方公里；四月九日市委、市政府正式批覆成立紅谷灘新區管委會，並於五月十五日掛牌運作。其地處昌北，屬城市核心區的重要組成部分，東瀕贛江，西臨昌（南昌）九（九江）高速公路，北起贛江大橋，南至生米大橋，沿江岸線十六公里，規劃用地面積約五十平方公里，轄沙井街道辦事處、紅角洲管理處和鳳凰洲管理處以及十二個行政村（場）。紅谷灘新區分紅角洲片區、紅谷灘中心區和鳳凰洲片區三個片區。

截至二○○五年六月底，南昌市轄五個市轄區、四個縣，二十九個街道、四十七個鎮、三十三個鄉。

其他帶有准政府性質的省級經濟開發區有南昌英雄經濟開發區、南昌經濟技術開發區、南昌昌東工業園區、南昌昌南工業園區、江西安義工業園區、江西新建長埈工業園區、南昌小藍經濟開發區。

景德鎮市

二〇〇〇年五月至二〇〇一年十二月全市開展撤鄉並鎮工作，將原有五十三個鄉鎮撤並後為三十八個。浮梁縣將二十三個鄉鎮撤並為十七個：撤銷儲田鄉，成建制併入經公橋鎮；撤銷天保鄉、金竹山鄉，成建制併入鵝湖鎮；撤銷羅家橋鄉，成建制併入洪源鎮；撤銷福港鄉，成建制併入蛟潭鎮；撤銷新平鄉，成建制併入浮梁鎮。樂平市將二十五個鄉鎮撤並為十六個：撤銷樂平鎮，改設洎陽街道辦事處；撤銷坎上鄉，改設塔山街道辦事處（轄原坎上鄉和鎮橋鎮塔山行政村的區域範圍）；撤銷歷居山鄉，成建制併入洪岩鎮；撤銷洄田鄉，成建制併入禮林鎮；撤銷樂河鎮，成建制併入臨港鎮；撤銷觀峰鄉，成建制併入樂港鎮；撤銷文山鄉，成建制併入眾埠鎮；撤銷科山鄉，成建制（呂家行政村除外）併入塔前鎮，呂家行政村成建制併入湧山鎮；撤銷金鵝山鄉，成建制併入浯口鎮。

景德鎮市屬高新經濟開發區有市直屬的兩家，分別為景德鎮市陶瓷工業園區及江西景德鎮高新技術產業園區。其中景德鎮市陶瓷工業園區是國家科技部、江西省政府共建景德鎮國家陶瓷科技城的四個基地（研發、產業、人才培養、商貿交流）之一，是陶瓷高新技術產業化基地。園區共規劃面積八平方公里，分三期建設，第一期已規劃建設二點二平方公里中心起步區。園區堅持

以電子陶瓷、結構陶瓷、功能陶瓷等高科技工業陶瓷為主，高檔日用陶瓷、建築陶瓷、藝術陶瓷為輔，同時包括與之相關聯的產品研發、居住生活、旅遊觀光、管理服務、商貿展覽等各種功能，使之成為一個相對獨立的國家級經濟技術開發區和城市建設管理區。

其他省級經濟開發區有江西樂平工業園區。

截至二〇〇八年十二月三十一日，景德鎮市轄兩個市轄區、一個縣，代管一個縣級市，十二個街道、二十四個鎮、十四個鄉。

萍鄉市

江西萍鄉高新經濟開發區建立於一九九三年，享有省級經濟技術開發區管理權限，正縣級建制。經過十多年的開發建設，萍鄉開發區已基本形成具有一定規模的綜合園區。目前，轄區人口十二萬，總面積為五十二平方公里。

萍鄉市其他省級經濟開發區有江西蘆溪工業園區、江西蓮花工業園區。

其他縣、區設置不變。

九江市

二〇〇一年十二月二十七日，九江市人民政府《轉發省民政廳關於同意湖口等縣（市、區）部分鄉鎮行政區劃調整的批覆的通知》（九府發〔2001〕43號）：同意湖口縣、彭澤縣、星子縣、瑞昌市、廬山區等縣市區的鄉鎮調整。二〇〇二年一月二十二日，九江市人民政府《轉發省民政廳關於同意德安等縣部分鄉鎮行政區劃調整的批覆的通知》（九府發〔2002〕3號）：同意德安

縣、武寧縣、永修縣、都昌縣、九江縣等縣的鄉鎮調整。

共青城（共青城開放開發區）江西省共青城開放開發區位於江西省北部，北望廬山，東接鄱陽湖。現管轄一區三鎮，面積兩百平方公里，人口十萬。下轄：共青開放開發區（區茶山街道）、甘露鎮（德安縣）、金湖鎮（德安縣）、江益鎮（永修縣）。共青城前身是一九五五年青江菜年志願者建立的共青社。一九九二年，江西省政府為加速昌九工業走廊建設，批準成立江西省共青開放開發區，並賦予省級利用外資審批權。一九九四年省政府又批準成立江西省共青台商投資區。二〇〇二年十月，共青城被確定為九江市人民政府派出機構。

九江經濟技術開發區九江經濟技術開發區創辦於一九九二年七月十二日。二〇〇三年五月，九江市委、市政府按照「一區多園、一園多制、做大做強」的規劃和發展思路拓寬開發區的發展空間，開發區的控製麵積由原來的三十點〇四平方公里擴大到現在的一百二十平方公里。管委會地址長江大道發展大樓。管理三個街道。分別為向陽街道（潯陽區）、濱興街道（潯陽區）、七里湖街道（廬山區）。現轄綜合工業園、汽車工業園、化纖工業園和石化工業園。面積一百二十平方公里。九江海關、邊檢、檢驗檢疫、九江外貿碼頭、九江港、九江鐵路貨運站均在九江開發區域內。是江西省和九江市重點開發建設的新型經濟區域。是一個以工業、外資、出口創匯為主，致力於發展高新技術，技工貿相結合的綜合型開發區。

九江市其他省級經濟開發區為：江西瑞昌工業園區、江西九江沙城工業園區、江西武寧工業園區、江西修水工業園區、江西

永修云山工業園區、江西彭澤工業園區、江西都昌工業園區、江西湖口金沙灣工業園區、江西星子工業園區、江西德安工業園區。

其他縣、區設置不變。

新余市

二〇〇二年三月，市委、市政府決定設立中共新喻市仙女湖區委員會和新余市仙女湖區管理委員會，賦予其縣級黨政管理職能，二〇〇二年六月十六日，成立掛牌，理順了仙女湖管理體制。仙女湖位於江西省新喻市西南郊十六公里處，是湖泊型國家重點風景名勝區，屬亞洲最大的亞熱帶樹種基因庫，一百九十八平方公里的景區，五十平方公里的湖面。

二〇〇一年十一月，在原渝水區城東開發區的基礎上組建中共新喻市經濟開發區工作委員會和新喻市經濟開發區管理委員會成立，分別為市委、市政府的派出機構，正縣級建制。

全市現轄渝水區、仙女湖風景名勝區、高新技術經濟開發區和分宜縣，設十七個鄉、十五個鎮、兩個辦事處，有四百四十六個村民委員會、五十一個居民委員會、三千七百六十個村民小組。

鷹潭市

鷹潭工業園區成立於二〇〇一年六月十五日，二〇〇二年七月動工建設，二〇〇三年九月，市委、市政府對園區體製作出調整，賦予園區對其轄區行使縣級黨政、經濟管理職能。二〇〇六年三月，被省政府正式批准升格為省級開發區。園區地處鷹潭市城區西南三公里處，東以白露河為界，緊鄰城區，屬城市總規的

高橋新區組團。園區轄區面積三十平方公里，轄一個街道辦事處，十個村（居）委會，一點九萬人。園區機關設黨政辦公室、紀檢監察室、經濟發展局、招商局、建設環境保護局、財政局、綜合執法局、社會事業局共八個部門，以及園區國土分局、園區地稅分局、園區規劃分局、園區供電分公司、消防科、國稅科、派出所七個駐園區機構。

其他省級經濟開發區有江西餘江工業園區、江西貴溪工業園區。

其所管轄區、縣不變。

贛州市

一九九八年十二月，國務院批准贛州地區撤地改市，原贛州市改為章貢區，管轄範圍不變。一九九九年七月一日，地級贛州市正式掛牌成立。

贛州市下轄的省級經濟技術開發區有瑞金工業園區、會昌工業園區、于都工業園區、興國工業園區、虔南工業園區、寧都工業園區、定南工業園區、龍南工業園區、安遠工業園區、上猶工業園區、信豐工業園區、贛縣工業園區、大庾工業園區、南康工業園區、贛州經濟開發區、贛州沙河工業園。

截至二〇〇八年十二月三十一日，贛州市轄一個市轄區、十五個縣，代管 2 個縣級市，共有 7 個街道、138 個鎮、144 個鄉、一個民族鄉。（另一資料：138 鎮、145 鄉、8 街道，另有 5 個管理區，10 個營林林場）

吉安市

二〇〇〇年五月十一日，經國務院批准（國函〔2000〕40

號），撤銷吉安地區，成立地級吉安市，同時撤銷寧岡縣併入井岡山市；至此，吉安市轄吉州區、青原區、井岡山市和吉安、泰和、萬安、遂川、永新、永豐、吉水、峽江、安福、新幹十縣，二百五十七個鄉鎮，三千一百五十個行政村。吉安市屬的省級經濟開發區為：江西萬安工業園區、江西永新工業園區、江西遂川工業園區、江西泰和工業園區、江西峽江工業園區、江西安福工業園區、江西新幹工業園區、江西永豐工業園區、江西吉水工業園區、江西吉安工業園區、江西吉州工業園區、吉安河東經濟開發區、吉安高新技術產業園區。

截至二〇〇八年十二月三十一日，吉安市轄兩個市轄區、十個縣，代管一個縣級市，九個街道、一百一十一個鎮、一百個鄉、二個民族鄉。

宜春市

二〇〇〇年五月，撤銷宜春地區和縣級宜春市，設立地級宜春市，宜市人民政府駐新設立的袁州區。

到二〇〇三年九月底，宜春市已順利調整撤並鄉鎮四十個。

宜春市直屬的經濟開發區有宜春高新技術開發區和江西袁州醫藥工業園。

江西宜春經濟開發區規劃開發面積二十五平方公里，現已開發近十五平方公里。幾年來，按照「新型產業園，新型效益園，新型景觀園，城市新亮點」的要求，著力打造宜春新的經濟增長極。

江西袁州醫藥工業園，由袁州區人民政府於二〇〇〇年開始建立，二〇〇二年八月被省經貿委正式批准為省級醫藥工業園。

園區位於宜春市區北郊，園區規劃總面積三平方公里，已建成面積二平方公里。按功能劃分為醫藥園、綜合園和生活服務區。

其他省級經濟開發區有江西萬載工業園區、江西宜豐工業園、江西上高工業園區、江西高安工業園區、江西奉新工業園區、江西靖安工業園區、江西豐城工業園區、江西樟樹工業園區。

宜春市現轄一個市轄區（袁州區）、六個縣（靖安縣、奉新縣、上高縣、宜豐縣、銅鼓縣、萬載縣），代管三個縣級市（豐城市、樟樹市、高安市）。

撫州市

二〇〇〇年六月二十三日，國務院批覆同意撤銷撫州地區，設立地級撫州市，並將原撫州市和臨川縣合併為新的臨川區。新撫州市駐地為臨川區。二〇〇〇年十月二十日，撫州市人民政府正式掛牌。

市直屬的經濟開發區為撫北工業園區和金巢開發區。

金巢開發區位於市南端，是規劃建設中的新城區。規劃建設面積二點四平方公里，按區域功能分為三區兩中心（工業區、高科技工業示範園區、商品房開發區、人工湖商貿服務中心和文化娛樂中心）。金巢開發區管委會是撫州市政府的派出單位，下設國稅、地稅、公安、城建、土管、工商等分局，對開發區實行封閉式管理，對投資客商實行「一條龍」優質服務。撫州金巢開發區建設有限公司負責開發區的建設與開發。其他省級經濟開發區有樂安工業園區、資溪九江工業園區、黎川九江工業園區、宜黃工業園區、東鄉工業園區、廣昌工業園區、南城工業園區、南

豐工業園區、金溪工業園區、崇仁工業園區。

其所管轄區、縣不變。

江西文庫 A0701B22

贛文化通典（地理及行政區劃沿革卷） 第三冊

主　　編	鄭克強
版權策畫	李　鋒
責任編輯	林以邠

發 行 人	陳滿銘
總 經 理	梁錦興
總 編 輯	陳滿銘
副總編輯	張晏瑞
編 輯 所	萬卷樓圖書股份有限公司
排　　版	菩薩蠻數位文化有限公司
印　　刷	維中科技有限公司
封面設計	菩薩蠻數位文化有限公司

出　　版　昌明文化有限公司

桃園市龜山區中原街 32 號

電話 (02)23216565

發　　行　萬卷樓圖書股份有限公司

臺北市羅斯福路二段 41 號 6 樓之 3

電話 (02)23216565

傳真 (02)23218698

電郵 SERVICE@WANJUAN.COM.TW

大陸經銷　廈門外圖臺灣書店有限公司

　　電郵 JKB188@188.COM

ISBN 978-986-496-349-2

2018 年 1 月初版

定價：新臺幣 340 元

如何購買本書：

1. 轉帳購書，請透過以下帳戶

　　合作金庫銀行 古亭分行

　　戶名：萬卷樓圖書股份有限公司

　　帳號：0877717092596

2. 網路購書，請透過萬卷樓網站

　　網址 WWW.WANJUAN.COM.TW

大量購書，請直接聯繫我們，將有專人為您

服務。客服：(02)23216565 分機 610

如有缺頁、破損或裝訂錯誤，請寄回更換

國家圖書館出版品預行編目資料

贛文化通典. 地理及行政區劃沿革卷 / 鄭克

強主編.-- 初版.-- 桃園市：昌明文化出版；

臺北市：萬卷樓發行, 2018.01

　　冊；　公分

ISBN 978-986-496-349-2 (第三冊：平裝).--

1.地方政治 2.江西省

672.408　　　　　　　　　　　　107002011

本著作物經廈門墨客知識產權代理有限公司代理，由江西人民出版社授權萬卷樓圖書

股份有限公司出版、發行中文繁體字版版權。

本書為金門大學華語文學系產學合作成果。　　　　校對：劉懿心